신과 함께한 작전

정의를 희망하며 고난의 길을 가다

가오즈성　　지음
조연호·채승우　　옮김

글그림
늘다섯

| 일러두기 |

• 번역 저본으로는 아래 중문본을 주로, 영문본을 보조로 사용하였다.

   1. 高智晟,《神與我們並肩作戰》, 臺灣 博大國際文化有限公司, 2006

   2. Gao Zhisheng, *A CHINA MORE JUST*, Broad Press USA, 2007

• 성경 번역을 위하여 다음 책을 사용하였다.

   『쉬운말 성경』, 성서원, 2012

• 1장 인생, 2장 회상과 3장 인권 중 일부는 가오즈성의 구술을 글로 정리한 것이다.

• 중문은 正體字로 표기하였다.

• 중국 인명·지명·용어는 중국어 발음으로 표기하였다.

지은이 서문

"우리가 지금 이 시대에 중국에서 산다는 것은 불행입니다. 우리는 세계 어느 민족도 겪어보지 못한 고난을 겪고 있기 때문입니다. 그러나 이 시대에 중국에서 산다는 것이 한편으로는 행운일 수도 있습니다. 왜냐하면 세계 역사상 가장 위대한 민족이 그 고난의 역사를 종결짓는 것을 목격하게 될 것이기 때문입니다."

2005년 12월 21일 나는 청원하러 온 수십 명의 동포들 앞에서 눈물을 흘리며 연설을 마무리했다.

나는 교육을 많이 받은 사람이 아니다. 이런 내가 더구나 이렇게 숨 막히는 시대를 향해 책을 쓰리라고는 전혀 생각해 본 적이 없다.

'필화가 두려워 자리를 피하고, 글은 모두 밥벌이 수단으로 되어 버린(避席畏談文字獄, 著書都為稻粱謀)' 지금 이 시대에 동포들 대다수는 시대의 어둠과 거짓에 무감각해지거나 심지어 순응하고 있다.

내 글은 독재자들에게 공포와 증오를 불러일으킬 것이고, 전제 정권의 끔찍한 죄악을 있는 그대로 폭로하여 우리 동포들을 두텁게 둘러싸고 있는 암흑을 밝은 빛으로 거두어 낼 것이다. 두터운 암흑에 뒤덮여 있던 우리 동포들은 잠시 이러한 진실 앞에서 곤혹스러워 할 것이고, 마치 낯선 이국땅에서 물갈이 하듯 불편함을 느낄 수도 있을 것이다.

지금 우리는 무한한 가능성의 시대에 살고 있다. 나로 말하자면 중학교밖에 다니지 못한 사람이지만, 글을 쓸 수 있게 되었고 심지어 책까지 출판했으니 말이다.

나는 원래 심각한 것을 좋아하지 않는다. 만약 내 글이 심각하다면 그것은 중국 현 상황의 심각함을 붓으로나마 표현하여 이를 경감시켜 보고자 하는 소망 때문일 것이다.

나는 사상가가 아니라 행동가에 속할 것이고, 어떤 체계를 세우려는 사람이 아니다. 내 글은 격식에 구애받지 않고 마음이 가는 대로 써졌다. 즉흥적이고 직설적인 데다가 논리도 불충분하다. 이런 점에서 나는 마음이 편치 않다. 그럼에도 불구하고 나는 유혈이 낭자하는 처참하고 극심한 고통을 겪고 있는 사람들, 즉 신앙의 자유를 지키고자 하는 그들의 고귀한 인격과 불굴의 정신에 대해 써 내려갈 것이다. 아무리 격앙되게 표현해도 오늘날 중국 독재자들이 저지른 인류문명에 대한 끔찍하고 야만적인 행위들을 다 표현하지 못할 것이다. 글을 써 갈수록 나는 글이라는 것의 한계와 연약함을 절감하지 않을 수 없다.

오늘날 광포한 야만의 힘이 지배하고 있는 중국에서는 추한 것을 아름답다고 하고, 아름다운 것을 추하다고 하는 글들이 넘쳐나고 있다. 병든 중국 사회는 나의 글을 용납하지 못하겠지만, 나는 나의 글이 중국에서 받아들여지기를 바란다.

더 나아가 지금 내가 쓴 글이 더는 필요하지 않는 중국 사회가 하루 빨리 오기를 간절하게 소망한다.

목차

5. 감시

6. 단식

가오즈성 소개·연보·참고자료

찾아보기

인 생

1991년 나는 거리에서 채소를 팔았다. 그때는 비닐봉지가 귀한 때라 신문지로 채소를 포장했다. 어느날 누군가 채소를 포장하고 남은 신문지 반쪽을 버리고 갔다. 나는 그날을 잊을 수 없다. 땅에 버려진 신문 쪼가리를 주워 들고 보니 《법제일보(法制日報)》라는 신문이었다. '앞으로 10년 동안 중국에 변호사 15만 명이 필요하다'는 기사가 눈에 들어왔다.

1. 인생

언제쯤이면 한번 배불리 먹어 볼 수 있을까

1964년 나는 산시성(陝西省) 북부의 한 촌에서 태어났다. 당시 중국인은 몹시 가난했다. 우리 집은 그 중에서도 가장 가난한 축에 속했다. 아버지는 화덕 옆에 앉아서 중얼거리곤 하셨다.

"언제쯤이면 한번 배불리 먹어 볼 수 있을까?"

아버지는 내가 10살 때 돌아가셨다. 아버지가 병원에 입원해 계시는 동안 우리 집은 이미 가세가 기울고 궁핍해졌다. 아버지가 돌아가시자 병원에서는 우리에게 시신을 인도해주지 않았다. 병원비 80위안(元)을 못 냈기 때문이다. 당시 80위안은 우리에게 매우 큰돈이었다. 내가 기억하기로는 마침 학교 선생님의 형인, 마(馬)씨 성을 가진 지역 당 서기가 병원에 보증을 서 줘서 아버지의 시신을 모시고 나올 수 있었다.

그 이후 집안 형편은 이루 말할 수 없을 정도로 어려워졌다. 형제가 일곱인데, 맏이가 열일곱 살, 막내가 두 살이었다. 형이나 누나들은 열너덧 살이 되면 집을 나가 스스로 삶을 꾸려가야 했다. 성인이 된 후 언젠가 나는 어머니에게 왜 우리들을 그렇게 어린 나이에 밖으로 내보냈냐고 여쭤본 적이 있다. 그때 어머니 말씀으로는 딱히 무슨 이유가 있어서가 아니라, 집에 데리고 있다가는 굶겨 죽이기 십상이지만 집을 나가서 운이 좋으면 더 잘살 수 있을지도 모른다는 생각에서 그러셨다는 것이다.

아버지가 돌아가신 그 이듬해부터 나와 남동생은 가족을 먹여 살리기 위해 일해야 했다. 온 종일 산을 헤집고 다니면서 약초를 캐서 열흘마다 서는 장에 내다 팔았다. 하지만 수입이라고는 우리 가족이 겨우 입에 풀칠할 정도였다. 동생과 나는 그렇게 꼬박 2년을 하루도 쉬지 않고 일했다.

내가 15살 되던 해 우리는 새로운 일자리를 얻게 되었는데 산시성의 황링(黃陵) 탄광에서 석탄을 캐는 일이었다. 나는 요즘도 끔찍한 광산 사고 소식을 들을 때마다 우리가 일하던 광산이 생각난다. 지금 세상이야 광산 사고가 나면 모두들 관심을 기울이고 관련자들에게 뭔가 조치를 취하라고 촉구한다. 하지만 그 당시는 사고가 나도 사람들의 관심을 끌지 못했다. 사람이 죽어도 마치 개미가 죽은 양 무시되던 시절이었다.

거기서 우리는 열심히 일했지만 실제로 손에 쥐는 것은 아무것도 없었다. 석탄 한 지게를 캐면 1위안을 받았다. 석탄 운반거리는 2.5리 정도였다. 현지인들은 노새로 석탄을 운반했지만 우리는 그러지 못했다. 게다가 우리는 가장 어리고 허약한 인부였다. 아무리 애를 써도 하루에 17지게를 캐는 게 고작이었다.

갱도에서 누군가가 큰소리로 야단치거나 왁자지껄한 소리가 들리면 내 동생이 괴롭힘을 당하는 건 아닌지 걱정이 돼 심장이 두근거렸다. 나를 괴롭히는 건 개의치 않고 넘어갈 수 있지만 동생을 괴롭히는 건 참을 수 없었다. 하루 중 제일 신나는 시간은 우리가 운반한 석탄 지게 수가 집계돼서 탄광 벽에 표시될 때였다. 9개월이 지나자 벽은 온통 표시로 가득 찼다. 그러나 후에 알게 됐지만, 그 숫자가 갖는 의미는 그저 우리들이 그 순간을 살아갈 수 있게 해주는 일시적인 동력에 불과했다는 것이다.

한번은 갱도가 무너져서 석탄더미가 동생의 다리를 덮쳤다. 다리뼈가 부러져서 살을 비집고 나왔다. 나는 미친 듯이 헌 신문지를 찾아 태운 후 그 재를 상처에 뿌렸다. 그날 나는 동생을 갱도 밖으로 옮겼지만 병원에 데려 갈 엄두를 낼 수 없었다. 그 당시 내 유일한 바람은 동생이 완치될 때까지 사장이 돌봐주는 것이었다. 그러나 사장은 다짜고짜 우리를 쫓아냈다. 우리가 지난 9개월 동안 너무 많이 먹어서 밥값이 품삯보다 더 많이 나왔다며 우리가 쓰던 침구마저 가져 나오지 못하게 했다. 요즘 책에는 '옛 중국의 가난한 사람들은 개돼지만도 못한 비참한 삶을 살았다'고 쓰여 있다. 이는 최소한 우리에게 있어서만큼은 사실이었다. 그때가 1980년대다.

나는 하릴없이 동생을 들춰 업고 나와 어느 농부의 토굴 속으로 들어갔다. 그날 저녁 토굴의 주인 부부가 나타났다. 그들이 우리더러 도둑이냐고 물었으나, 우리는 대답하지 않았다. 그들은 내처 이것저것을 더 물었고, 우리는 죽은 사람마냥 한마디도 대답하지 않았다. 농부의 아내는 착하게도 남편에게 그만 물어보라고 했다. 그녀가 우리를 불쌍하게 보았음이 분명했다. 그녀는 우리에게 토굴에 있어도 된다고 하고는 남편과 함께 밖으로 나가더니 반시간도 안 돼 돌아와 먹을 것을 내놓았다. 그들이 일상으로 먹는 음식인 듯했으나 지금 돌이켜 생각해보면 돼지도 안 먹을 그런 음식이었다. 농부는 매우 왜소했는데, 음식을 먹고 있는 나에게 다가와 자기와 함께 일할 생각이 없느냐고 물었다. 그 말이 떨어지기 무섭게 나는 밥만 먹여 준다면 그러겠노라고 대답했다. 그는 자신이 너무 가난해서 동생까지 먹여 살릴 수는 없다고 했다. 하지만 내게 하루에 7마오(毛)씩은 줄 수 있다고 했다.

그 당시에 7마오면 과자를 큰 봉지로 두 개 살 수 있었다. 나는 매일 일하러 가기 전에 과자 두 봉지를 사서 물과 함께 동생에게 주었다. 꼬박 한 달 동안 나는 해뜨기 전에 나가서 깜깜할 때 돌아왔다. 돌아오면 제일 먼저 하는 일이 동생에게 가서 숨은 붙어 있는지, 열은 없는지 살펴보는 것이었다.

한 달 후 동생의 다리는 아무런 치료도 받지 못했는데도 기적적으로 다 나왔다. 가난한 사람들은 이상하게도 회복력이 빠른 것 같았다. 동생이 낫자 나는 동생을 시안(西安)에 있는 둘째 형에게 보내기로 마음먹었다. 나는 얼마 전에 어떤 사람의 교량 수리를 도와주고 품삯 43위안을 못 받은 것이 있어 그 돈을 받을 때까지 남아 있기로 했다. 농부가 다른 사람에게서 14위안을 빌려서 동생 차비에 보태라며 내게 주었다. 우리 형제가 헤어질 때 동생은 차 안에서, 나는 차 밖에서 서로를 보며 엉엉 울었다. 도무지 무슨 말을 해야 할지 모를 정도로 그저 망연하기만 했다. 앞으로 다시 볼 수 있을지조차 알 수 없어 더욱 그랬다. 내 동생은 그때 겨우 15살이었다.

나는 농부가 빌려준 돈을 갚기 위해 20일을 더 일해야 했다. 그러나 그 후에도 한 주 더 눌러앉아 토굴의 더러운 판자바닥을 수리하는 일을 도와주었다. 내가 떠날 준비를 할 때 농부는 나를 끌어안고 눈물을 흘리며 말했다.

"넌 참 좋은 애로구나. 그 14위안이야 떼먹고 그냥 갈 수도 있었는데. 그래도 우리는 너를 원망하지 않았을 거야. 그런데 너는 그러지 않고 남아서 일을 더 해주기까지 했어!"

당시에 나는 아주 단순해서 머릿속에는 두 가지 계획밖에 없었다. 하나는 그 43위안을 받아내는 것이었고, 다른 하나는 군에 입대하는 것이었다. 내 둘째 형이 3년째 군 복무 중이었는데 들리는 말로는 군에서는 잘 먹을 수 있다고 했다. 또 군에 가면 운명이 바뀔 수 있지 않을까 은근히 기대가 되기도 했다. 내가 살던 토굴과

돈 받을 사람의 집은 40킬로미터나 떨어져 있었다. 나는 이삼 일에 한 번씩 찾아갔지만 매번 허탕이었다. 마침내 나는 포기하고 무일 푼으로 집에 돌아가는 수밖에 없었다.

길은 멀고 밤은 깊고

나는 귀향길에 올랐다. 첫날 곧장 40킬로미터를 걸어 허기지고 지친 몸으로 황링에 이르렀다. 배가 고파 창자가 있는 대로 뒤틀렸다. 어느 식당 앞을 지날 때 식당 주인이 요우티아오(油條, 밀가루 반죽을 막대 모양으로 만들어 기름에 튀긴 식품_역주)를 튀겨내고 있었다. 음력 11월이라 매우 추웠지만 배고픔이 훨씬 더 고통스러웠다. 나는 낡아 빠진 외투를 벗어 그에게 내밀며 말했다.

"저 배고파 죽을 지경이에요. 제발 이 외투를 요우티아오 두 개랑 바꿔주세요."

중년의 그 남자가 내 목덜미를 잡아 문 밖으로 밀쳐내며 소리쳤다.

"이 간판 안 보여! 어디서 음식 구걸이야!"

고개를 들어 간판을 보니 '국영식당'이라고 쓰여 있었다. 식당에서 쫓겨 나오는데 석탄을 가득 실은 트레일러를 달고 있는 군용차 한 대가 눈에 들어왔다. 옷깃에 계급장을 달고 모자를 쓴 사람이 차에서 내렸다. 어려서부터 나는 해방군이 아주 훌륭한 사람들이라고 들어왔다. 그래서 나는 그에게 다가가서 무릎을 꿇고 그의 다리를 껴안으며 애걸했다.

"해방군 아저씨, 배고파 죽겠어요. 먹을 것 좀 주세요."

눈물 콧물 다 흘리며 머리를 조아려 구걸했지만 그는 내게 관심
이 없었다. 내가 눈을 치떠 보니 그는 지나가는 예쁜 아가씨들한테
눈이 팔려 내 말은 전혀 듣고 있지 않았다. 구걸은 또 실패로 돌아
갔다.

나는 배고픔을 참으며 버스 정거장으로 걸어갔다. 그런 상황에
서도 내 머리는 그런대로 돌아가고 있었다. 나는 버스정거장으로
가서 버스가 향하는 쪽으로 걸어가야 방향을 잃지 않고 집으로 갈
수 있다는 것을 알고 있었다. 그때부터 나는 음식을 구걸할 생각은
아예 하지 않았다. 나는 버스정거장 입구에 주저앉았다. 뱃속에서
는 꼬르륵꼬르륵 소리가 났다. 추위에 몸이 떨렸지만 나는 한동안
그냥 앉아 있었다. 늦은 저녁 무렵, 누가 내게 말을 거는 소리가 들
렸다.

"애야, 무슨 일이니? 왜 여기서 자고 있어?"

눈을 떠보니 내 옆에 한 나이든 남자가 앉아 있었다. 나는 겨우
대답했다.

"배가 고파서 죽을 것 같아요."

그는 한숨을 쉬면서 말했다.

"날 따라 오너라."

그 남자는 석공이었고 나이는 60세였다. 이제 막 일터에서 돌아
오는 길이었는지 그는 담배 파이프를 물고 있었고 손은 상처투성
이였다. 집에 도착하자마자 그는 손도 씻지 않고 밀가루 1근을 떠

내서 탕면을 만들었다. 나는 국수는 물론 국물까지 죄다 마셔버렸다. 그와 잠시 이야기를 나눈 후 그의 침대에서 잠들었다. 다음 날 아침 그는 내게 옌안(延安)행 버스표를 건네주었다. 게다가 5위안을 용돈으로 쥐어주었다. 나는 그가 하루에 1위안 5마오밖에 벌지 못하는데도 나를 위해 13위안 6마오나 썼다는 것을 알았다. 나는 그 당시 예절이란 것을 몰라서 그의 이름도 묻지 않고 떠나왔는데, 지금도 그게 마음에 걸린다.

황링에서 옌안까지는 약 100킬로미터, 버스로는 반나절 거리였다. 옌안에 도착하니 오후가 됐다. 나는 단단히 마음먹고 5마오로 양피를 사고 2마오짜리 만두 일곱 개를 사서 모두 먹었다. 합계 19마오를 쓴 것이다.

그 순간 우리 가족이 정말 오랫동안 만두를 먹어 보지 못한 사실이 떠올랐다. 그날 밤 나는 어제처럼 버스정류장 입구에서 잤다. 다음 날 아침 버스 시동 소리에 잠에서 깼다. 나는 자리에서 일어나 고향을 향해 발걸음을 옮겼다.

10킬로미터 남짓 걸었을 때 서서히 해가 떠올랐다. 희뿌연 햇살 너머로 낡은 해방군 차량 한 대가 보였다. 운전수는 범퍼에 올라서서 차를 수리하고 있었다. 차 옆에 빈 물통이 보였다. 나는 물이 필요한지 어떤지 전혀 몰랐지만 아무튼 그 물통을 냉큼 들고는 물을 뜨러 갔다. 500미터나 가서 겨우 도랑을 찾아 물을 떠서 돌아오면서 그 운전수한테 진짜 물이 필요하긴 할까, 그가 날 차에 태워 주기는 할까 하는 생각에 마음이 불안했다.

내가 돌아오자 그 운전수는 나를 보지도 않고 물통을 홱 가져가
더니 라디에이터에 물을 붓고는 물통을 다시 내게 주었다. 나는 신
이 나서 물 한 통을 더 뜨러 갔다. 두 번째 물통의 물을 다 붓고 나
자 시동이 걸렸다. 그는 내게 물어 보지도 않고 말했다.

"가자!"

내가 신이 나서 조수석에 껑충 올라타자 그가 퉁명스레 말했다.

"여기 말고 뒷좌석에 타!"

지금 생각해 보면 그때 내가 아주 더럽고 냄새가 났기 때문인 것
같다.

옌안에서 쑤이더(綏德)까지는 270킬로미터가 넘는 거리였다. 우
리는 그날 밤이 깊어서야 도착했다. 한마디로 끔찍했다. 쑤이더에
서 고향까지는 95킬로미터가 더 남았지만 나는 목적지에 거의 다
다른 느낌이었다. 내 수중의 4위안은 어떻게든지 쓰지 않고 어머니
에게 드리고 싶었다. 주린 배를 움켜쥐고 그날 밤을 쑤이더 기차역
에서 자기로 했다. 나는 굽이 떨어져 나간 신발 속에 돈을 숨기고
자리에 누웠다. 하지만 얼마 지나지 않아 누군가 내 엉덩이를 세게
걷어차며 소리쳤다.

"야, 도둑놈아! 여기서 뭐하는 거냐? 우리는 인민 민병대다!"

나는 놀라 일어나며 물었다.

"내가 뭘 훔치는 거 봤어요?"

"이 새끼가 어디서 말대꾸야! 가자!"

민병들은 나를 정류장 관리실로 데리고 갔다. 한 노인이 낡은 드럼통에 석탄을 때면서 몸을 데우고 있었다. 민병들은 나를 그 노인에게 넘기면서 말했다.

"우리가 내일 다시 와서 너를 데려가겠다."

그리고 그들은 다시 순찰을 나갔다.

나는 울며불며 내가 지나 온 길을 노인에게 설명했다. 불쌍한 내이야기를 들으면 그가 감동받고 나를 내보내 줄 거라고 생각했다. 그는 한참을 듣더니 한마디 말도 없이 밖에서 문을 잠그고 가버렸다. 그런데 오래지 않아 그가 되돌아와서는 가지고 온 고구마 두 개를 석탄 난로 위에 얹었다. 고구마가 잘 익자 노인은 내 손에 고구마를 쥐어 주었다.

"먹어라, 얘야! 네가 나쁜 애가 아닌 줄 안다. 그들은 내일 너를 채석장에 보낼 거야. 너를 언제 풀어 줄지는 확실치 않단다. 그들 마음이지. 그러니 빨리 집으로 돌아가서 군에 입대하렴. 그리고 성공의 길을 찾아야 한다. 나는 그들이 때리면 그저 한번 맞으면 돼."

아! 황링에서는 음식을 구걸하기가 너무 힘들었지만 정말 좋은 사람을 많이 만났던 것 같다. 집에 도착해서 가족을 오랜만에 다시 보니 한바탕 울음이 터져 나왔다. 그동안 우리 가족은 먹고 살기 위해 뿔뿔이 흩어져 있었다. 우리 가족은 다시 만나게 되면 이야기를 나누기 전에 항상 울기부터 했다. 헤어지기도 힘들었지만 다시 만

나기가 더 어려웠기 때문이다.

어머니는 내가 입대하는 걸 반대하셨다. 아버지가 병석에 누워 계시는 동안 형과 누나는 헌혈을 많이 했다. 치료비를 따로 마련할 길이 없었기 때문이다. 특히 형은 피를 너무 많이 뽑아서 건강이 아주 나빠졌다. 아버지가 돌아가시고 나서 가족 부양은 모두 형의 책임이었다. 어머니는 형이 안쓰러워 내가 입대하는 걸 원치 않으셨던 것이다.

"제 결심은 변치 않아요!"

나는 울먹이는 어머니를 향해 소리쳤다.

"날 학교에 보내 주지도 못하시면서 내 인생에 간섭하지 마세요. 난 스스로 결정할 거예요!"

마침내 어머니가 손을 드셨다. 돌이켜 보면 어머니에게 그렇게 말한 것이 지금도 못내 죄송스럽고 괴롭다.

군 복무 3년, 그 기간은 내 인생에 많은 영향을 끼쳤다. 무엇보다 나는 새로운 세계에 눈뜨게 됐다. 나는 또한 사물을 여러 각도에서 보게 됐다. 달리 표현하면 나는 사물을 둘러싸고 있는 환경과 움직임들을 다른 방식으로 보게 된 것이다. 내 희망과 꿈 역시 변화되고 성장했다. 나는 끼니를 해결하는 수준에서 벗어나 군에서 일자리를 찾겠다는 희망을 품게 됐다. 그러나 당시에는 모든 사람이 시골뜨기에 대한 편견을 가지고 있었고 시골 출신 병사들은 대부분 제대하면 시골로 되돌아가야 했다.

　　결국 나에게도 제대 명령이 떨어졌다. 고향에 돌아가서 농부로
서의 삶을 다시 시작해야 했다. 나는 제대 명령을 받고 벌떡 일어섰
다가 풀썩 주저앉고 말았다. 이유 없이 코피가 쏟아지기 시작했다.
보통사람은 아마 한 인간의 유일하고도 간절한 꿈이 산산조각 났
을 때 몸이 어떤 반응을 보이는지 상상하지 못할 것이다.

지성이면 감천

제대하고 나서 나는 일을 찾아 도처를 헤매며 닥치는 대로 일을 했다. 작은 수레에 채소를 싣고 거리에 나가 팔기도 했으나 여전히 사는 게 막막했다. 하지만 상황이 나아질 것이라는 희망은 잃지 않았다.

1991년 나는 거리에서 채소를 팔았다. 그때는 비닐봉지가 귀한 때라 신문지로 채소를 포장했다. 어느날 누군가 채소를 포장하고 남은 신문지 반쪽을 버리고 갔다. 나는 그날을 잊을 수 없다. 땅에 버려진 신문 쪼가리를 주워 들고 보니《법제일보(法制日報)》라는 신문이었다. '앞으로 10년 동안 중국에 변호사 15만 명이 필요하다'는 기사가 눈에 들어왔다. 거기에는 변호사가 되려면 법대를 나와 변호사 자격시험에 합격해야 하는데 독학으로도 법대 졸업장을 딸 수 있다고 쓰여 있었다. 변호사 시험에 한번 도전해 보고 싶었다. 생각해 보니 최악의 경우 내가 1년에 한 과목씩 합격한다고 치면 전 과목을 합격하는 데 14년이 걸린다는 계산이 나왔다.

그 후 몇 년 동안 나는 최대한 짬을 내서 심지어 걸어 다니는 시간까지도 활용해서 공부했다. 버스를 탈 때도 한 손은 손잡이를 잡고 다른 한 손은 책을 들었다. 나는 늘 내 힘을 효율적으로 사용해 성공을 향해 나아가야 한다고 다짐하곤 했다. 그 결과 다행히 나는 첫 학기에 등록한 세 과목을 모두 합격할 수 있었다. 2년 반 후에는 14개 과목을 모두 합격하고 1994년에 법대를 졸업했다.

졸업식 날 우리 모두는 기쁨에 들떴다. 그러나 나는 법대 졸업장이 목표가 아니었기에 그렇게 기쁘지는 않았다.

졸업장을 받자마자 나는 곧장 서점으로 갔다. 변호사 시험 준비에 필요한 책들을 찾아보았다. 당시 합격률은 겨우 1퍼센트밖에 되지 않았다. 합격한 응시생들은 모두 일류대학 출신이었지만 나는 독학생인 데다 30세 가까운 만학도였다. 그러니 나 같은 사람의 합격률은 거의 제로에 가까웠다.

서점에서 나는 한동안 망설였다. 책값이 187위안이나 됐기 때문에 책을 사야 할지 말아야 할지 결정하기 힘들었다. 그때 가난에 허덕이던 우리 가족에게 187위안은 적은 돈이 아니었다. 한참을 숙고한 끝에 나는 책을 사기로 결심했다.

변호사 자격시험에 합격하기란 정말 힘든 일이었다. 고대 우왕의 이야기가 떠올랐다. 우왕은 오랜 기간 지속된 홍수 문제를 해결할 방법을 찾느라 몇 년간 가족을 찾지 않았고 심지어 자기 집 앞을 그냥 지나치기도 했다. 내 결심도 그와 비슷했다.

시험을 석 달 앞두고 공부에 박차를 가하기 위해 나는 네 명의 친구와 함께 하룻밤에 2위안 하는 방을 빌렸다. 나는 밤새 공부하다 새벽 5시가 돼서야 잠시 눈을 붙이곤 했다. 졸음을 쫓으려 얼굴에 찬물을 끼얹으며 공부에 몰두했다. 그래도 내 몸에는 힘이 넘쳤

다. 나는 누군가 단 한 명이 시험에 붙는다면 그게 바로 나여야 한
다고 다짐했다. 그리고 속으로 외쳤다. '난 언젠가 틀림없이 변호사
가 될 거다!' 확신에 찬 신념이 내게 강인함을 주었고, 마침내 나는
모든 시련을 이겨 내고 그 해 시험에 합격할 수 있었다. 정말로 극
적인 순간이었다.

매년 변호사협회는 시험을 앞두고 있는 고시 응시생들을 위해
고참 변호사들에게 강의를 요청했다. 1994년에 개설된 강의에는
500명의 학생이 모였다. 젊은이들은 경쟁의식이 강해서 그런지 나
같이 학력이 부족한 사람을 깔보았다. 휴식시간에 내가 한마디 했
다.

"너희들에게 내가 통계수치를 좀 말해 주면 그렇게 자신감을 가
지지 못할 거야. 전국 평균과 여기 신장성의 합격률을 비교해 볼 때
여기 모인 500명 중에 합격자는 겨우 다섯 명에 지나지 않거든."

20대 초반의 한 장교가 나서서 야멸차게 쏘아붙였다.

"가오즈성, 여기서 백 명이 합격한다 해도 당신은 아니야!"

당시 나는 쉽게 상처받는 성격이었고 체면을 매우 중시했다. 나
는 즉시 그에게 다가가 멱살을 잡고 말했다.

"너 이름이 뭐야?"

곧바로 격한 말이 오갔다.

"나는 팡샤오보(方曉波, 가명)다. 왜 한판 붙어 볼래?"

"팡샤오보, 넌 내년에 여기 와서 내 강의를 듣게 될 거다! 가오즈

성이라는 이름을 잘 기억해 둬. 네 평생 잊지 못할 이름이 될 테니까!"

"좋아! 여기 있는 모두가 증인이다. 이 자가 내년에 여기 강사로 올 때까지 기다릴 것도 없이 시험에 합격하기만 하면 나는 이 자를 평생 선생님이라고 부르겠다!"

그 이듬해 내 꿈은 이루어졌고 나는 그 강의실 강단에 서게 됐다. 팡샤오보도 거기 있었다. 나는 강단에 오르면서 그의 이름을 불렀다.

"팡샤오보!"

그는 군대식으로 바르게 앉아 있다가 차렷 자세로 일어서면서 대답했다.

"네!"

내가 말했다.

"자리에 앉게. 작년에 우리는 올해 이 강의실에서 같이 공부하기로 약속했지. 우리 둘 다 약속을 지킨 것 같군. 다만 올해는 자네가 내 얼굴을 바라보고 있다는 것이 다를 뿐."

그 이후로 우리 둘은 좋은 친구가 됐다.

그날 내 강의는 썩 잘됐다. 강의 후 팡이 내게 와서 물었다.

"가오 선생님, 어떻게 단 한 번에 합격해 이 자리까지 오시게 됐는지요?"

나는 그에게 솔직하게 말해줬다. 그 과정은 진정 '단 한 번에'라는 표현으로 충분할 만큼 간단한 과정이 아니었다.

"젊은 친구. 자네는 올해도 시험에 합격하긴 그른 것 같네. 내가 여기까지 오게 된 경위를 자네가 어떻게 짐작이나 할 수 있겠나?"

강의를 시작한 첫해에 나는 종종 일찍 일어나서 밀밭에 나가 강의 연습을 하곤 했다. 밀대가 내 수험생들이었다. 나는 나를 단련시키기 위해 꾸준히 노력했다.

우루무치(烏魯木齊)의 겨울은 매우 춥다. 밖에 나오면 얼굴 근육이 꽁꽁 얼 정도였다. 당시에도 나는 여전히 가난했기에 얇은 옷밖에 입지 못했다. 그래서 사무실 빌딩에 도착하면 내가 제일 먼저 찾는 곳이 화장실이었다. 그 안에는 난방이 됐기 때문이다. 나는 얼굴 근육이 충분히 풀려서 말이 제대로 나올 때까지 거기 있다가 사무실로 들어가곤 했다.

중국의 변호사들은 대부분 판사와의 유대관계를 자랑하면서 자신을 홍보한다. 나는 그런 유대관계가 없어서 있는 그대로의 나를 알릴 뿐이었다. 나는 대학교에서, 공장에서, 기업에서, 군부대에서 무료 법률 강의를 47차례나 했다. 많을 때는 몇천 명이 내 강의를 들었다. 그 사람들 대부분이 나중에 내 고객이 됐다.

나는 수험생을 가르칠 기회를 얻기 위해 노력했다. 변호사협회에 가기 전에 내 강의에 대한 피드백을 받기 위해 설문지를 만들었다. 나는 그 설문지를 들고 협회 사무국을 찾아가 수험생들을 가르치고 싶다고 말했다. 그들은 매우 놀라며 내가 누구인지 물었다. 나는 그들에게 말했다.

"작년에 합격한 사람입니다. 그래서 수험생들에게 무엇이 필요한지를 잘 압니다. 올해 강의할 기회를 주십시오. 내 강의를 들은 수험생 500명 중 강의에 만족하지 못한 사람이 5명 이상 나온다면 나는 모든 수험생들에게 뺨을 맞겠습니다."

내가 수험생들에게 강의할 기회를 얻으려고 노력한 것은 절대로 팡샤오보 같은 사람의 기를 죽이기 위해서가 아니었다. 오히려 나는 미래의 변호사들에게 직업 준비를 시켜주려는 열정으로 가득 차 있었다.

나는 어떤 단체로부터도 강의 대가로 사례금을 받은 적이 없고 식사 초대에 응해 본 적도 없다. 강의를 하고 나면 최소한 5, 6백 위안 정도의 사례금을 주는데 나는 그 사례금도 거절했다. 나는 늘 버스를 타고 집에 갔는데 1마오라도 아끼려고 한두 정거장 전에 내려서 걸어갔다. 그리고 늘 배가 고팠다. 그해 내 목적은 대중연설에 완전히 능숙해지도록 연습하는 것이었다. 그것은 정련의 과정이었고 인내의 시험이었다. 후에 이 모든 것은 내 변호사 직업윤리의 단단한 초석이 됐다.

구술/ 가오즈성(高智晟)   글/이판(易帆), 궈뤄(郭若)

회 상

다음 날 새벽이 되기 전 어머니는 학교 가라며 시간 맞춰 나를 깨
우셨다. 나를 배웅하면서 어머니는 내게 볶은 콩 한 줌을 쥐어주셨
다. 콩은 약간 눅눅했다. 온기로 봐서 어머니는 그 콩을 한동안 손
에 꼭 쥐고 계셨던 듯했다. 날이 아직 밝지 않아 나는 어머니의 얼
굴을 볼 수가 없었다. 하지만 내 얼굴에서는 닭똥 같은 눈물방울이
뚝뚝 떨어졌다. 나는 다른 식구들과 똑같이 나누어 먹자고 여러번
말했지만 어머니는 막무가내였다. 내가 발걸음이 떨어지지 않아
울면서 계속 서 있자 어머니는 말없이 내 등을 떠미셨다.

2. 회상

춘절

춘절(春節, 음력설)은 중국 농촌사회에서 가장 성대하고도 중요한 명절이다. 이때 사람들은 좋은 옷을 입고 맛있는 음식을 먹는다. 가족 친지들은 1년 만에 모여서 우애를 다지고 비교적 부유한 집안 아이들은 새해 용돈과 폭죽 등을 받는다.

가장 기억에 남는 춘절 축제는 아버지가 돌아가시고 처음 새해를 맞을 때였다. 새해 첫날을 손꼽아 기다리던 그때의 흥분을 절대 잊을 수 없다. 형제들과 나는 정말이지 폭죽을 받고 싶었다. 지금 생각해도 이해가 되지 않을 정도였다. 이윽고 설날이 왔을 때 우리는 폭죽을 하나도 받지 못해서 울음을 터뜨렸다. 사실 우리는 춘절 기간에 같은 또래 아이들과 어울려 놀 수가 없었다. 폭죽이 없어서였다. 그리고 그 아이들처럼 새 옷을 마련하지 못한 것도 중요한 이유였다. 우리는 살금살금 집을 나가서 동네 아이들이 새 옷을 입고 노는 모습을 멀리서 구경했다. 우리들 머릿속의 생각은 똑같았다. '쟤네들 중의 몇 명, 아니 단 한 명이라도 헌 옷을 입고 있다면 좀 나을 텐데' 하는 생각이었다. 그러나 그런 일은 결코 없었다.

우리는 아버지 없이 맞는 설날을 즐겁게 지내야 한다고 생각했다. 그러나 설날이 다가올수록 집안사람들은 점점 슬픔에 휩싸였다. 나는 겨우 열 살 남짓 됐지만 무거운 집안 분위기를 느낄 수 있었다.

설 나흘 전에 있었던 일을 나는 절대 잊을 수 없다. 그때까지 우리는 설 준비에 단 한 푼도 쓰지 못하고 있었다. 쓸 돈도 없었거니와 그럴 분위기도 아니었다. 어머니는 아직도 아버지의 죽음을 현실로 받아들이지 못하셨다. 심지어 그 마음을 감추려 들지도 않으셨다. 음력 12월 27일 어머니는 울어서 얼굴이 푸석푸석한 채 내게 잠시 같이 다녀올 데가 있다고 하셨다. 아무도 어머니가 어디를 가고 싶어 하시는지 물어볼 용기가 없었다. 형을 흘낏 본 후 나는 어머니의 손을 잡고 나섰다.

어머니와 나는 시산(西山)이란 마을에 당도할 때까지 3시간 동안 아무 말 없이 걷기만 했다. 10킬로미터가 넘는 거리였으니 내가 그때까지 가본 곳 중에서 가장 먼 곳이었다. 어머니는 그 마을에 눈먼 고모가 계신다고 알려 주셨다. 하지만 그곳에 도착해 보니 그 할머니도 우리만큼이나 가난했다. 우리는 아무 말도 못 하고 겨우 미음을 나눠 마신 후 떠나려고 일어섰다. 어머니와 할머니는 결국 울음을 터뜨리셨다. 할머니는 어머니의 머리와 얼굴을 더듬으며 눈물을 뚝뚝 흘리셨다. 잠시 후 할머니는 절룩거리면서 다른 방에 들어가시더니 노란콩 한 사발을 퍼 담아서 어머니에게 건네셨다.

돌아오는 발걸음은 너무도 무거웠다. 나는 어머니가 무언가를 곰곰이 생각하고 있음을 알 수 있었다. 길을 반쯤 왔을 때 날이 어두워졌다. 집에서 2킬로미터쯤 떨어진 시냇가에 이르렀을 때 어머니는 바위에 앉아 어린애처럼 흐느끼셨다. 한참 후에 어머니는 울음을 그치고 옷자락으로 얼굴을 닦으셨다. 그러고는 내 머리를 두어 번 쓰다듬더니 손으로 내 눈물을 닦아주셨다. 이어서 떨리는 목소리로 말하셨다.

"나무관세음보살, 이 애비 없는 불쌍한 애들을 굽어 살피소서! 룬훼이(潤慧, 내 아명임)야, 네 아빠가 돌아가시고 나니 이 어미는 어찌해야 할지 모르겠다. 하지만 걱정 말거라. 내가 언제까지나 이렇지는 않을 거다. 새해가 되면 괜찮아지겠지."

집에 돌아 왔을 때 식구들이 모두 걱정스레 우리를 기다리고 있었다.

'신은 문을 닫으면 어딘가에 창문을 열어놓는다(神無絶人之路)'고 했던가. 나흘 후, 그러니까 섣달 그믐날 우리 집에 돼지고기 한 근이 들어왔다. 숙부가 보낸 선물이었다. 설날 우리는 고기와 무를 섞어서 속을 넣은 만두를 먹었다. 그해 설날부터 어머니는 예전의 굳

건함과 끈기를 되찾으셨다. 마침내 우리에 대한 사랑과 책임감으로
긴 슬픔을 극복하셨다. 어머니는 다시금 강한 사람이 되셨고, 그 강
인함을 우리에게 전해주셨다.

낡은 구리 두레박

1975년, 아버지가 돌아가셨을 때 우리는 내다 팔 물건조차 없을 정도로 궁핍했다. 본래 가난했는데 아버지가 앓아 누워계시는 동안 우리는 더 가난해졌다. 당시 38세이던 어머니는 아이 일곱을 데리고 어찌해야 할지 몰라 막막해 하셨다.

아침에 일어나면 어머니는 항상 자리에 안 계셨다. 어머니는 새벽부터 밤늦게까지 일하는 것만이 우리 가족이 살 길이라고 생각하셨다. 깜깜한 밤이 돼서야 돌아오신 어머니가 잠시 문지방에 걸터앉아 쉬시던 모습이 생생히 떠오른다. 어머니는 집에서는 전혀 말이 없으셨다. 우리는 어머니가 일에 지쳐서 그렇다고 생각했다.

아버지가 돌아가신 그해 어머니는 자주 우셨다. 밥을 하면서도, 식사를 하면서도, 일을 하면서도 언제나 눈물을 흘리셨다. 우리는 어머니의 울음을 그치게 해드릴 방도가 없었다. 나는 어렸지만 어머니가 슬퍼하시는 것을 볼 때마다 나도 슬펐다. 어느 여름날 오후 나는 어머니와 함께 물을 길러 우물에 갔다. 우리 마을의 우물은 산중턱에 있었는데 가는 길이 좁아서 한 사람이 겨우 통과할 수 있었다. 물을 길러 갈 때는 물 푸는 구리 두레박도 같이 가져가야 했다. 정오 무렵까지는 햇살이 몹시 뜨거웠고 산속은 적막했다.

어머니는 물동이에 물을 다 채우고는 물동이 한쪽에 달린 고리에 구리 두레박을 걸었다. 그러다 실수로 그만 두레박을 우물 속에 빠뜨렸다. 우물 벽은 70도로 경사진 울퉁불퉁한 돌 벽이었다.

두레박은 땡그랑거리며 돌 벽을 굴러 내려갔다. 아주 낡은 구리 두레박 하나 때문에 어머니는 끝내 울음을 터뜨리셨다. 근처에서 일하던 형이 어머니가 다친 줄 알고 소리치며 달려왔다. 형을 보고 어머니가 말씀하셨다.

"리이(禮義, 형의 별명)야, 이를 어쩌니? 두레박을 우물에 빠뜨렸구나."

그 두레박은 2위안도 안 되는 값싼 것이었다. 지금 사람들은 그만한 일로 우리가 너무 호들갑을 떤다고 생각할지 모르겠지만 우리로서는 정말 큰일이었다. 어머니가 애를 써서 두레박을 겨우 건져 올렸다. 그 몇 시간 동안 우리의 마음은 몹시 무거웠다.

20년이 더 된 지금도 그때 두레박이 돌 벽에 부딪쳐 땡그랑거리던 소리와 어머니의 절망적인 울음소리가 귓전에 생생하다.

볶은 콩 한 줌

몇 년 전, 어머니는 우리가 살던 토굴집을 다른 사람에게 넘겼다. 내가 태어난 곳도 이 토굴집이고 우리 모두가 태어나 자란 곳도 이곳이었다.

토굴집의 벽돌 침대는 다섯 명이 누우면 좀 비좁았다. 아버지가 살아계셨을 때는 우리 아홉 식구가 모두 그 위에서 잤다. 아버지랑 형이랑 나, 그렇게 셋이서 이불 하나를 같이 덮었다. 식구 누구도 이불을 혼자 사용하지 못했다. 밤마다 부모님은 우리들에게 잠자리를 배정해주곤 했다.

"너희들 모두 편하게 눕히느라 늘 진땀이 났단다."

나중에 어머니는 농담 삼아 이렇게 말씀하곤 하셨다. 우리는 그렇게 살았다.

집 밖 들판 너머로 오솔길이 문명사회를 향해 나 있었다. 내가 중학교를 다니던 3년간 어머니는 아침마다 내가 등교하는 모습을 지켜보셨다. 저녁에도 어머니는 그 자리에 계셨다. 오솔길 끝에서 내가 돌아오는 모습을 보기 위해서다. 칼바람 매서운 한겨울에도 푹푹 찌는 한여름에도, 비가 오나 눈이 오나 어머니는 늘 그곳에 계셨다. 내가 그 산속 오솔길을 뛰어 내려가는 소리가 나면 언제나 어머니는 내 어릴 적 별명을 부르곤 하셨다. 내가 대답하면 안으로 들어가 나를 위해 음식을 데우기 시작하셨다.

어느 날 저녁이었다. 내가 학교에서 돌아왔을 때 어머니는 언제나처럼 나를 기다리며 오솔길에 서 계셨다. 그런데 그날은 어머니가 내 대답소리를 듣고서도 집 안으로 들어가지 않으셨다. 나는 어머니에게 걸어가면서 무언가 일이 있음을 직감했다. 어머니는 내 얼굴을 두 손으로 감싸면서 말씀하셨다.

"룬훼이야, 양식이 다 떨어졌단다. 오늘 네 동생과 샤와(下窪)마을 친척집에 양식을 빌리러 다녀왔는데 그들도 형편이 좋지 않더구나. 오늘 밤엔 먹을 게 없구나. 하지만 내일은 틀림없이 무언가를 만들어 줄 테니 오늘은 좀 일찍 자렴."

그날 밤 나는 소리죽여 오랫동안 울었다. 베개가 눈물로 흠뻑 젖었다. 배가 고파서가 아니었다. 아버지가 일찍 돌아가셔서 어머니가 너무 힘들게 된 상황을 알았기 때문이었다. 나는 우리를 먹여 살리기 위해 어머니가 겪고 있는 고생을 생각했다. 그날 밤 나는 어머니가 잠 못 이루고 이리저리 뒤척이는 소리를 들었다.

다음 날 새벽이 되기 전 어머니는 학교 가라며 시간 맞춰 나를 깨우셨다. 나를 배웅하면서 어머니는 내게 볶은 콩 한 줌을 쥐어주셨다. 콩은 약간 눅눅했다. 온기로 봐서 어머니는 그 콩을 한동안 손에 꼭 쥐고 계셨던 듯했다. 날이 아직 밝지 않아 나는 어머니의 얼굴을 볼 수가 없었다. 하지만 내 얼굴에서는 닭똥 같은 눈물방울이 뚝뚝 떨어졌다. 나는 다른 식구들과 똑같이 나누어 먹자고 여러

번 말했지만 어머니는 막무가내였다. 내가 발걸음이 떨어지지 않아 울면서 계속 서 있자 어머니는 말없이 내 등을 떠미셨다.

그날 저녁에도 어머니는 오솔길에 서 계셨다. 내 이름을 소리쳐 부르고는 서둘러 집 안으로 들어가셨다. 우리에게 먹일 음식을 좀 구해 오신 게 분명했다.

28년이 지났지만 아직도 그 당시 장면들이 기억에서 지워지지 않는다.

어머니 내 어머니

2005년 3월 6일 오후 4시 24분, 어머니는 당신이 사랑한 이승을 떠나셨다. 이로써 우리 형제자매 일곱은 부모 없이 살아가야 하는 새로운 삶이 시작됐다.

당시 나는 어머니 연배의 노인들과 관련된 사건 때문에 베이징에 있었다. 그들은 10년간이나 당국에 자신들의 상황을 청원하고 있었다. 바로 이 무렵에 어머니의 건강이 악화됐다.

남동생으로부터 전화를 받았을 때 나는 심상찮은 느낌을 받았다. 마흔여섯 살이나 먹은 동생이 훌쩍거리고 있었다. 나는 공황상태에 빠졌다. 세상이 텅 빈 듯했고, 극도로 슬프고 고통스러웠다. 정신을 차리고 보니 차가운 병원 바닥에 눈물을 흘리며 쓰러져 있었다. 아내와 장모님이 나를 일으켜 세웠다. 얼굴에 감각이 거의 없었고, 머리에 산소가 부족한지 앞이 잘 보이지 않았다. 병원에서 집으로 오면서 내내 흐느꼈다. 곧장 고향으로 달려 갈 채비를 하고서 길을 나섰다. 천릿길을 가는 동안 나는 줄곧 공허함과 상실감에 싸여 있었다.

평소에 다섯 시간 걸리던 길이 여덟 시간이나 걸렸다. 정신이 가물거린 탓이었다. 길이 너무나 멀게 느껴졌다. 나는 타이위안(太原) 시에 있는 여동생 집에 들러 한 시간 정도 머문 뒤 다시 여동생과 함께 귀향길에 올랐다. 산간벽지의 시골집은 여전히 궁핍했지만 내 마음속에 진정 소중한 장소였다. 내가 시골집에 돌아올 때 어머니가 나를 반기지 않으신 것은 그때가 처음이었다. 여기서 다시는 어머님을 뵙지 못한다니! 우리는 모두 엉엉 울었다.

어머니의 관을 보자 나는 요동치는 마음을 추스를 수가 없었다. 나는 무릎으로 기어갔다. 그리고 또 다시 커다란 상실감에 사로잡혔다.

어머니는 67세를 일기로 영원히 우리 곁을 떠나셨다. 어머니는 당신의 일생 중 60년을 가난과 곤경 속에서 사셨다.

어머니가 외할아버지를 여읠 적 나이는 겨우 여섯 살이었는데 2년 뒤인 여덟 살 어린 나이에 결혼하셨다. 어머니는 아기신부 생활의 고통에 대해 종종 이야기해 주셨다. 비록 아기신부 생활이 4년 만에 끝났지만(어머니는 열두 살에 도망쳐 외할머니 품으로 되돌아가셨다) 그때의 고생이 너무나 고통스러워서 일생을 힘겨워하셨다. 그 슬픈 이야기를 어머니는 이루 다 표현할 수 없으셨던 것이다.

열다섯 살 되던 해 어머니는 외할머니와 이곳 작은 산촌으로 이사 와서 나머지 52년을 사셨다. 이 마을은 너무 작아서 어머니가 돌아가실 때쯤에도 주민 수가 200명 남짓밖에 되지 않았다.

어머니는 열여섯 살에 아버지와 결혼하셨다. 숙모님 말씀에 의하면 아버지 집안도 매우 가난했다고 한다. 어머니와 아버지는 22

년 결혼생활 내내 가난 속에서 사셨다. 숙모님은 두 분이 비록 가난
했지만 아버지가 돌아가시기 전까지 늘 행복하게 지냈다고 말씀하
셨다. 어머니는 열일곱 살에 큰형을 낳았다. 어머니가 스물다섯 살
때 마흔을 갓 넘긴 외할머니가 돌아가셨다. 내가 태어난 지 나흘째
되던 날이었다. 어머니가 외할머니에 대해 말씀하실 때 눈물을 글
썽이던 모습이 눈에 선하다.

아버지는 41세에 암에 걸려 돌아가셨다. 아버지 일생의 소원은
우리가족이 마음껏 밥을 먹는 것이었다. 그러나 아버지는 그 소원
을 이루지 못하고 돌아가셨다. 아버지가 병들었을 때 우리가족 모
두는 무척이나 힘든 나날을 보냈고 어머니는 큰 부담을 느끼셨다.
우리는 아버지 치료비를 마련하기 위해 팔 수 있는 것은 모두 내다
팔았다.

더구나 우리 자식들은 아버지를 위해 수혈을 너무 많이 해서 오
히려 우리 몸에 피가 모자랄 지경이었다. 아버지가 주검이 돼 우리
집 마루에 돌아와 누우셨을 때, 우리는 상실감뿐만 아니라 병원에
진 빚 때문에 어깨가 짓눌렸다. 우리는 아버지가 편히 쉴 관조차 살
돈이 없었다. 불쌍한 어머니는 고통과 절망에 넋을 놓고 통곡을 하
셨다. 유일하게 일할 나이가 된 큰형은 수혈로 몸이 상한 데다 제대
로 먹지도 못해 똑바로 서 있을 기운도 없는 상태였다. 어머니와 우
리들은 이제 끝장이라는 생각뿐이었다.

옛 시에 이런 구절이 있다.

"산 첩첩 물 겹겹이라 길이 없나 하였더니, 버들 무성하고 꽃 활
짝 핀 마을이 또 있구나(山重水複疑無路, 柳暗花明又一村)."

하지만 어머니에게는 그런 행운이 없었다. 그 후 20년간 어머니
는 끊임없이 궁핍과 싸우셔야 했다. 1975년 7월 22일 주위 사람들
의 도움으로 우리는 40위안 남짓한 관 하나를 살 수 있었다. 아버
지는 키가 커서 그 관에 모실 때 몸을 구부려야 했다. 이는 마치 당
신이 살아온 일생을 상징하는 듯했다. 한 번도 똑바로 서지 못하고
언제나 삶의 무게에 짓눌려 살았던 그 일생 말이다.

우리는 아버지 묘를 쓴 이후로 10년에 걸친 생존투쟁을 이어가
야 했다. 어머니가 그 전투의 지휘관이자 도덕선생님이었다. 어머
니는 엄청난 책임을 진 채 진이 다 빠지도록 애를 쓰셨다.

어머니는 우리를 양육하느라 밤낮으로 일하셨다. 사람들은 어머
니가 일하면서 우는 소리를 종종 들었고, 가끔 그들도 동정의 눈물
을 흘리기도 했다. 해질녘에 어머니는 집에 돌아와서 저녁을 지으
면서 남은 기운을 다 쓰셨다. 우리들이 잠자리에 들고 나서도 여전
히 어머니는 일하셔야 했다. 어머니는 희미한 등불 아래서 무명실
을 자았는데, 때로는 밤을 새우기도 하셨다. 우리들에게 옷을 입힐
수 있는 유일한 방법이었기 때문이다. 한밤중에 이따금 깨어보면
물레 돌아가는 소리에 어머니의 흐느낌 소리가 섞여 들려 왔다.

아버지가 돌아가신 후 여섯 달 동안에 어머니는 너무 많이 야위
었다. 어머니가 아무리 열심히 일하셔도 우리를 충분히 먹이기엔

턱없이 부족했다. 우리들도 어머니를 도울 수 있는 일은 무엇이든 하기 시작했다. 그래야만 살아남을 수 있고 어머니의 부담도 덜어드릴 수 있기 때문이었다. 하지만 불행은 한 번에 끝나는 것이 아니었다. 아버지가 돌아가신 지 1년쯤 되는 어느 날 밤에 큰형이 의식을 잃고 쓰러졌다. 우리가 큰형을 동네병원에 옮겼지만 어머니는 제정신이 아니셨다.

설상가상으로 집안 사정은 점점 절망적인 상황으로 빠져들었다. 하지만 매번 어머니는 그 야위고 왜소한 몸으로 역경을 하나하나 극복하셨다. 그 즈음 주위 사람들이 어머니가 홀로 고생하는 것이 안쓰러워 재가할 것을 권유하면서 중매를 하려 했다. 그러나 어머니는 그들의 호의를 거절하셨다. 그것은 우리 때문이었다. 어머니의 삶의 목표는 하나였고, 그것을 이뤄내기 위한 결심은 굳건했다.

어머니의 시선은 미래에 가 있었다. 어머니의 비전은 우리들에게 큰 영향을 미쳐서 오늘날 우리 가치관의 기초가 됐다. 어머니는 큰형과 큰누나를 제외한 나머지 애들 모두를 학교에 보내기로 결심하셨다. 이 목표는 거의 불가능해 보였다.

하지만 우리는 둘째 형부터 시작해서 모두 중학교를 졸업했다. 우리는 그 덕에 더 나은 삶을 살 수 있었다. 내 둘째 형은 처음에는 학교에 가지 않겠다고 고집을 부렸다. 어머니에게 너무나 부담되는 일이기 때문이었다. 그러나 어머니는 그 문제만큼은 양보하지 않으셨다. 결국 둘째형은 고등학교를 졸업했다. 나는 초등학교를 거의 독학으로 마쳤다.

아버지가 돌아가신 이듬해, 나와 열 살 난 남동생이 6개월간 가족 부양의 책임을 맡았다. 우리는 자그마한 약초상을 열었다. 산에서 약초를 캐는 일은 정말 어려웠다. 똑바로 서 있기가 힘들 정도로 배를 곯은 우리는 겨우 멀건 죽 한 사발을 마시고 잠들기 일쑤였다.

약초를 다듬는 일도 만만찮았다. 그 일은 한밤중에 어머니가 하셨다. 어머니는 밤새 밀대로 약초를 펴고, 뿌리와 질긴 섬유질을 제거하고, 약초를 종류별로 분류해 놓으셨다. 이렇게 해야 다음 날 그것들을 햇볕에 말릴 수 있었다. 장이 쉬는 열흘간 우리는 그렇게 약초 10근을 캐서 말리고 장날에 그것을 내다 팔았다. 우리가 매번 버는 돈은 12위안 남짓인데, 돈을 쥐면 제일 먼저 하는 일이 10위안을 주고 수수 40근을 사는 것이었다. 이는 우리 식구가 열흘간 먹을 식량이었다. 남는 돈은 소금이나 등유 따위를 사는 데 썼다.

가을이 돼 약초를 못 캘 때, 우리는 이삭 줍는 일을 했다. 집단농장에서 가을추수가 끝나면 논이나 길가에 낟알이 떨어져 있었다. 우리가 이삭을 주울 수 있는 기간은 약 두 달이었다. 이삭줍기는 벌이가 없는 기간을 두 달 줄여 주는 효과가 있었다.

황토고원의 겨울은 늘 혹독한 바람과 추위를 몰고 왔다. 다른 아이들이 추위를 피해 집 안에 있을 때, 우리들은 석탄 살 돈이 없어서 땔감을 구하러 매일 산속을 헤집고 다녀야 했다. 혹독한 자연 환경과 가난한 생활이 우리의 의지를 굳건히 다져 주었다. 우리는 이렇게 형성된 의지로 세월을 이겨 내고 살아남았다. 내 인생에 전환기를 맞은 것은 1977년 후반 어머니가 나를 중학교에 보내기로 결정하셨을 때였다.

나는 어머니의 관 옆에 앉아서 과거 중학교 3년간의 시절을 회상했다. 나를 위해 어머니가 헌신하신 모든 일들을 생각하니 정말 마음이 아팠다. 내가 그 3년을 무사히 마친 것은 어머니의 희생과 책임감 덕분이었다.

구청(古城)중학교는 집에서 4킬로미터 떨어진 산간지대 높은 곳에 있었다. 어린 내가 거기까지 걸어가는 데는 1시간 반이 걸렸다. 내가 학교에서 기숙하려면 하루에 식비 8마오가 추가로 들었기에 어머니는 내게 주간반에 등록해 걸어 다니라고 하셨다. 당시 어머니의 생활은 '자다 깨다'의 반복이었다. 나는 매일 새벽녘에 학교에 도착해야 했다. 그러려면 매우 일찍 일어나서 등교 준비를 하고 1시간 반가량 걸어가야 했다. 그래서 나는 수면시간을 2시간 반이나 줄여야 했다. 하지만 나 때문에 어머니가 주무시지 못한 시간은 훨씬 많았다. 당시 우리 마을에는 시계가 있는 집이 없었다. 사람들은 하늘을 보고 시간을 재는 옛 방식을 그대로 따르고 있었다. 내가 잠자는 동안 어머니는 몇 번이나 밖에 나가 별을 보고 시간을 재곤 하셨다. 하늘에 구름이라도 끼면 어머니는 한 숨도 못 주무셨다. 시간을 재기가 어렵기 때문이었다.

어머니의 희생과 책임감 덕에 나는 3년 내내 지각 한 번 안 하고 수업 한 번 안 빼먹었다. 나는 모든 시간을 공부에 몰두해 거기에 보답하려 했다. 반 등수는 50여 명 중에 늘 3등 이내였다. 중학교를 졸업하고 나는 고등학교 입학 자격시험을 쳤고, 최정상급 고등학교에 다닐 충분한 성적을 올렸다. 그러나 불행히도 가난 때문에 더는 학업을 계속할 수 없었다. 그러나 중학교에서 한 공부는 내 인생의 중요한 자산이 됐다. 중학교 생활에서 나는 공부 방법을 터득했고 일생 동안 자습할 수 있는 기초를 습득했다. 그 3년의 경험은 도저히 해낼 수 없을 것 같던 많은 일들을 할 수 있게 해 주었다. 이 모든 것은 어머니와 나의 공동 노력이 있었기에 가능했다.

어머니는 도덕적으로 매우 훌륭한 분이셨다. 그러나 내 주제에 그 도덕성의 깊이는 충분히 잴 수도, 표현할 수도 없다. 그것은 일생 동안 깊어져 간 어머니 내면의 그 어떤 것이었다.

어머니는 우리에게 행동으로 말씀하셨다. 따라서 어머니의 모든 행동에는 이유가 있었고 어떤 마음이 표현돼 있었다. 우리가 허기에 지친 나머지 남의 박이나 과일을 몰래 따먹으면 어머니는 아주 심하게 야단치셨다. 어머니의 이런 성품 덕에 우리는 어린 시절부터 절대 남의 것을 가지거나 훔치지 않았다.

어머니가 당신의 시어머니에게 보이신 효성은 마을 밖에서도 알아줄 정도였다. 그러나 묘하게도 우리는 할머니에 대해서 그리 좋은 인상이 없다. 우리가 기억하는 한 할머니가 어머니를 꾸짖지 않은 때는 세 경우밖에 없다. 할머니가 식사하실 때, 할머니가 주무

실 때, 어머니가 외출하셨을 때였다. 어머니는 할머니가 안 계실 때
면 우실 때가 많았다. 그러나 어머니는 할머니의 삶이 매우 힘들었
다고, 젊어서는 남편을 여의고 나이 들어서는 자식을 잃어 정말 힘
들었다고 항상 두둔하셨다. 어머니는 우리만이 할머니의 유일한 가
족이며 할머니가 화를 풀 수 있는 대상도 우리밖에 없다고 말씀하
셨다. 만일 할머니가 얼마나 불쌍한 분인지 이해한다면 할머니를
거스를 생각을 못 할 것이라는 말씀도 하셨다.

비록 어머니가 할머니로부터 종종 꾸지람을 듣기는 했지만 식사
때면 늘 할머니부터 챙겨 드렸다. 어려운 시절, 가족 전부가 음식을
나눠 먹어야 했지만 할머니만은 예외였다. 죽을 먹을 때도 솥바닥
에 깔린 걸쭉한 죽은 할머니 몫이고 위에 뜬 묽은 죽은 우리 차지
였다. 그런데도 할머니는 여전히 어머니를 꾸짖었다. 겨울철에 우
리 토굴집은 너무 추워서 아침이면 주전자 물이 꽁꽁 얼어 있곤 했
다. 그러나 할머니 방은 넉넉하게 불을 때서 늘 훈훈했다. 그래서
우리는 누가 할머니 방에 가서 잘 것인가를 두고 다투곤 했다. 장이
서는 날이면 어머니는 먹을 것을 사서 할머니께 차려 드렸다. 그런
때는 어김없이 할머니 방 출입금지령이 내려졌다.

비록 60년을 궁핍 속에서 사셨지만 어머니는 곤경에 빠진 사람
을 돕는 습관이 몸에 배어 있었다. 중국에는 가난에 찌든 사람들이
늘 넘쳐나지만 당시에는 더 그랬다. 구걸하는 사람도 가난했지만
베푸는 사람도 가난하기는 마찬가지였다.

어머니는 겨울철에 거지가 오면 우리 토굴집에 들이셨다. 때로는 십여 명씩 떼 지어 들어오기도 했다. 황토고원의 겨울밤은 극도로 춥다. 우리 남루한 토굴집이 그다지 따스하지는 않았지만, 그 살벌한 추위는 그럭저럭 막아 줄 정도는 됐다. 매년 겨울이면 곤경에 처한 사람들이 우리 집에 와서 함께 지냈던 기억이 난다. 그러나 하도 많은 사람들이 거쳐 가서 어머니는 세세히 기억하지 못하셨다.

20년 후 내가 유명 변호사가 됐을 때, 종종 마음이 따뜻한 친구들이 가난한 사람들을 내 사무실에 보내곤 했다. 어떤 이는 지팡이를 짚고 어떤 이는 휠체어를 타고 왔다. 그들은 수임료를 내지 못하는 사람들이었다. 그런 일이 있을 때마다 어머니가 거지들을 맞아들이시던 모습이 떠올라 나도 모르게 미소를 짓곤 했다. 지금 나는 또 당시의 장면을 떠올리며 눈물을 훔친다. 어머니는 이제 내 앞에 놓인 관 속에 누워서 먼 길을 가실 참이다.

어머니의 선행 중에 이 두 가지는 평생 잊을 수 없을 것이다. 바람이 무시무시하게 불던 한겨울 어느 날, 한데서 구걸하던 한 무리 사람들이 어느 버려진 토굴을 찾아 들어갔다는 소식이 들려왔다. 어머니는 이미 잠자리에 드셨지만 그 소식을 듣자마자 일어나 우리를 데리고 그 사람들을 찾아 나섰다. 토굴에 도착해 보니 그들은 짚더미를 쌓아서 입구를 가려 놓았다. 짚더미를 치우고 안에 들어가 보니 어린애가 낀 남녀 여덟 명이 추위에 떨며 부둥켜안고 있는 가슴 아픈 장면이 눈에 들어왔다.

어머니는 그들에게 우리가 온 이유를 설명하셨다. 아무 대꾸도 하지 않는 것으로 봐서 그들이 단단히 겁먹고 있음이 분명했다. 그들은 한동안 눈치만 보다가 드디어 어머니 말을 믿고 경계를 풀었다. 그날 밤 우리 집에서는 우리 식구를 포함한 불우이웃 대집단이 북적거렸다. 침대에도 마루에도 온통 사람으로 넘쳐났다.

또 하나는 여름날의 기억이다. 어느 날 아이 딸린 거지가 우리 집에 왔다. 그러나 당시에는 우리도 먹을 것이 없던 터라 그녀에게 줄 것이 아무 것도 없었다. 그녀는 몹시 실망하면서 이내 아이 손을 잡고 떠나려 했다. 그때 어머니가 잠깐 기다리라고 말하고선 나가시더니 잠시 후 아직 덜 익은 옥수수자루 두 개를 가지고 오셨다. 나중에 안 일이지만 어머니는 뒷산 우리 밭에까지 가서 덜 익은 옥수수를 따오신 것이었다.

어머니는 선한 행동에는 보응이 따른다고 믿으셨다. 그리고 지극정성으로 부처님을 공경하셨다.

내가 변호사 개업을 한 그해, 집안 형편이 조금 나아졌다. 그 무렵 우리 형제들은 모두 나름대로 성공적인 삶을 살아가고 있었다. 이렇게 되자 어머니의 주된 관심사는 부처님을 공양하고 선행을 베푸는 것으로 바뀌었다. 어머니의 그런 자비심을 잘 보여주는 예가 있다. 어떤 사람들이 무덤을 도굴당했는데 어머니는 그들을 도우러 나섰다. 몇 년 전 이런 도굴이 성행했는데 그때마다 무덤에서 나온 잔해들이 무덤 주위에 흩어져 있곤 했다. 어머니는 그것을 수

습해 제대로 묻을 수 있도록 도와주셨다. 또한 장례식에서 어머니는 손주들에게 지전을 태워 고인의 명복을 빌도록 하셨다.

가난에서 벗어나고서도 어머니는 가난한 사람들을 결코 잊지 않았다. 근년에는 음력설을 쇠기 위해 집에 모일 때마다 낯선 이들이 자식들을 데리고 우리 집을 방문했다. 그들의 행색은 남루했다. 우리는 그들이 누구인지 몰랐지만 기꺼이 함께 식사를 했다. 우리가 어머니께 여쭈면 어머니는 늘 미소를 지으며 말씀하셨다.

"그들은 우리 친척들이란다."

올 봄 축제가 한창이던 어느 날, 한 야윈 남자가 아이 둘을 데리고 우리 집에 왔다. 당시 어머니는 병환으로 누워 계셨다. 어머니는 그들을 보고 나서 우리에게 힘들게 말씀하셨다.

"너희들 사촌이다."

그러고는 그들에게 음식을 만들어 잘 대접하라고 하셨다. 또 두 아이가 기침하는 것을 보고는 돈을 줘 병원에 보내라고 하셨다.

얼마큼 시간이 흐른 후 형이 내게 해준 말은, 그들은 이웃마을의 거지였는데 어머니가 그들과 친척을 맺으셨다는 것이다. 그래서 명절 때면 종종 어머니께 와서 식사를 같이 하곤 한다는 것이다. 형은 밝게 웃으며 한마디 더 덧붙였다.

"어머니는 그런 친척이 아주 많아."

우리는 실제로 마을에서 아버지를 잃은 아이 두 명을 입양하기도 했다. 학교 수업료는 내가 정기적으로 보내주고 있다. 명절이면 그들은 늘 우리와 함께 시간을 보내며 진짜 가족같이 지낸다. 어머니 장례식을 준비하는 동안 그들은 마치 친자식처럼 효성을 다했다. 그 모습은 감동적이었으며 돌아가신 어머니의 위대함을 더욱더 실감나게 해 주었다.

어머니는 일곱 자식에게 당신의 마음과 영혼을 쏟아 부으셨다. 임종 직전에도 어머니는 자식들과 손자들의 이름을 하나하나 부르셨다. 어머니는 마지막 숨을 거두실 때까지 우리 이름을 부르고 또 부르셨다. 그 생각만 하면 나는 형언할 수 없는 아픔을 느낀다. 돌아가시기 전 마지막 몇 달 동안 어머니가 보여주신 사랑과 보살핌은 우리 모두를 깊게 감동시켰다.

아마도 모든 자식들이 자기 어머니가 최고라고 할 테지만 나 또한 다르지 않다. 어머니는 도무지 꺾일 줄 모르는 영혼의 소유자였다. 나는 이런 말을 할 때마다 아주 강한 확신을 가지고 말한다. 어머니는 평민이었다. 그렇다고 해서 어머니의 위대함이 감소하는 것은 아니다. 당신의 위대함은 당신의 일상생활 하나하나에서 생겨났다. 어머니는 일생의 대부분을 역경 속에서 보냈다. 그러면서도 어려운 사람들에게 기꺼이, 그리고 지속적으로 손을 내미셨다.

어머니는 퍽이나 관대하고 자비로우셨다. 당신의 위대한 성품은 우리의 전 생애에 영향을 드리웠고 앞으로도 그럴 것이다. 일생의 대부분을 가난하게 사셨지만 어머니는 풍요로움을 우리에게 전해 주셨다. 우리 자식들이 어떻게 해도 어머니가 우리에게 쏟은 희생과 노력은 절대 갚지 못할 것이다.

어머니의 이야기는 책으로 쓸 가치가 충분하다. 하지만 정작 어머니 자신은 그 글을 읽지 못하신다. 어머니를 회상하면 우울하면서도 기쁘다. 어머니의 훌륭함을 글 한 편 속에 담기는 불가능하다. 100편을 써도 마찬가지일 것이다. 그럼에도 불구하고 나는 위대하고 사랑스러운 내 어머니를 얼마나 그리워하는가를 표현하기 위해 무언가를 쓰지 않을 수 없다.

나는 왕자촨(王家川)이라는 마을에 홀로 차를 몰고 들어가서 어머니가 태어나신 토굴집을 찾아가 보았다.

어머니의 영혼은 늘 우리 마음속에 살아 계실 것이다.

우리는 어머니를 잃었다. 영원히 잃은 것이다. 이것은 움직일 수 없는 사실이다. 그 여린 체구의 어머니는 비상한 꿋꿋함으로 삶의 모든 시련과 고난을 감내하셨다. 그러나 자식인 우리는 어머니가 안 계신 고통을 좀처럼 참아낼 수가 없다.

구술/ 가오즈성(高智晟)   글/이판(易帆), 궈뤄(郭若)

인 권

"재판장님! 한 사회에서 윤리와 정의가 힘을 잃을 때, 진실과 양심이 힘을 잃을 때 그 사회는 무기력한 사회가 돼 버리고 맙니다. 오늘 우리가 여기 국기 아래 서 있습니다. 이 법정에서 진정 후대에 전달해야 할 것이 무엇이겠습니까? 윤리 양심 인간성 그리고 진실은 모두 당신들에 의해 사라지고 있고, 그 대신 힘센 공안 검찰 법원 병원 위생국 당위원회 그리고 정부가 손을 맞잡고 져 무방비 상태의 장애아에 대항해 싸우고 있습니다."

3. 인권

의료사고의 어린 희생자들

내가 다룬 사건 중 무릇 의미가 있거나 언론의 관심을 끈 것은 사회적 약자들을 위한 무료 변론이나 의료사고로 장애를 입은 아이들을 위한 무상 법률구조에 관한 사건들이었다.

1998년 7월 15일 중국변호사신문(中國律師報)에 '한 아이에게 정의를 찾아 주기'라는 제목의 기사가 실렸다. 쩌우웨이이(鄒偉毅)라는 한 갓난아기에 관한 기사였다. 1993년 어느 날, 태어 난 지 겨우 석 달 된 웨이이는 랴오닝(遼寧)성 션양(瀋陽) 철도국병원에서 정맥주사를 맞았다. 그런데 병원 측이 페니실린을 과잉 투여함으로써 그 아이는 두 귀가 모두 멀어버렸다. 6년 동안 그 아이와 할머니는 병원에 보상 청구를 하고 또 보선낭국에 청원을 했다. 그러나 병원 측은 단 한 푼도 보상하지 않았다.

절망한 할머니는 결국 아이를 데리고 먼 길을 걸어 베이징의 변호사 사무실들을 찾아 그들의 처지를 하소연했다. 그와 같은 내용이 신문에 실리게 된 것이었다. 그 기사 말미에 다음과 같이 호소하는 내용이 있었다.

"이 아이에게 도움을 줄 정의감 있는 변호사분이 있으면 중국변호사신문으로 즉시 연락 바랍니다."

기사를 다 읽고 나서 나는 눈물을 흘렸다. 그러고는 즉시 신문사에 전화를 걸어 그 아이를 도와주겠다고 했다. 그러나 신문사에서는 나의 제안을 거절했다. 그 이유는 만일 신장성의 변호사가 이 일을 맡게 된다면 신장성 이남의 10만여 명의 변호사들이 체면을 구긴다는 것이었다.

그럼에도 불구하고 결국 내가 그 아이의 변호를 맡게 되었다. 그 이유는 아이를 돕겠다고 나선 전국 13개 법률사무소들이 내건 조건, 즉 아이의 가족이 최소한의 비용을 부담해야 한다는 조건 때문이었다. 최소한 여행경비 정도는 내야 한다는 생각이었던 것이다. 단 한 푼도 받지 않겠다고 말한 변호사는 단 한 명뿐이었다. 바로 나였다.

내가 그 아이의 변호를 맡을 것이라고 신문사에서 전하자 그 아이의 할머니는 즉각 거절했다고 한다. 나중에 할머니가 말해 준 바로는 두 가지가 마음에 걸렸기 때문이라고 한다. 우선 신장성이 너무 멀어서 미안한 생각이 들었고, 그 다음은 신장성 지역이 낙후한 곳이라 변호사 수준도 그다지 좋지 못할 것 같은 생각이 들었다는 것이다.

신문사로부터 거절 의사를 전해 듣고 나는 할머니에게 직접 전화를 걸었다.

"여사님, 저는 신장성의 변호사 가오즈성입니다. 저도 웨이이와 동갑내기 애가 있습니다. 손자가 힘들어하는 걸 지켜보는 여사님의 심정이 어떨지 저는 이해할 수 있습니다. 그래서 제가 손자를 변호하려는 겁니다. 저를 만나 보시면 아시겠지만 제가 그냥 친절을 베풀려고 하는 게 아닙니다. 저는 아이에게 좀 더 실질적인 지원을 할 생각입니다."

전화기 너머에서 할머니가 훌쩍이는 소리가 들렸다. 그녀는 말했다.

"가오 변호사님, 여러 해 동안 저를 정중하게 여사님이라고 불러 준 사람이 없었어요. 아무도 우리 같은 사람이 존엄성을 가졌다고는 생각하지 않으니까요. 당신께 이 일을 맡기고 싶군요."

그 소송은 매우 힘들었다. 우선 우리가 부담하는 비용이 너무 많았다. 내가 사는 신장성과 피해자가 있는 랴오닝성은 수천 킬로미터나 떨어져 있었다. 나와 내 조수의 비행기 편도 값만 해도 5000위안이나 됐다. 당시 우리는 돈이 많지 않았다. 그러나 아내는 나를 기꺼이 응원해 주었다.

"우리도 가난한 집안 출신인데요 뭐. 좀 힘들어져도 괜찮아요,

당신을 밀어 줄게요."

그 사건을 맡은 시점은 1998년 7월이었다. 나와 조수는 직접 조
사하거나 전화로 문의해서 모두 13가지 증거를 확보했다. 11월 3일
나는 조수와 함께 선양에 도착한 후 야간열차를 타고 피해자가 사
는 단둥(丹東)으로 갔다. 시간을 절약하기 위해 우리는 특별 편성 화
물열차를 타고 갔다. 짐들로 조금 혼잡했지만 값은 아주 쌌다.

단둥에 도착해 열차에서 내리자마자 우리는 '어서 오세요 신장
가오즈성 변호사님'이라고 쓴 쪽지를 들고 있는 한 할머니를 보았
다. 나는 매우 감격했다. 그 집 식구들을 번거롭게 하지 않기 위해
일부러 내가 도착할 시간을 알리지 않았는데 할머니는 나를 맞이
하기 위해 11월 1일부터 매일 역에 나와서 기다리고 있었던 것이다.

나는 당시 너무 감동한 나머지 그 할머니가 우리를 보고 실망하
는 것을 눈치 채지 못했다. 나중에 할머니는 당시의 느낌을 우리에
게 말해 주었다.

"나는 양복을 입고 구두를 신은 당신 같은 사람들에게는 거리감
을 느낍니다. 저런 사람이 우리 같은 가난한 사람을 도와줄까 하는
생각이었죠."

단둥에서 우리는 하루 15위안 하는 싸구려 여관에 묵었다. 낮인
데도 복도에 쥐들이 제멋대로 돌아다녔다. 놀란 조수가 종업원에게
말했다.

"저렇게 쥐들이 많은데 어떻게 자요?"

종업원이 장난기 어린 말로 답했다.

"걱정 마세요, 아가씨. 아래층에 고등학교 주방이 있어요. 쥐들은 음식 먹으러 낮에만 나타난답니다. 걔네들은 밤에 여기서 자려고 들지 않아요. 걔네들이 살기에도 여긴 너무 형편없거든요."

중국 북동부 지역의 겨울은 매우 춥다. 여관 음식조차 그게 만두든 죽이든 모두 차가웠다. 할머니가 내게 이 지역이 어떠냐고 묻기에 나는 여사님의 열정 외에는 모든 것이 차다고 말했다.

11월 5일부터 우리는 집중적으로 이 일에 매달렸다. 내가 이 일을 맡기 전에 아이 가족은 '저우티에쭈이(周鐵嘴, 주씨 성을 가진 철주둥이_역주)'라는 별명을 가진 그 지역의 유명한 변호사에게 도움을 요청했었다. 그는 할머니로부터 1000위안의 비용을 받고 병원을 상대로 8000위안의 손해배상청구 소를 제기했다. 하지만 소를 제기하고 나서 저우 변호사가 행방불명되는 바람에 그 사건은 더는 진행되지 못했다. 사건은 전싱(振興)지방법원에 수년간 방치돼 있는 상태였다. 그 사이에 피고는 16만 위안을 들여 북동부 지역의 정상급 변호사 두 명을 고용해서 이 사건을 방어하게 했다. 병원 측은 변호사 비용으로 100만 위안을 쓰는 한이 있어도 그 아이에게는 단 한 푼도 주지 않겠다고 말한 것으로 알려졌다. 일련의 조사 및 증거 수집 활동을 한 후, 나는 이 사건으로 인한 손해기 8000 위안을 훨씬 초과한다는 것을 알았다. 나는 할머니에게 청구 총액을 정신적 손해배상, 즉 위자료 30만 위안을 포함해 70만 위안으로 해야 한다고 말했다. 소는 단둥 중급법원에 제기했다.

개정하기 전에 판사가 내게 말했다.

"우리 법원에서는 위자료로 500위안 이상을 결정한 적이 없소. 당신이 30만 위안을 청구한 것은 위험 부담이 매우 큽니다. 만일 당신이 패소하게 되면, 소송비용과 그 밖의 비용을 합쳐서 아주 많은 비용이 들게 될 겁니다."

나는 판사에게 말했다.

"당신의 말씀이 친절한 충고라는 것은 잘 알겠으나 그와 같은 충고는 절차법상 위법한 것입니다. 판사님은 아직 심리도 안 하신 상태에서 어떻게 병원 측이 30만 위안을 배상하지 않아도 된다고 생각하신 겁니까?"

조수와 나는 11월 5일부터 11월 9일 새벽까지 밤낮으로 일했다. 9일 새벽 심문을 위한 모든 자료가 준비됐다. 11월 9일 아침 나는 세수를 하고 법정에 갔다.

법정에 도착해 나는 피고 측 대리인과 악수를 교환했다. 그는 선양 철도국의 보건처장이었다. 나는 그에게 말했다.

"항간에 당신들이 변호사 비용으로 100만 위안 이상을 충분히 쓸 수 있다는 말이 떠돌더군요. 그 소리를 듣고 매우 기뻤습니다. 애석하게도 당신들이 도도하게 행동할 시간은 지난 것 같군요. 그 돈을 잘 간직하시기 바랍니다. 재판이 끝나면 그 돈이 필요할 테니까요."

그날의 심리는 매우 만족스러웠다. 심리 개시 후 얼마 지나지 않아 우리의 논증이 압도적으로 우세했으며 반면에 피고 측은 몹시 힘들어하는 기색이 역력했다. 피고 측 변호인들은 재판 준비를 제대로 하지 않은 듯했다. 그들은 자신들의 부유함과 사회적 지위에 기댈 뿐이었다. 우리가 유리할 수 있었던 또 하나의 요소는 판사 4명 중 3명이 여성이었다는 점이다. 내가 변론할 차례가 되자 나는 그 아이와 어머니 그리고 할머니가 겪어 온 눈물 나는 고생을 설명했다. 국무원 청원실, 전국인민대표대회 청원실, 상급법원 청원실, 철도부 청원실, 보건부 청원실 등등을 일일이 찾아다니며 겪은 고충을 이야기했다. 내가 이야기하는 동안 법정 안 여기저기서 훌쩍거리는 소리까지 들렸다.

심리는 장장 일곱 시간이 걸렸다. 점심 휴정시간에 할머니와 내가 한 국수집 앞을 지나갈 때 할머니가 말했다.

"오늘은 제가 점심을 대접하고 싶네요. 응하지 않으시면 정말 말이 안 돼요."

내가 대답했다.

"사실 오늘 점심은 여사님께 사달라고 청하려던 참이었습니다. 만약 점심을 사주시지 않는다면 정말 말이 안 됩니다. 하지만 조건이 있습니다. 쇠고기 국수 한 그릇만 사주십시오. 3위안 이상 하지 않는 걸로요."

"좋아요, 좋아!"

그녀는 기쁘게 대답했다.

국수 두 그릇이 나왔을 때 나는 그녀가 5위안짜리 반찬 두 접시를 추가로 주문한 것을 알았다. 나는 마음이 불편해서 밖으로 걸어나갔다. 하지만 그때 내 이 행동이 그녀 마음에 상처를 줄 것 같았다. 나는 식당으로 다시 들어가 국수그릇을 들고 나와 입구 옆에 서서 먹었다.

내 행동은 지나친 것이 아니었다. 내가 그런 행동을 한 것은 그 10위안이 그들에게 어떤 의미가 있는지를 잘 알기 때문이었다. 지난 4, 5년간 그들은 채소조차 제대로, 아니 단 한 번도 사먹지 못했다. 그 지역 상인들이 모두 알고 있는 사실이었다. 그들이 먹을 수 있는 채소 부스러기를 주우러 이리저리 돌아다니곤 했기 때문이다. 착한 상인 한 명이 그들을 보기만 하면 양배추를 주곤 했다. 후일 나는 시간을 내어 그 마음이 따뜻하고 착한 분을 방문했다. 그때 나는 말했다.

"당신은 아이에게 실질적인 도움을 주셨습니다. 당신은 우리나라 정부도 하지 못한 일을 한 겁니다."

심문이 끝나자 나는 공항행 기차표를 사주겠다는 할머니의 친절한 제의를 가까스로 거절했다. 그리고 단둥을 떠날 때 아이에게 100위안을 남겨 놓았다. 기차에서 나는 할머니의 전화를 받았다. 그녀는 울고 있었다. 할머니가 이 사건을 소송하려 할 때 자신의 딸이 다음과 같은 말을 남기고 떠났다고 했다.

"어머니, 어머니는 말할 것도 없고 저 애가 늙을 때까지 재판해도 이기지 못할 거예요!"

하지만 나중에 그녀의 딸은 신문에 난 재판 기사를 읽고 집으로 돌아와 어머니 앞에 꿇어앉아 말했다.

"친구도 친척도 아닌 가오 변호사 같은 분도 머나먼 신장에서 와서 도와주시는데 나는 그러질 않았어요. 전 딸 자격도 없네요."

할머니는 전화로 내게 말했다.

"가오 변호사님, 변호사님은 정말 마법사 같아요! 선생님은 내 손자를 도와 주셨고 내 딸도 다시 찾아 주셨어요."

피고 측의 강력한 사회적 영향력 때문에 판결 선고가 계속 늦춰지고 있었다. 춘절 전에 나는 법원에 팩스 두 장을 보내 몇 가지 신랄한 비판을 하면서 근거 없는 판결 지연에 대해 항의했다. 또한 나는 아이에게 200 위안과 함께 몇 글자를 적어 보냈다.

"신장의 가오 아저씨는 매우 바쁘단다. 하지만 늘 너를 마음에 담고 있단다."

춘절 전야, 그 아이 가족이 내게 전화해서 판결이 내려졌다고 전했다. 위자료 20만 위안을 포함해 총 41만 위안을 배상하라는 일부 승소판결이었다.

그 아이 가족은 매우 기뻐했으나 나는 그렇지 않았다. 그들이 겪어야 할 고생에 대한 배상으로 그 금액은 어림도 없다고 생각했기 때문이었다. 재판 결과가 내 머릿속에 끊임없이 맴도는 바람에 나는 그해 춘절을 즐길 수가 없었다. '만일 내가 항소해서 오히려 그 20만 위안마저 깎인다면 어쩌지? 만일 내가 항소하지 않으면 웨이이는 법이 보장해 준 혜택을 충분히 받지 못하는 것 아닌가?' 그때까지 중국 법원에서 위자료로 자그마치 20만 위안이 지급된 판결은 4건밖에 없었다. 그 중 3건이 내가 맡은 사건이었다. 물론 문제는 또 있었다. 만일 항소하면 내가 신장에서 북동부 지역 사이를 몇 번 더 여행해야 한다는 것이었다.

그러나 나는 항소하기로 결심했다. 1999년 4월 19일이 변론 기일이었다. 나는 4월 16일 셴양에 도착했는데, 그 날은 내 딸의 생일이라 똑똑히 기억하고 있다. 항소심에는 피고 측 변호인단의 인원이 한 명 더 늘어 있었다. 새로 가세한 사람은 처음에 원고의 변호사로 이 사건을 맡았던 '저우티에쭈이'변호사였다. 피고 측이 그에게 더 많은 돈을 주었기 때문에 그는 진영을 바꾸어 반대편에 선 것이었다. 나는 변호사들 중에 그토록 원칙 없는 사람이 있다는 사실에 깊은 비애를 느꼈다.

결국 우리는 완전히 이겼다. 법정은 웨이이에게 83만7000위안의 배상금을 지급하라는 판결을 내렸다. 그때까지 중국 의료사고 배상금액 중 최고액이었다.

그러나 배상금 지급은 상고로 인해 7년을 끌었다. 이는 웨이이의 가족에게는 심각한 고문이었다. 이 기간에 가족들은 기차역과 부두에서, 때로는 길가에서 잠을 자고 음식을 구걸해야 했다. 꼬마 웨이이는 내게 자신의 사진첩을 보여주곤 했다. 그 사진들의 배경은 모두 국무원, 상급법원 등등의 청원실 문 앞이었다. 한번은 웨이이에게 고열이 있어 할머니가 피고 철도국 산하 병원에 데려가 돈을 낼 테니 아이를 좀 봐달라고 했다. 병원에서는 아이에게 도움을 주기는커녕 안전요원 네 명을 시켜 그녀와 아이를 좇아내 버렸다. 할머니는 집으로 돌아와서 칼로 자신의 새끼손가락 끝마디를 자르며 이번 소송을 이기지 못한다면 죽어버리겠다고 맹세했다.

소위 권리를 보호받기 위한 그와 같은 소송 중에 당사자들이 치러야 할 심신상의 대가는 말로 다 할 수 없는 것이다. 우리들은 우스갯소리로 만약 재판이 10년 남짓 더 진행됐다면 지금 아무리 건강하다고 해도 승소하는 순간 기가 빠지면서 모두 쓰러져버릴 것이라고 말했다.

재판이 끝나고 내가 웨이이 가족에게 작별 인사를 할 때의 일이 생각난다. 웨이이의 할머니가 내게 말했다.

"이제 재판도 끝났네요. 저기요, 내가 부인과 따님을 위해 해산물 한 상자를 샀는데요. 이걸 그분들께 좀 전해 주실래요?"

"물론입니다."

나는 대답했다.

"그거라면 갖다 주죠."

하지만 나는 선물을 받기 전에 먼저 상자를 열어 보려 했다. 그들은 물론 그러지 말라고 했지만 나는 기어이 열어 보았다. 내 생각대로 상자 속에는 비닐 포장지가 들어 있었고 거기에는 2만 위안이 들어 있었다. 나는 그 돈을 꺼내어 돌려주었다. 할머니의 눈에서는 눈물이 흘렀다. 그녀는 말했다.

"가오 변호사님. 당신을 도무지 이길 수가 없군요."

쩌우웨이이의 사건은 가장 기억에 남는 사건 중의 하나가 됐다. 오늘도 나는 그 과정에서 우리가 겪었던 모든 일을 생각하면 감동이 몰려온다. 비록 내가 아이를 위해 희생한 것이 많기는 하지만 나는 그 보답으로 훨씬 더 많은 것을 얻었다. 그 재판이 몇 년을 끄는 바람에 웨이이 가족과 나는 꽤나 친해졌다. 재판이 끝났어도 우리는 계속 연락하며 전화로 안부를 묻는다. 내가 2002년 웨이이와 할머니를 만나러 갔을 때 그들이 내게 보여준 환대에 나는 눈물을 흘리지 않을 수 없었다. 그들은 내가 웨이이의 생일에 보냈던 200위안짜리 우편환 넉 장을 복사해서 앨범에 잘 갈무리 해 두었던 것이다. 내 도움을 잊지 않기 위해서였다.

단둥에서 내가 웨이이를 데리고 소풍 나갔을 때 나는 낯선 이들의 친절함에 감동받았다. 지역 언론이 그 소송 과정에 대해 대대적으로 보도했기 때문에 많은 주민들이 우리를 알아보고 나름대로 도움을 주었다. 택시 기사는 요금을 받지 않았다. 공원에서는 우리를 무료로 입장시켜 주었다. 행상인들도 내가 그들의 가판대에서 웨이이에게 줄 무언가를 사면 돈을 받지 않았다. 나는 그들에게 농담을 던졌다. 여생에 걱정이 없으려면 내가 단둥으로 이사 와야겠다고.

변호사 개업을 하고 첫 6년간은 웨이이의 사건처럼 개선가를 부를 때도 있었지만 내심으로는 크게 고통스러웠다. 중국의 사법제도가 개선될 기미가 조금도 보이지 않았기 때문이었다. 웨이이 사건 승소 후 언론은 나를 인터뷰했다. 그들은 그 재판이 중국 의료사고 손해배상 사건 가운데 최고 액수를 기록한 것이라서 내가 매우 기쁠 것이라고 말했다. 나는 그들에게 그 아이가 보상금을 받게 돼서 매우 기쁘지만 당신들이 내게 물을 수 있는 질문이 여러 가지가 더 있지 않느냐며 이렇게 반문했다.

"왜 내가 이 사건을 수임하기 전에 어떤 부서도 그 할머니와 손자의 문제를 해결해 주려는 노력을 기울이지 않았는가?"

"왜 재판부가 그 아이에게 공정한 판결을 내려 주는 데 6, 7년이나 걸렸는가?"

"왜 힘 있는 피고가 법률 지원을 필요로 할 때는 정상급 변호사들이 서둘러 피고 측에 가담해 장애를 입은 아이에게 대항하면서 그 아이가 도움을 필요로 할 때 도와주겠다고 나선 변호사는 없었는가?"

의료 보건 분야는 사악하고 비인간적인 사례로 가득 찬 곳이다. 그런 일들이 벌어지는 이유는 병원이 기술적 재정적으로 강한 힘을 가지고 있는 데다 국가 기구에 속해 있어서 정부기관에 대한 영향력이 크기 때문이다. 더욱이 사법부 자체가 법률을 존중하지 않고, 도덕성이 결여돼 있기에 의료사고에 관한 재판들이 더더욱 불공정하게 된다. 나는 이런 상황을 변화시키려고 지난 몇 년간 최선을 다했다. 내가 맡은 재판들은 거의 모두 전국에 보도됐기 때문에 사람들의 생각이 바뀌는 데 일조했다고 본다.

저우청한(周成漢)은 쩌우웨이이와 비슷한 장애를 겪고 있다. 두 아이 모두 약물 과잉투여로 인한 의료사고로 양쪽 귀의 청력을 잃었다. 나는 두 사건 다 수임했다. 하지만 저우청한은 꼬마 웨이이만큼 좋은 결과를 얻지는 못했다.

저우청한의 경우 위생국 국장이 대리인으로 직접 법정에 서서 병원을 변호했다. 그는 공개적으로 선언했다.

"우리는 당신이 승소하게 하지 않겠소. 만에 하나 당신이 승소하더라도 내가 위생국 책임자로 있는 한 당신들은 단 한 푼도 받을 수 없을 거요!"

저우청한의 할머니는 그의 말을 듣고 충격을 받은 나머지 그 자리에서 실신했고, 몇 시간 후에 사망했다.

재판은 3~4년을 끌었는데, 매우 힘들었다. 내가 지린(吉林)성 상급법원에서 변론할 때, 나는 눈물을 참느라 애썼다. 나는 재판장에게 말했다.

"재판장님! 한 사회에서 윤리와 정의가 힘을 잃을 때, 진실과 양심이 힘을 잃을 때 그 사회는 무기력한 사회가 돼 버리고 맙니다. 오늘 우리가 여기 국기 아래 서 있습니다. 이 법정에서 진정 후대에 전달해야 할 것이 무엇이겠습니까? 윤리 양심 인간성 그리고 진실 은 모두 당신들에 의해 사라지고 있고, 그 대신 힘센 공안 검찰 법 원 병원 위생국 당위원회 그리고 정부가 손을 맞잡고 저 무방비 상 태의 장애아에 대항해 싸우고 있습니다."

이것은 수사적 표현이 아니라 진정한 슬픔을 표현한 것이었다.

결과는 우리의 승리였다. 그 아이에게 보상금 48만 위안을 주라 는 판결을 받는 순간은 정말 감동적이면서도 눈물 나는 순간이었 다. 그러나 우리가 온갖 방법과 노력을 쏟아 부었음에도 불구하고 그 애는 아직까지 단 한 푼도 받지 못했다. 이는 법을 제정하고 집 행하는 사람들에 대한 커다란 치욕이다. 소년은 지금 보청기를 쓰 고 있다. 그러나 그 보청기는 13억 인구를 가진 조국이 준 것이 아 니다. 그것은 신문을 보고 아이의 사정을 알게 된 베이징 주재 스위 스 대사가 선물한 것이었다.

1999년 어느 날 한 친구가 내게 전화했다.

"횡단보도에 이상한 것이 걸려 있으니 자네가 가서 봐야겠네."

내가 가보니 사람으로 붐비는 횡단보도 위에 '가오즈성 변호사 를 찾습니다'라는 플래카드 하나가 걸려 있었다. 플래카드 밑에는 부부와 세 명의 아이들이 서 있었는데 그중 한 아이는 뇌손상을 입 은 9세 소년이었다.

나는 그들을 데리고 사무실로 돌아왔다. 그들의 성은 왕씨였으 며 신장성 북부 알타이(阿勒泰)지역에서 왔다. 그 소년이 세 살 되던

해 빠오충(包蟲)병에 걸렸다. 그 병은 목장에서 일하는 사람들이 흔히 걸리는 질병이었다. 아이는 군 병원에서 간단한 수술을 받았으나 의사의 실수로 심각한 뇌 손상을 입게 되었다. 후에 가족들이 병원 및 관계 부서와 이 의료사고에 대한 보상을 위해 여러 번 대화를 시도했으나 그때마다 거절당했다. 그래서 가족 전체가 1400킬로미터나 떨어진 우루무치로 와서 나를 찾은 것이다.

그들의 이야기는 눈물 없이는 들을 수 없는 사연을 담고 있었다. 그 꼬마는 참 예뻤는데 다친 목은 면발처럼 힘없이 매달려 있어서 누군가가 부축해 줘야 했다. 만일 이런 일이 내 아이에게 일어났다면 나는 도저히 참을 수 없었을 것이다. 그래서 나는 그 소년의 손에 200위안을 쥐어주고 그들을 위해 이 사건을 맡기로 결정했다.

신장은 아직 개발이 늦은 빈곤한 지역이다. 그곳의 판사들은 보수적인 것으로 이미 전 중국에 유명하다. 그러나 알타이와 우르무치를 네 번이나 왕복하면서 나는 결국 16만 위안의 보상 판결을 받아 냈다.

당시 나는 의료사고 소송을 제법 많이 수임했다. 그 중 한 건은 한 노동자의 아들 양웨이궈(楊偉國) 사건이다. 그 아이가 세 살 때의 일이었다. 어느 날 아이가 시장에서 놀다가 해산물 가판대에 놓여 있던 물을 마셨다. 그런데 그 물은 생수가 아니라 가성소다였다. 이것은 양심이 불량한 생선 판매업자들이 생선을 신선한 것처럼 보이게 하려고 종종 사용하는 것이었다. 그 바람에 아이의 식도가 타서 눌어붙었다. 병원에서 22번의 수술을 포함해 집중 치료를 했다. 그 과정에서 식도 전체를 제거하게 됐고 후속 수술로 점차적으로 소장(小腸)을 끌어 올려야만 했다.

그 사건 직후 그 아이의 부모는 그 생선 판매업자들을 찾아갔다. 그들은 1만 위안을 보상하겠다고 했다. 그러나 나중에 아이 부모한 테 돈을 갚겠다는 차용증 하나를 써달라고 했다. 22번의 수술 중에 서 3번째 수술이 끝났을 때, 그 아이의 가족은 돈을 다 써서 파산 지경이 됐다. 그때 그 병원의 한 의사가 그들에게 신장에 가서 가오 즈성 변호사를 찾으라고 조언했다고 한다. 그래서 그들은 신장으로 오게 됐다. 전화번호도 주소도 없이 오직 내 이름 하나만으로 나를 찾아 온 것이다.

피고 측은 열 명의 생선 판매업자들과 12명의 변호사들이었다. 우리 쪽은 아이의 아버지와 나, 그렇게 단 둘뿐이었다. 재판이 시작 되기 전부터 피고 측은 자기들이 지역 정법위원회, 인민대표회의, 법관 등과 아주 가까운 사이라는 말을 은근히 흘렸다. 그리고 이런 말을 하고 다녔다.

"가오즈성이 사건에 승소하려 하지만 아마 불가능할 거야."

나는 재판 서두에서 그들에게 말했다.

"만일 당신들이 조금이라도 이지적이라면 피해 아동에게 지금 보상을 해야 할 것입니다. 그러면 당신들이 잃는 것은 돈뿐이겠지 요. 하지만 그러지 않고 돈의 힘만 믿는다면 당신들은 결국 돈도 잃고 도덕성도 잃게 될 것입니다."

다른 재판 때와 마찬가지로 우리는 대중들의 많은 관심과 지원을 받았다. 당시 나는 검찰 관계자들에게 일련의 강의를 하고 있었다. 내가 그 아이를 위해 무료 변론을 한다는 소식을 듣고 그들은 내게 차 한 대를 사용하라고 보내 주었다. 더불어 신장 텔레비전 방송국이 이 재판 과정을 처음부터 촬영해 갔다. 결국 법정은 그 아이에게 손해배상으로 32만 위안을 지급하라는 원고 승소 판결을 내렸다.

그러나 불행히도 치료를 제때에 받지 못한 양웨이궈는 배상금을 받기도 전에 사망했다.

내 의뢰인들과 나는 지금까지 말한 소송에서 이겼고, 그렇기 때문에 나는 그 재판들에 대해 평할 자격이 충분히 있다.

그 재판들을 통해 우리에게 비춰지는 오늘날의 중국은 어떤 모습일까? 무엇보다도 우리는 우리 동포 중국인들이 도덕적인 일을 지지해 줄 능력이 있음을 보았다. 내가 이 말을 자주 하는 것은 이것이야말로 중국에 남아있는 유일한 희망이기 때문이다. 중국의 법은 그 본연의 역할을 하지 못한다. 그 아이들에게 유리한 판결이 내려진 것은 대부분 재판 과정을 따라 가면서 면밀히 보도해 준 언론의 압력과 대중의 지지 덕분에 이루어진 것이다. 재판관이 아이들의 법적 권리에 대해 진정으로 관심을 가져서 그런 판결이 나온 것이 절대 아니다. 비록 법이 재판 과정에 일정한 역할을 했지만 이는 전적으로 이 같은 사회적 지원 덕분이었다.

내가 지난 몇 년간 성취한 것들 중에서 나름대로 만족감을 느끼는 것이 하나 있다. 그것은 바로 내가 많은 아이들을 도와서 고통에 대한 보상을 받을 수 있게 해 준 일이다. 물론 나와는 가치관이 정반대인 변호사들은 '미친 개처럼 전 중국에 무료 소송사건을 수임하고 다닌다'며 나를 비난한다. 나는 기꺼이 그런 비평들에 대해 응수한다. 물론 변호사로서의 내 목적은 단지 무료 법률서비스를 제공하는 것만이 아니다. 그렇게 하는 것은 어쩔 수 없기 때문이다. 어떤 부모가 아이를 데리고 만 리 길을 마다않고 당신을 찾는다면, 그래서 당신이 그들이 겪고 있는 고통에 대해 듣게 된다면 당신은 어떤 선택을 할 것인가? 그들의 눈물은 당신의 눈물이 될 것이다. 물론 당신은 그들을 제대로 보호하지 못할 수도 있다. 하지만 최소한 그들이 자신의 권리를 제대로 주장하도록 도울 수는 있다. 이것이 전부다.

물론 이런 소송들은 내게 큰 스트레스를 준다. 특히 전국에서 갈수록 더 많은 사람들이 내게 찾아오게 된 최근에는 더욱 그렇다. 수임 사건들의 많은 경우가 여기에 속한다. 그러나 내가 아무리 '미쳤다'고 하더라도 그 사건들을 전부 다 맡을 수는 없다. 그것이 내가 느끼는 한계다.

구술/ 가오즈성(高智晟)   글/이판(易帆), 궈뤄(郭若)

질 수밖에 없는 싸움

1999년 7월 20일부터 시작된 중국 정부가 위법하게 시작한 파룬궁 동포에 대한 공개적인 박해가 6년째 접어들 무렵, 스자좡(石家莊)시의 파룬궁 수련생 하오취옌(郝秋燕)은 이미 지방정부에 의해 반년이 넘도록 불법 수감돼 있었다. 이것은 실제로 벌어지고 있는 현실이다. 그리고 그녀의 남편인 파룬궁 수련생 황웨이(黃偉)도 지금 이 순간 스자좡시 인민정부에 의해 불법 수감돼 있다. 이것은 1999년 들어 두 번째 불법 수감이다. 6년 동안 황웨이가 불법 수감된 기간은 5년에 달한다. 이것은 분명한 사실이다.

이 젊은 부부는 대학교육을 받았고 주변 사람들의 평가도 매우 좋았다. 내가 그들과 만났을 때 그들이 공통적으로 보여준 평온함, 교양, 행복한 생활에 대한 신념은 오랫동안 나의 기억 속에 맴돌고 있다. 그들과 이야기를 나누는 가운데서 이 사회에 대한 그 어떤 악의도 찾아볼 수 없었다. 황웨이와 이야기를 나눌 때 그의 말과 표정에서 넘쳐흐르는 가족에 대한 지극한 애정은 현장에 있던 나를 감동시켜 눈물을 흘리게 만들었다.

그는 매번 감옥의 높은 담 밖에서 장난치는 아이들의 소리가 들릴 때면 오랫동안 눈을 감고 아내와 아이들과 함께 했던 정경을 그려보곤 했다고 한다. 그의 부모와 장인 장모를 이야기할 때 황웨이는 눈물을 흘렸다. 사실상 자신들이 두 집안의 생활을 책임졌기 때문에 지금 그분들이 너무 걱정돼서 우는 것이라고 했다.

양가 부모님들은 이미 연로해서 기본적인 소득이 없다. 그는 정부가 자신들을 감금한다는 것이 어떤 의미인지를 정부 관계자는 영원히 이해할 수 없을 거라면서 다음과 같이 말했다.

"장기적으로 우리를 감금하는 것은 우리들에게는 커다란 재난이며 정부에도 아무런 도움이 되지 않습니다. 게다가 이것은 중국 헌법 및 법률을 위반한 감금입니다."

그는 자신들이 수감됨으로써 어른들이 극도의 생활고에 시달리는 것도 문제지만, 더 큰 걱정은 그분들이 건강이 좋지 않음에도 어린 손자들까지 보살펴야 하는 것이라고 했다.

오늘 중국 대륙에는 황웨이 부부와 같이 불법으로 장기 수감된 사람은 파룬궁 수련생만 해도 수십만 명이 넘는다.

올해 2월 나는 진실을 알아야 한다는 신념으로 산둥(山東)성 일부 지역에서 정부가 1999년 이래 파룬궁을 박해하는 과정 중에 발생한 피해 상황을 조사했고, 그 결과로 나타난 진실은 숨을 멎게 하는 것이었다. 천리(天理)와 인도(人道)에 반하는 엄청난 재난이 이전에만 있었던 것이 아니라 지금도 계속되고 있다는 것은 참으로 몸서리쳐지는 일이었다.

아름답기로 유명한 산둥성 옌타이(烟台)시에 도착한 지 얼마 되지 않아 현지에서 수십 명의 무고한 동포들이 체포돼 형을 선고받았다. 파룬궁 수련생들을 박해한 잔인한 공무원들의 이름을 누군가가 인터넷에 유포했기 때문이었다. 지방 당국은 박해 정황이 공개적으로 알려지는 것을 극도로 두려워하면서 국가 안전을 해친다는 구실로 대규모의 탄압을 다시 시작했다. 무고한 파룬궁 수련생들이 무더기로 다시 감옥에 잡혀 들어간 것이다.

중국 국민들, 특히 파룬궁을 수련하는 국민들에 대해 말하자면 그들의 신체적 자유는 물론이고 더 나아가 자신의 생명마저도 사실상 극도로 불안한 테러 위협에 놓여 있다. 당국이 불안전(不安全)하다고 느끼거나 일부 공무원이 불안전하다고 인정하면 재난은 언제라도 그들에게 닥칠 수 있기 때문이다. 중국 현 정권의 역사가 보여주듯이 매번 당국이나 혹은 어떤 지도자가 불안전하다는 억측을 가질 때면 두려움을 제거하기 위해 적대세력(敵對勢力)을 체포하여 소위 '불안정 요소를 초기 상태에서 소멸'시키는 선택을 해왔다. 일년 내내 마음속으로 두려움을 느끼지 않는 날이 며칠 되지 않는 중국 당국이 자의적으로 사람들을 체포한 결과 일 년 내내 사람을 체포하지 않는 날이 거의 없게 됐다.

최근 몇 년 동안 파룬궁 수련생들은 아무런 이유 없이 체포되고 있다. 하오취옌 여사는 자신의 남편이 억울하게 감옥에 갇히자 변호사의 도움을 요청했다. 그러나 스자좡시 정부는 '사상이 전향되지 않았고 아직도 파룬궁을 수련하고 있다'는 이유로 그녀마저 지금까지 불법 수감하고 있다. 일부 지방의 파룬궁 수련생들은 내 조사에 응하고 나서 곧장 수감돼 심문을 받고 심지어 구타와 학대를 당했다. 어떤 사람은 내 조사를 받은 지 불과 몇 시간 후 집에서 야만적인 몰수, 수색 및 체포를 당해 나는 어쩔 수 없이 진상 조사를 중단할 수밖에 없었다. 이 정권이 자유 신앙인들에게 가한 야만적인 탄압 행위는 일시적이거나 우연한 일이 아니다. 6년 전 중국 전역에서 시작된 파룬궁 수련생들에 대한 잔혹한 박해는 불법적 학살과 수감을 당한 사람들의 숫자와 범위, 잔혹성 및 지속성에 있어서 인류 역사상 전대미문의 기록을 세웠다. 6년이 지났지만 각 지역 당국의 파룬궁 수련생들에 대한 이런 잔혹한 박해는 그 어떠한 변화의 조짐도 보이지 않고 있다. 황웨이 부부에 대한 지속적인 불법 수감과 옌타이(烟台)시의 파룬궁 수련생 열두 명 및 충칭(重慶)의 수련생 여섯 명에 대한 불법 체포와 수감은 그와 같은 잔혹한 박해가 계속되고 있다는 최근의 한 예일 뿐이다.

파룬궁 수련생들이 겪고 있는 박해는 이미 인성(人性)을 상실한 정부에 의해 6년 동안 진행돼 왔다. 각 지방 당국은 지금도 야만적인 박해를 계속하고 있는 것이다. 그럼에도 불구하고 이 기간에 어쨌든 약간의 변화가 발생했다. 수많은 전문가, 학자, 일반 중국인들 및 수많은 정부 관계자들을 포함해 점점 더 많은 사람들이 정부의 여론몰이식 파룬궁 박해에 대해 그 정당성을 다시 한 번 생각하기 시작했다. 몇 년 전 국내에서 발생한 파룬궁과 관련된 화제에 대해서는 감히 발언조차 하지 못했던 것과는 달리 점차 많은 사람들이 정부의 여론몰이식 불법적 박해에 대해 의문을 가지게 된 것이다. 점점 더 많은 사람들이 정부의 파룬궁 수련생들에 대한 잔혹한 박해가 부당하고 야만적이며 불법적이라는 것을 알게 됐다. 이렇게 급속하고 광범위한 변화는 공무원들의 구습이 변화되지 않는 것과 뚜렷한 대비를 이룬다는 점에서 정말로 음미해 볼 만한 가치가 있다고 생각한다.

중국 내 저명한 진보 학자인 궈페이슝(郭飛雄)은 최근 '종교자유를 짓밟는 것은 인류 문명의 심장을 짓밟는 것이다'라는 제목의 글을 썼다. 최근 20년 동안 중국 사회의 정세, 중국 인민의 사상 및 인식 수준은 과거 문화대혁명 시기와 비교해 완전히 다른 변화가 발생했다. 반면, 현재 권력 집단의 중국 사회에 대한 통제는 여전히 문화대혁명의 구습과 악습에 머물러 있다는 심각한 현실 또한 전 세계가 확실히 인식해야 한다. 6.4 톈안먼사건, 즉 민주와 자유를 요구하던 동포들에 대한 살육의 피비린내가 아직 완전히 가시지 않았음에도 불구하고, 무고한 사람들의 선혈을 묻힌 권력의 검은 손은 또 다시 도살용 칼을 치켜들었다. '6.4'의 피비린내 나는 잔혹 행위가 과거 일이라면 파룬궁 수련생들에 대한 피비린내 나는 잔혹 행위는 많은 중국인들에게 있어 아직까지 끝나지 않고 있는 현재 진행중인 현실이다. 중국의 저명한 학자 텅뱌오(滕彪)는 말했다.

"파룬궁 수련생들에 대한 잔혹한 폭력의 심각성은 '6.4'에 조금도 뒤지지 않는다."

이것은 국내 대다수 학자들의 견해와 일치하는 것이다.

지난 6년에 걸쳐 중국인들은 다시 한 번 조직적이고 체계적인 박해를 경험하게 됐다. '610 사무실'이라는 테러조직을 통해 무수한 파룬궁 수련생들을 대상으로 '명예를 실추시키고, 경제를 파산시키며, 신체를 소멸하라'는 명령이 실행됐다. 파룬궁 수련생들에 대해 무자비한 체포, 구타, 수감, 처벌, 해고, 강제 전향 등을 진행하는 한편, 국가의 모든 선전기관을 이용해 사회에서 거짓선전을 함으로써 국민들로 하여금 파룬궁에 대해 잘못된 인식을 갖도록 했다. 특히 '610 사무실'은 문화대혁명 시기의 '중공중앙문혁영도소조(中共中央文革領導小組)'와 유사한, 중앙에서 지방에 이르기까지 모든 당정기관, 공안, 검찰, 법원, 국가안전부 및 언론 매체를 조종하는 특권을 가진 게슈타포 조직으로서 체계적으로 파룬궁을 박해하는 국가 테러리즘의 총지휘부다. 이 조직은 어떠한 법적 구속도 받지 않고 파룬궁 수련생들에게 가혹한 고문, 학대, 성(性)고문 심지어 계획적인 살해에 이르기까지 갖은 테러를 지시했다. 또한 각 지방 정법위원회(政法委)가 만든 '강제세뇌반'을 통해 수련을 포기하지 않은 파룬궁 수련생들에게 강제 세뇌를 진행하도록 지시했다. '610 사무실'의 출현은 이미 엉망이던 중국의 법제(法制) 건설을 완전히 망쳐버렸다.

파룬궁 동포들이 6년 동안 박해를 당하고 있는 이때, 우리는 각자의 방식으로 각자가 알고 있는 진실을 말할 필요가 있다. 수천만 파룬궁 수련생들의 재난과 굴욕이 철저히 끝나지 않는다면 우리 정부가 현재 애써 구축하고자 하는 조화로운 사회 건설이라는 염원 역시 하나의 몽상에 불과하기 때문이다.

신앙에 맞서 싸움을 벌이는 것은 가장 어리석은 짓이다. 왜냐하면 이것은 인성(人性)을 향한 선전포고이기 때문이다. 유사 이래로 어떠한 힘도 인성을 싸워 이긴 기록이 없으며 이후에도 아마 없을 것이다. 파룬궁을 박해하는 사람들은 6년 전 어리석게도 인성을 향해 싸움을 벌이는 잘못된 선택을 했다. 인성이란 원래 그 어떤 강대한 힘으로도 싸워 이길 수 없는 것이다. 사실을 말하자면 파룬궁 탄압은 이미 실패했다. 이제라도 정부는 인성에 맞서 싸우기를 포기하고 인성에 부합하는 일을 해야 할 것이다.

6년 전에 시작해 현재까지 중공 당국이 있는 힘을 다해 파룬궁을 박해하는 과정 속에서 피해를 입은 것은 수많은 파룬궁 수련생들과 그 가족들뿐만이 아니다. 중국은 물론 전 세계 인민들이 파룬궁 탄압 만행을 덮어 감추려는 중공 당국의 거짓과 기만 술책에 둘러싸여 진실을 알지 못하고 있었다. 머지않은 미래에 진실은 반드시 만천하에 밝혀질 것이며 각국 정부와 시민들은 진상을 이해하는 과정에서 점차 이번 박해가 자신들에게 도덕적, 정신적, 경제적 측면에서 커다란 손실을 주었다는 것을 분명히 깨닫게 될 것이다. 우리는 외부 세계가 하루빨리 진실을 알도록 해야 할 의무가 있다.

2005년 7월 27일

중앙의 비준 기준은 무엇인가

2005년 7월 12일, 쉬즈용(許志永) 박사, 텅뱌오(滕彪) 박사, 리허핑 (李和平) 변호사, 그리고 나는 저명한 인권변호사 주지오호우(朱久虎)와 열한 명의 유전 경영자들에 대한 불법 구금을 풀기 위해 산시 (陝西)성으로 향했다. 산시성에 도착한 후 우리 네 명은 징볜(靖邊)현 경찰 구치소로 갔다. 산시성 북부 공무원들이 잔악무도하다는 것을 익히 들어서 알고는 있었지만 실제로 겪어보니 소문과 조금도 다르지 않았다. 구치소에 도착하자마자 우리는 인민의 무장경찰에 의해 인정사정없이 쫓겨났다. 우리가 구치소에서 수백 미터나 떨어진 곳으로 이동했음에도 불구하고 무장 경찰은 거친 행동으로 의기양양하게 우리를 계속 핍박했다.

우리 뒤에서 군홧발 소리와 고함 소리가 들리자 그와 같은 핍박은 더욱 거세졌다. 무기를 든 경찰들과 지휘관이 나타나 우리를 멈춰 세우고 위세를 떨기 시작했다. 수용소 벽 뒤 높은 단 위에 서 있던 군인 몇 명이 그 지휘관의 포악한 행동에 맞춰 더 대담하게 소리쳤다.

"그 놈들 잡아! 한 놈도 놓치지 말고. 데리고 들어와서 여기서 혼내 줘."

야수 같은 무장 병력들 앞에 선 우리는 말 그대로 지식만 있는 약골들이었다. 맨몸으로 총칼에 대항하는 격으로 우리는 소리를 지르며 항변하다 기운이 다 빠져버렸다. 그들은 우리를 30분 정도 잡아두었다가 놓아줬다. 나는 일행과 함께 떠나가면서 주위 사람들에게 이렇게 말했다.

"버젓이 양복을 차려입은 우리들도 이런 대접을 받는데 일반 주민들이야 오죽하겠습니까?"

다음 날 우리는 징볜현 경찰서장과 두 시간 가량 얘기를 나눴다. 그가 그의 상관에게 우리의 입장을 보고한 후에야 우리는 위린(榆林)시 정법위원회 및 공안국의 주요 간부들과 세 시간 정도 면담할 수 있었다. 우리는 그 후 20일 정도 그들과 정상적인 대화를 나누게 됐고 날이 갈수록 이성적으로 생각하는 관리들이 점점 늘어갔다. 마침내 그들은 주 변호사를 석방하는 것이 중요하다는 결론을 내렸다. 그들은 주 변호사의 석방은 이미 정해진 것이고 언제 석방하느냐 하는 문제만 남았다고 알려왔다.

7월 21일 위린시 경찰서장이 나를 불러, 13일 이내에 주 변호사가 석방될 것이니 이제 그만 베이징에 돌아가서 다음 통지를 기다리라고 말했다. 13일이 지나갔다. 하지만 주 변호사는 석방되지 않았다. 결국 무식하고 비열한 세력이 승리한 듯했다. 그들은 무고한 시민을 불법적으로 계속 감금해두겠다는 생각이었다.

여러 도시와 현의 많은 공무원들과 만나면서 나는 그 공무원들이 다음과 같은 생각을 공유하고 있음을 알게 됐다. '사적으로 채굴

되는 유정(油井)을 몰수하고 이에 항의하는 변호사나 인권운동가를 구속하는 것은 완전히 합법적이다.' 그들은 이런 전제를 기점으로 해야 그들과 대화를 계속할 수 있다는 식의 태도를 보였다. 나는 그들에게 말했다.

"당국이 결정한 사항은 무조건 합법적이라고 믿는 것은 아니시겠지요? 설마 그렇게 믿으신다면 소위 당신들이 말하는 합법성이라는 것은 무식하고 천박한 변명밖에 안 됩니다."

더 나아가 나는 다음과 같은 근거를 들어 그들의 조치가 잘못됐음을 주장했다.

첫째, 그 개인 투자자들의 유전 운영권은 당국이 정한 합법적 절차에 따라 얻은 것이다.

둘째, 중앙정부를 포함한 어떤 국가기관도 개인이나 사유기업의 재산을 박탈하기 위해 마음대로 서류를 만들고 그것을 근거로 강제집행한다는 것은 있을 수 없는 일이다. 현대 법치주의 원칙은 재산소유권의 이전은 법률이나 계약에 의해서만 이루어질 수 있다는 것이다. 동시에 수천 년간 우리 민족에게는 남의 것을 빼앗는 것은 옳지 않다는 최소한의 기본적인 도덕이 있다. 그러므로 정부가 행해 온 일은 현대 법치주의 원칙에도 어긋나고 일반 민중의 도덕 의식에도 맞지 않다.

셋째, 기본적인 법적 절차를 밟지 않고 정부가 경찰, 검찰, 법원 등과 손잡고 폭력, 납치, 구타, 감금 등의 야만적인 수단을 써서 사유재산이나 투자 성과를 빼앗는다면 그 자체가 반문명적, 반사회적 범죄이므로 합법성 여부를 논하는 것은 아무런 의미가 없다.

넷째, 3급 정부, 즉 성·시·현의 모든 관리들은 자신들이 '유정을 되찾아왔다'며 대중을 속이고 있다. 그러나 실상은 그렇지 않다. 그들은 유정을 강제로 몰수했을 뿐만 아니라 그 과정에서 70~80억 위안 상당의 사유재산까지 빼앗아 갔다. 기반시설과 장비를 포함한 재산은 그 개인 투자자들이 10년 동안 자금과 노력을 쏟아 부어 이룬 것들이다. 도대체 무슨 법률이 그와 같은 야만적인 약탈을 허용한단 말인가?

다섯째, 정부가 개인 재산을 압수하는 것은 법률행위인가 아니면 폭력조직의 불법행위인가? 이 두 가지는 근본적으로 다르다. 나는 여기서, 정부가 스스로 불법 정부라는 것을 공개적으로 널리 알릴 생각이 없다면 정부는 누구와의 관계도 반드시 합법적으로 체결해야 한다는 사실을 환기시키고자 한다. 행동이 합법적이려면 그 행동은 반드시 법적 절차를 따라야 한다. 어떤 정부도 지극히 기본적인 이 원칙을 준수해야 한다. 그렇게 거대한 재산을 몰수하면서 정부는 어찌하여 행정조사, 행정송달, 행정고지, 행정공청, 행정이의, 행정재결, 행정감정, 행정소송 등과 같은 법적 절차를 무시할 수 있단 말인가? 그러고도 자신들이 합법적 절차를 밟았다고 주장한다면 이는 웃을 수조차 없는 일이다.

여섯째, 정부는 100억 위안 상당의 자산에 대한 보상금으로 수

억 위안만 지급한다고 했다. 이 한 가지만 봐도 정부의 합법성 주장
은 말이 안 됨을 알 수 있다.

일곱째, 수천 명의 투자자가 10년간 노력해 얻은 최종 산물을 정
부에 빼앗기자 경찰과 검찰에 고소하고 법원에 소송을 제기하려
했으나, 해당 기관은 수리조차 하지 않았다. 그리고 그때부터 상황
은 악화돼 소송을 제기하기만 하면 바로 체포되는 사태가 벌어졌
다. 심지어는 수임 변호사마저 체포됐다. 이런 혐오스러운 행위는
법치를 추구하는 국민 모두에 대한 도발인 동시에 '조화로운 사회
건설'이라는 중앙정부가 선언한 목표를 공개적으로 부인하는 것이
나 마찬가지다. 어느 면으로 보나 이런 행위는 합법적이라 할 수 없
다.

여덟째, 객관적인 보도를 추구하는 국내 언론을 없애버린 공공
의 적은 중공 중앙선전부다. 성·시·현 등의 정부는 대규모 뇌물 제
공 단체를 만들어 다섯 차례나 베이징을 방문해 중앙정부 각 부서
에 뇌물을 바치게 했다. 이 무리들은 또한 정의 수호 발언을 한 궈
하이옌(郭海燕) 교수와 베이징의 전문가 및 학자들을 공개적으로 협
박했다. 더불어 그들은 변호사들의 피구금인 접견 요청을 거절했
다. 현대의 어느 법치 국가에서 그런 비열하고 사악한 행위를 합법
적이라 하겠는가?

흥미로운 사실은 후일 우리가 그 지방 공무원들을 다시 만났을
때, 그들이 유정을 압수한 행위가 정당한 것이라고 주장했던 근거

가 바뀌었다는 점이다. 처음에 그들은 자신들의 행위가 합법적이었다고 주장했지만 나중에는 그들이 중앙정부의 비준을 받고 한 것이라고 슬쩍 말을 바꾼 것이다.

오늘날 문명사회에서는 행위의 옳고 그름을 판단하는 기준은 오로지 법일 뿐 권력이 아니다. 중국 중앙정부는 스스로를 법 위에 놓을 권리가 없다. 그러나 모두가 알고 있듯이 중국 중앙정부는 수립 이래 한사코 야만적으로 법을 무시한 채 행동했다. 옳고 그름을 구별하는 문명사회의 기준이 권력이 아니라 법률이라는 것은 문명사회의 일반적인 상식이다. 중앙정부가 지시만 내리면 정당하고 합법적인 것이 되는가? 이 관리들처럼 중국공산당은 영원히 '위대하고(偉), 영광되며(光), 올바르다(正)'는 생각에 푹 빠져 아직도 가슴 벅차하는 사람이 도대체 어디 있겠는가? 중앙정부가 지시한 사례를 들어보자. 중앙정부는 대약진운동과 더불어 반우파투쟁을 지시했고, 반혁명분자 숙청운동을 지시했다. 그리고 당은 당 내부의 야만적 파벌 투쟁을 열 번도 넘게 지시했다. 문화대혁명도 당이 지시했고, 1989년 톈안먼 학살도 그랬으며, 파룬궁을 믿는 우리 동포들에 대한 탄압도 그러했다. 사례를 들자면 한참 더 들 수 있다.

중앙정부의 지시는 무조건 합법적이고 정확하다는 말은 옳지 않다. 오히려 정반대다. 헌법과 법률의 규제에도 불구하고 중앙정부는 헌법, 법률, 법규범의 원칙에 명백히 위배되는 일들을 버젓이 시행해 왔다. 이것이 지난 반세기 동안 우리가 부딪쳐 왔던 현실이다.

산시(陝西)성 각급 정부가 무죄인 주 변호사 외 몇 명을 계속 구속하기로 결정한 것은 분명 그들이 잔인하고 사악하며 야만적인 방법 외에는 할 줄 아는 것이 없음을 증명한다. 이 공산 집단은 악한 일을 할 때 가장 효율적이고 강력하다는 것을 다시 한 번 절실하게 인식하게 됐다. 만일 그들이 법과 도덕을 선택한다면 그들은 극도로 무기력해질 것이다.

2005년 8월 8일 베이징에서

정부와 맹인의 전쟁

중국 산둥(山東)성은 강하다. 이상하리만치 강하다. 산둥성의 강함은 전적으로 중국 해안에 위치해 있다는 데서 나온다. 2005년부터 지금까지 산둥성은 맹인 한 사람과 전쟁을 벌이고 있다. 이 전쟁 이야기를 들으면 이 해안에 놓인 산둥성의 '강함'의 실상을 훤히 들여다 볼 수 있다.

산둥성은 해안 지역에 위치하고 있다. 2005년 광둥(廣東)성이 전 세계를 향해 살인적이고 야만적인 폭력적 성향을 표출하였는데, 산둥성은 맹인 천광청(陳光誠)과 전쟁을 하면서 광둥성의 그와 같은 폭력성을 모방한 듯하다.

2005년 10월 4일 저명한 인권운동가 쉬즈용(許志永) 박사와 리팡핑(李方平) 변호사는 산둥성으로 출발했다. 맹인 천광청에게 법률 지원을 하기 위해서였다. 천광청은 4개월간 산둥성 공산당위원회에 의해 연금당하고 있었다. 산둥성 당 위원회와 정부는 이 사건을 매우 중시해 인권운동가와 변호사가 천광청을 도우러 오는 것을 주도면밀하게 방해했다. 그들은 지역 관리와 폭력 단체들을 동원하여 삼엄하게 경계하도록 지시했다. 그러고는 천광청을 도우러 오는 쉬즈용과 리팡핑을 급습해 때려눕힌 다음 파출소로 끌고 가 불법 감금한 채 조사를 하고, 10월 5일 경찰 호위하에 쉬즈용과 리팡핑을 베이징으로 되돌려 보냈다.

역사를 보면 파시스트 집단이 일으킨 전쟁들은 대부분 재산을 약탈하기 위한 것이었다. 그러나 중국 공산당 정권이 인민들을 상대로 일으키는 전쟁은 통상 인민들에 대한 야만적인 강탈을 끝내고 나서 인민들이 자신들의 권리를 법으로 되찾겠다고 일어섰을 때 시작되는 전쟁이다. 최근의 타이스(太石)촌 유혈사태, 산웨이(汕尾) 학살사건, 그리고 당이 천광청과 벌인 전쟁은 모두 그런 유형의 전쟁이었다.

산둥성과 한 맹인 간에 벌어진 이 '전쟁'의 원인은 무고한 국민을 학살해 온 역사적인 악습에 있다. 2005년 산둥성 당국은 불임수술 운동을 벌였는데, 여성들에게 난관 결찰(結紮) 방법으로 강제 불임수술을 자행했다. 천리(天理)를 위반하고 사람들의 마음을 짓밟는 그들의 만행은 지역에서 유명한 인권운동가인 천광청의 주목을 끌게 됐다. 천광청은 법에 의거한 조사를 실시했고, 이는 곧 잔학무도한 정부를 광적으로 자극하는 계기가 됐다. 그들은 주민들에게 저지른 극악한 범죄를 덮어버리기 위해 천광청에 대한 압박 수위를 높여 성 전체의 자원을 그와의 전쟁에 쏟아 부었다.

그 끝을 알 수 없는, 그리고 전 세계가 지켜보고 있는 그 전쟁은 외부 세계에 산둥성의 '강함'의 실체를 다시 한 번 각인시켜 주었다.

천광청을 '격파'하기 위해 산둥성은 당이 모든 행정기구를 이끌

고 폭력적 수단들을 신속하게 동원했는데 그 효율성은 가히 놀라
울 정도였다.

그 전쟁에는 실로 각급 당 조직과 정부의 모든 조직들이 투입됐
다. 여기에는 당 위원회, 정부, 경찰, 교육, 하급 행정단위, 통신 부
문 등이 포함됐다. 경찰과 지역간부는 그 전쟁의 '전술적' 측면을
책임졌다. 예컨대 사람을 때린다든가 체포한다든가 포위하고 위협
한다든가 하는 등등이었다. 이 방면에 가담한 사람들은 독재정권
최하부 조직의 일원으로서 상관이 어떤 더러운 임무를 부여해도
서슴없이 실행에 옮기는 자들이었다. 교육 부문의 예를 들면, 정부
에서 나온 교육 책임자들은 천광청의 두 조카가 다니는 초등학교
에 가서 그 아이들을 퇴학시키도록 지시했다. 천광청이 '반혁명분
자'라는 것이 그 이유였다.

반면에 정부는 전기 차단, 컴퓨터 압수, 이동전화기가 정상적으
로 작동하지 못하게 하는 기술적 조치, 이메일 차단 등의 제재를 가
했다. 우체국은 사람들이 천광청에게 보내는 분유 같은 음식들을
압류하기까지 했다.

맹인과 성 당국의 그 전쟁에서 정부 기관들의 협력은 물샐 틈이
없었다. 그 전쟁을 벌인 목적과 그 목적을 위해 동원한 수단은 지극
히 지열하고 지지분했다. 그러니 그 전쟁에서 월등히게 강대한 당
사자라고 할 수 있는 성 당국이 반드시 승리했다고 볼 수만은 없다.
전쟁은 지금 1년 넘게 끌고 있고, 산둥성은 내 맹인 친구에 대해 절

대적 승리를 선언할 수 없는 상태다. 천광청이 강제 불임의 책임자들을 법정에 세우려 했을 때 성 당국이 기울인 노력만 보더라도 정의의 힘이 얼마나 강한 것인지 알 수 있다. 게다가 그 전쟁으로 인해 사람들은 그렇게도 강력해 보이던 독재정권의 기반이 무너지는 모습을 분명히 볼 수 있었다. 오늘날 악이 아무리 강해 보인다 할지라도 정의의 빛이 비춰지기만 하면 그것은 반드시 위축되고 쓰러진다는 것을 알려주었다. 지금 천광청의 전쟁이 어떻게 끝날지 예측할 수는 없다. 그러나 그 결과는 처음부터 너무나 분명한 것이었다. 산둥성 당위원회와 정부는 패배할 것이고, 천광청은 승리할 것이다. 그 이유는 지극히 간단하다. 무도(無道)함이 어찌 하늘의 이치를 이길 수 있겠는가?

2006년 1월 5일 사복경찰에 의해 미행당하는 베이징에서

산웨이 학살

2005년 12월 6일 무장경찰이 광둥성 산웨이(汕尾)시 둥저우(東洲) 촌민들에게 실탄 사격을 가해 수십 명이 사망했다. 주민들은 정당한 보상없이 자신들의 토지를 빼앗아 간 토지수용에 항의하는 중이었다.

당국의 명령에 의해 산웨이의 죄 없는 주민들이 사살당한 사건에 대해 인터넷 매체는 다음과 같이 보도했다.

"이것은 정권이 권력을 유지하기 위해 저지른 야만적 학살이며 이 정권은 집권 첫날부터 지금까지 이런 일을 계속해 왔다."

이는 세상 사람들 모두 알고 있는 사실이다. 달리 이렇게 해석하는 사람들도 있다.

"이 정권은 자기들이 한동안 사람들을 죽이지 않아 자기네 통치에 대해 사람들이 두려움을 잊고 반항적으로 변했다고 생각했다. 그래서 이 정권은 사람들을 죽인 것이고, 이는 그들의 살인광적 본성의 발현이자 회귀다."

그러나 사람들의 사고는 여기에 멈춰 있어서 진정 오늘날 중국에서 벌어지고 있는 일들을 더 명확하게 간파하지 못하고 있다.

위 학살 사건에 대한 또 다른 해석이 있다.

"우리의 통치자들은 양민 학살 만행을 그만둔 적이 없다. 다만 그동안 있어 왔던 그들의 학살은 백주대낮에 자행된 산웨이의 학살과는 성격이 좀 다를 뿐이다."

최근 나는 하던 일을 접고 북동부의 창춘(長春)시를 찾아가서 이 야만적인 살인 정권이 파룬궁 수련생들을 박해한 진상을 보름 동안 조사했다. 나는 내가 우리나라 현 정권에 대해 꽤 잘 알고 있다고 생각했다. 하지만 이번 조사로 나는 그렇지 않다는 것을 아주 깊이 파악하게 됐다. 이 보름 동안 나는 내 가족을 포함해 모든 외부 세계와의 접촉을 끊었다. 내가 외부와의 접촉을 재개한 것은 이 조사에서 발견한 내용들을 폭로하는 공개편지를 발표하고 난 12월 12일부터였다.

그리고 이 보름 사이에 100여 명의 광부가 사고로 사망하는 사건이 또 벌어졌고, 지방정부의 권력 남용으로 인해 기본적 생존환경조차 상실하게 된 100여 명이 베이징에 청원하러 갔다가 체포됐다. 그 뿐만 아니라 광둥성 산웨이에서는 경찰이 무방비 상태의 인민들을 가차 없이 사살하는 사건이 벌어졌다.

요즘 사회에서 학살 사건이 너무 자주 들리기에 어느새 나도 예전이라면 느꼈을 법한 충격과 슬픔을 느끼지 못한다. 이 얼마나 끔찍한 일인가! 하지만 나는 이런 사회 환경에 대해 진정 분노를 느낀다.

사실 우리 정부는 인민 학살을 중단한 적이 없다. 토지수용에 대해 평화적으로 청원하던 시민 수십 명이 사살당한 사건은 백주대낮에 벌어졌다. 바로 그 때문에 어떤 사람들은 충격과 분노를 느꼈을 수 있다. 이는 당연하다. 그러나 우리가 최근 조사한 바에 따르면, 지난 6년간 이 정권은 파룬궁 수련생을 박해하는 과정에서 우리 동포 자국민을 최소 3천 명 이상 살해했다. 실제로 대부분의 사람들, 특히 지식인 계층은 이 끊임없는 학살의 현실을 아주 잘 알고 있다. 다만 그런 일에 대해 반응하고 의견을 표시하는 방법에 있어서 각자가 다를 뿐이다.

나는 '산웨이 유혈사건에 관한 공개서한'에서 여덟 가지 요구를 제시했다. 그러나 이 여덟 가지 요구 조건들에 공통된 한 가지 핵심 전제는 중국 사람들이 아직 양심을 잃지는 않았지만 다만 어찌해야 할지를 모르고 있을 뿐이라는 것이다. 인민들은 산웨이에서 대낮에 자행된 학살행위의 적법성 여부를 판단할 권한과 의무가 중앙 당국에 있으므로 이를 조사해 법적 조치를 취하라고 촉구하고 있다. 그러나 그 중앙 당국이 바로 그 학살의 원흉인데 어쩔 것인가? 이것이 내 동포 중국인들의 입장에서는 절망적이고 나약한 상태에서 그나마 할 수 있는 최대한의 행동이다.

어떤 사람은 이렇게 절망적인 상황에서 할 수 있는 일은 바로 그것밖에 없다고 말할지도 모른다. 하지만 그 공개서한에서 내가 밑줄까지 그어가며 강조한 원칙은 이렇다. '학살을 직접 지행한 특정 지방정부 관리의 행위와 중앙정부 관리의 행위는 분명하게 구분돼야 한다.' 놀랍게도 중앙정부는 그들의 평소의 '냉철함'은 접어 버렸고 이런 논리가 주는 장점마저도 무시해 버렸다. 그리하여 우방 궈 동지는 즉시 광저우로 가서 사건을 조사한 후 결론적으로 지방 정부의 '성과'를 지지하는 발언을 해버렸다. 그는 지극히 간단한 방 법으로 중국 내외 만천하에 지방정부와 중앙정부가 일심동체임을 보여준 것이다.

실제로 그들은 늘 함께 행동했다. 지방정부가 학살을 자행하고 그 야만성에 대해 비난받기 직전에 중앙정부가 그들과 일치된 언 행을 취해 주는 것은 그들 입장에서 보면 극히 당연한 것이다. 국 민 수십 명을 살해해 두 집단의 공동이익을 지켜낸 지방정부가 고 립되거나 비난받지 않게 지켜준다는 것을 확실하게 보여주는 것이 중앙정부의 입장일 것이다. 그러므로 우선은 전국인민대표대회 상 무위원장 우방궈를 파견했다. 이 인물은 그 범죄의 현장에서 막 귀 환한 지역 지도자들과 만나 웃고 떠들었을 것이다. 그러면서 그들 에게 언제나처럼 신뢰와 존경을 보낸다고 치하하면서 주민 수십 명쯤 죽여도 상관없다고 했을 것이다. 지방정부 관리들이 약간이나 마 느끼고 있던 두려움과 걱정은 단번에 날아갔을 것이다. 사실 이 재확인 방문은 내가 발표한 공개서한에 대한 즉각적이고도 직접적 인 중앙정부의 반응이었다.

내가 중앙정부에 보낸 최근 편지에서 나는 현 정권은 그 탄생부 터 지금까지 잔인하고 어리석고 무도한 정권이라고 표현했다. 물론 중국인들도 같은 기간 무력하고 경험 없고 분별력이 없었다는 사

실 또한 부인할 수 없다. 현 정권은 이 학살 문제를 처리할 도덕성
과 정당성을 가지지 못했다. 자신이 바로 그 학살을 은밀히 지시한
장본인이기 때문이다. 그러다가 지방정부가 학살을 중지하면 중앙
정부는 관영언론을 총동원해서 재산을 빼앗기고 가족이 살해당한
우리 동포들을 악마로 몰아가기 시작한다. 그리고 바로 대규모 체
포 작전이 시작된다. 저 1989년 톈안먼 학살에 이어 벌어진 '문제
아'들에 대해 공격적으로 감행된 무차별적인 테러의 공포를 우리
중국인이 어찌 망각할 수 있겠는가?

이제 우리 각자는 이 시대에 도움이 되는 뭔가를 해야 할 때다.
사람들이 이 살인자 집단을 공식적으로 퇴진시키려는 용기를 내도
록, 더는 그 살인자들의 악행을 돕지 않도록, 더는 그 살인자들의
도구로 쓰이지 않도록 가능한 한 모든 수단을 동원하자. 중국 공산
당에 대한 우리의 예속을 끊어버리고 이 살인자 집단을 평화적으
로 퇴출시키자. 이 불행한 재난에서 우리 자신을 완전히 해방시키
자!

2005년 12월 14일 수요일 창춘시에서

정 의

파룬궁 수련생들과 함께 하는 동안 나는 한 가지 더 기쁜 사실을 알게 됐습니다. 인성 양심 도덕 자비심 책임감 등이 사라져가는 오늘날 이 수련생들이 보여준 내면의 영적 정신적 도덕적 자세는 우리 민족 중에서 완전히 새로운 사람들의 집단이 출현했다는 것을 알려주는 것 같았습니다. 영적인 세계에 대한 신앙이 모든 것을 변화시킬 수 있다는 강렬한 느낌을 받았습니다. 그리고 나는 그것이 타락하고 퇴폐한 우리 민족을 구원할 수 있는 희망이자 현실적 방안이라는 것을 알게 됐습니다.

4. 정의

전국인민대표대회에 보내는 공개서한

전국인민대표대회 상무위원회 및 우방궈(吳邦國) 위원장께

저는 변호사로서 최근 여러 지역에서 호소와 더불어 도움을 구하는 편지를 여러 차례 받았습니다. 그 내용은 파룬궁 수련생에 대한 형사 처벌 내지 노동교양(勞動敎養) 처벌과 관련된 것들이었습니다. 12월 26일, 저는 다른 변호사 한 명과 함께 허베이(河北)성 스자좡(石家莊)시에 가서 노동교양 처벌을 받은 황웨이(黃偉)를 위해 법률 지원(法律援助)을 해 주기로 결정했습니다. 구체적으로 사건에 개입해 관련 행정기관과 사법기관을 접촉하는 과정에서 우리는 현대인으로서는 도저히 이해할 수 없는 현상들을 발견했습니다. 이런 불가사의한 현상은 입법적인 측면과 사법적인 측면에서 드러나고 있었습니다. 저는 변호사로서 또 공민의 한 사람으로서 커다란 비애

를 느꼈습니다. 이와 같이 사람을 질식시킬 것 같은 심각하고 비통한 사정을 빨리 전국인민대표대회 상무위원회 및 우방궈 위원장에게 알려야겠다고 생각하게 됐습니다. 다만 어떤 형식으로 이 서한을 전달할지를 결정하는 데 시간과 노력이 조금 들었을 뿐입니다.

저는 2003년에 이미 중화인민공화국 공민 신분으로 《중화인민공화국헌법》(《中華人民共和國憲法》, 이하 《헌법》) 및 《중화인민공화국입법법》(《中華人民共和國立法法》, 이하 《입법법》)에 의거해 전국인민대표대회 상무위원회에 위헌법률심사제청서를 3차례 등기로 보낸 바 있습니다. 그 내용은 〈도시주택철거관리조례〉, 국가가 집행하는 주택 정책 그리고 최고인민법원의 이와 관련한 사법해석이 명백하게 《헌법》에 위배된다는 것이었습니다. 하지만 이에 관한 어떠한 답변도 없었습니다. 이번 공개서한의 방식은 제가 고통스럽게 생각한 후에 택한 것입니다.

전문대 학력을 가진 스자좡 시민 황웨이는 1999년 '사교조직(邪教組織)을 이용해 국가 법률 시행을 방해했다'는 이유로 3년 노교(勞敎)처분을 받았습니다. 노동교양소에서 석방될 때 그는 34세였지만 머리카락은 이미 절반이 새하얗게 변해 있었습니다. 황웨이는 아름다운 생활을 동경했습니다. 누구보다도 성실하게 일해 회사는 점차 안정적으로 운영됐고, 그의 가족들은 검소하지만 화목한 생활을 했습니다. 그는 과거의 고통을 잊고 아름다운 삶을 꾸려나가기 위해 노력했습니다. 2004년 4월 13일 아침 7시 반, 황웨이는 평소처럼 아이를 유치원에 데려다주고 나서 출근을 하던 중 네 명의 신원을 알 수 없는 사람들에게 붙들려 강제로 연행됐습니다. 그는 국가 안전국 사무실로 끌려 가 몸수색을 당하고 자전거를 비롯해 휴대한 모든 물품과 현금을 압수당한 후 유치장에 감금됐습니다. 이때까지 그를 가둔 사람들은 어떤 법적 절차도 거치지 않았고 신분도 밝히지 않았습니다. 그 후 관련 부서에서 황웨이의 집 문을 부수고 들어가 가택 수색을 했습니다.

수감한 지 38일 만에 공안 기관은 규정 기한을 초과해 구금했다는 원성을 사지 않기 위해 황웨이를 공안 유치장에 보내 15일 동안 수감했습니다. 수감 기간에 대해서는 아무런 설명이 없었고, 단지 성명을 밝히기를 거부한 두 명의 공안 직원이 한 차례 심문기록을 작성했을 뿐입니다. 당시 황웨이가 한 직원에게 부서와 성명을 물었을 때 그는 내가 당신을 심문하는 것이지 당신이 나를 심문하는 것이 아니라고 대답했습니다. 기록한 내용과 실제 대화 내용이 달랐기 때문에 황웨이는 심문 기록에 서명하는 것을 거부했습니다. 하지만 놀랍게도 그 직원은 태연하게 황웨이를 마주한 채 아무 거리낌 없이 심문 기록에 황웨이의 이름을 쓰고는 그 위에 그 직원 자신의 지장을 찍었습니다. 황웨이는 나중에 이 심문기록이 그에게 노교 처분을 내리기 위해 억지로 만든 증거라는 것을 알게 됐습니다.

황웨이는 6월 3일 또 다시 노동교양소 3년을 선고받고 그 다음

날 노동교양소로 보내졌습니다. 그 후 시 정부에 재심과 법률에 따른 절차를 요구하기 위해 그는 매번 단식을 해야 했습니다. 그 날들을 합치면 무려 42일이나 됩니다.

저와 또 다른 변호사 한 명은 2004년 12월 27일 오전에 스자좡 시 노교소에 가서 법적 절차에 따라 황웨이에 대한 면회를 신청했습니다. 그러나 담당 직원은 다른 노교소 수감자 면회와는 달리 파룬궁 수련생에 대해서는 관리소가 면회를 허가할 수 있는 권리가 없고, 반드시 '610 사무실'의 특별 허가가 있어야 한다고 알려 주었습니다. 우리는 추운 날씨에도 불구하고 관리소에 설치된 '610 사무실'과 사법국의 '610 사무실' 사이를 분주히 오갔습니다. 그러고 나서도 '610 사무실' 책임자의 승인을 받는 데 3시간 넘게 기다려야 했습니다. 하지만 그 후에 관리소가 법률에 따라 면회 수속을 하는 시간은 채 3분도 걸리지 않았습니다.

12월27일 오후, 동료 변호사가 스자좡시 인민 정부의 행정부작위사건(시정부의 노교처분에 대한 황웨이의 이의청구에 관해 시정부가 아무런 답변도 하지 않은 부작위의 위법을 다투기 위한 사건)을 스자좡시 중급법원에 접수하려고 했으나 거부당했습니다. 12월 28일 오전 8시 30분에 다시 중급법원에 갔지만 역시 또 거부당했습니다. 중급법원 행정재판부의 한 법관이 신화취(新華區) 법원으로 가서 접수하라고 알려 주어 오전 9시 20분에 신화취 법원에 갔습니다. 하지만 신화취 법원 행정재판부의 미아오(苗)씨 성을 가진 법관은 서류를 본 후에 말했습니다.

"현재 모든 파룬궁 관련 사건은 일절 접수 처리하지 않고 어떤 수속도 밟지 않는다는 상부 규정이 있습니다."

변호사가 상부 규정에 관한 설명을 요구했을 때 그는 이 규정은 상부에서 하달한 것이고 자신들은 집행할 뿐이라며 변호사가 다시 입안정(立案庭, 소제기에 대한 수리 여부를 결정하는 독립적인 재판정_역주)의 법관과 협상해야 한다고 했습니다.

입안정에 갔으나 입안정의 두 여직원이 서류를 본 후에 매우 흥분하며 말하기를, 상부의 지시에 의해 파룬궁 사건은 일절 수리하지 않으며 어떤 절차도 진행되지 않는다고 말했습니다. 변호사는 수리 여부는 국가의 법률 규정에 따라 처리하는 것이고, 상부의 지시라고 하더라도 관련 법률규정에 저촉된다면 무효라고 말했습니다. 그러자 그 중 젊은 직원은 소리를 지르며 말했습니다.

"만약 상부의 지시가 무효라고 여긴다면 전국인민대표대회에 법률 개정을 제청하세요."

그녀가 말을 마친 후에 재판장이라고 불리는 법관이 나와서 말했습니다.

"당신은 당원이 아니지요? 그러니까 당 대표대회의 정신을 배워 본 적이 없지. 변호사는 이런 종류의 사건을 접수하면 안 되는 거 몰라요? 법원은 공산당의 것이고 법률 또한 공산당이 정한 것입니다. 현재 접수 처리할 수 없다는 상부 규정이 있으면 그 규정대로 접수하지 않는 겁니다. 누군가에게 항의하고 싶다면 그건 당신 맘이지요."

이후에 더는 이 일에 대해 설명해주는 사람이 없었습니다. 변호사가 문의하자 한 법관은 장안취(長安區) 법원에 가서 접수하라고 했습니다. 오전 10시 30분에 변호사는 세 번째로 법원 문을 들어섰고 책임을 맡은 행정재판부 법관이 응대해 주었습니다. 이 사건이 파룬궁과 관련 있다는 얘기를 듣자 서류를 보던 법관은 즉시 서류를 돌려주었습니다. 이유는 마찬가지로 파룬궁 관련 사건은 수리하지 않으며 어떠한 절차도 진행할 수 없다는 상부의 규정이 있다는 것이었습니다. 법관은 말했습니다.

"당신 변호사들이 현재 하고 있는 일은 매우 위험해요. 만약 계속한다면 당신들에 대한 처분을 요구하는 사법건의를 제출해야 합니다."

이로써 변호사가 스자좡시의 법원 세 곳을 찾아다니며 사건을 접수하려던 노력은 아무런 결실도 없이 끝났습니다.

황웨이 사건을 처리하면서 현대 문명 사회라면 예외 없이 받아들이고 있는 법치주의가 우리 중국에서는 받아들여지지 않고 있음을 발견했습니다. 사법부의 측면에서 이 문제는 더욱 심각했습니다. 이와 같은 문제의 심각성은 사람을 두렵게 하고 절망에 빠지게 합니다. 변호사로서, 중국인으로서 저는 침묵을 선택할 수는 없었습니다.

파룬궁 수련생들에 대한 형벌 및 처벌은 기본적인 법률 원칙과 현대 법치주의 정신에 완전히 위배되는 것입니다.

1. 법을 제정하여 실행하는 국가라면, 형법은 당연히 그 형법의 적용 범위(사람, 사건, 장소)와 적용시간을 규정합니다. 《중화인민공화국형법》(《中華人民共和國刑法》, 이하 《형법》)도 예외가 아닙니다. 법률불소급원칙은 우리나라 형법의 기본 원칙입니다. 즉, 형법은 그 법률 시행 전의 행위에 대해 소급 적용하지 않는다는 것입니다. 1999년 10월 30일에 전국인민대표대회 상무위원회가 〈사교조직 단속 및 사교활동 방지와 처벌에 관한 결정〉(이하 〈결정〉)을 반포 시행하여 형식적으로는 죄형법정주의 원칙에 관한 미비점을 보완했습니다. 그러나 그 이후 절대 다수의 파룬궁을 수련하는 국민에 대해 내려진 형벌은 순전히 전국인민대표대회 상무위원회가 그 〈결정〉을 발표하기 전의 행위에 대한 것이었습니다. 〈결정〉문의 잉크가 마르기도 전인 1999년 11월 노동교양 처벌을 받은 황웨이 사건 역시 법률불소급원칙을 위배한 것이었습니다. 파룬궁 수련생들에 대한 이런 형벌은 공개적으로, 장기간에 걸쳐, 대규모로 우리나라 《형법》의 기본 원칙을 위반하며 이루어졌습니다. 즉, 절대 다수의 공민은 우리나라의 현행 기본 법률의 원칙이 위반되는 상황 속에서 감옥에 수감됐습니다.

2. 대륙법계 국가이든 영미법계 국가이든 형법의 규율 대상은 사람의 행위일 뿐이지 사람의 사상이나 사람의 신분일 수 없습니

다. 이는 형법에 관하여 전 인류가 공유하고 있는 내용입니다. 하지만 많은 파룬궁 수련생들은 단지 파룬궁 수련생이라는 신분만으로 처벌을 받았습니다. 황웨이 사건이 이를 분명하게 보여주는 예입니다. 이는 현대 문명사회가 공유하고 있는 법치주의라는 가치를 정면으로 거스르는 것입니다. 이런 사태는 법치주의 확립을 위한 모든 노력을 무위로 만들 것입니다.

3. 〈결정〉은 파룬궁 수련생, 파룬궁 수련생과 파룬궁 조직의 관계, 사교조직, 파룬궁 조직과 사교 조직과의 관계, 사교조직의 정의, 파룬궁 수련생과 파룬궁 조직의 어떤 행위가 사교 범죄인지 등에 대해 판단할 수 있는 어떠한 법률적 정의도 제공하지 않습니다. 절대 다수의 파룬궁 수련생들이 사교조직을 이용해 국가 법률 시행을 방해했다는 이유로 형벌을 받거나 처벌됐습니다. 정말로 사교 조직을 이용했는지, 그랬다면 언제 어디서 어떻게 이용했는지, 국가 법률시행을 방해했는지, 방해했다면 어떻게 방해했는지 등 형사 판결에서 반드시 적시돼야 하는 피고인의 구체적 범죄사실을 거의 모든 사안에서 밝히지 않았습니다. 황웨이의 두 차례 처벌에 대해서도 다음과 같이 간단하게 적혀 있을 뿐입니다.

"사교조직을 이용해 국가 법률 시행을 방해했다."

이는 근본적으로 형벌 내지 처벌의 대상이 되는 행위가 무엇인지를 알 수 없게 하여 공민을 전혀 예측할 수 없는 형사 처벌의 위험에 빠지게 합니다.

4. 일부 지방에서는 파룬궁 수련생들에 대해 자의적으로 노동교양 처벌을 하고 있는데, 주로 전향을 거부하는 사람들에 대해서 그와 같은 자의적인 처벌이 벌어지고 있습니다. 이 서한을 작성할 때 우한에서 아이를 출산한 지 갓 3개월 된 두원리(杜文利) 여사는 그녀의 남편 니궈빈(倪國濱)에 관해 쓴 편지를 팩스로 보내 왔는데, 여사의 절망스러운 심정이 느껴졌습니다. 니궈빈은 3년간 수감됐다가 석방된 지 얼마 되지 않은 올해 7월 13일 출근길에 신원 불명의 사람들에게 납치됐다가, 그로부터 10일 후 숨이 곧 끊어질 것 같은 상태로 돌아왔다고 합니다. 이후에 '110경찰'을 통해 니궈빈을 납치해 갔던 사람들이 국가 안전국 사람이라는 것을 알았다고 합니다. 12월 3일, 니궈빈은 또 다시 납치됐고 지금까지 아무런 소식이 없다고 하니 참으로 끔찍한 일이 아닐 수 없습니다.

여기서 특별히 지적해야 할 것은 노동교양소 제도의 존재와 집행 자체가 《헌법》제5조, 제33조, 제37조, 제38조, 《중화인민공화국행정처벌법》제10조, 《입법법》제8조 등의 규정을 명백히 위반하고 있다는 것입니다. 한 공민의 인신자유(人身自由)를 수년 동안 박탈하면서 그 사람에게 진술하거나 변호할 절차적 기회를 전혀 주지 않고 있다는 것입니다. 한 장의 노교결정문이 송달되면 즉시 노교소로 보내지는데, 이와 같은 일은 통상적인 문명사회에서는 전혀 이해될 수 없는 상황입니다. 자유를 박탈당한 후 노교 처벌된 사람에 대한 모든 구제 절차는 형식적으로 존재할 뿐 실질적으로는 어떤 역할도 하지 못하고 있습니다.

황웨이는 1999년 노교소에 수감될 당시 근본적으로 어떤 이의도 제기할 수 없었습니다. 이번에 노교소에 수감된 후에 이의를 제기하는 과정마다 여러 날 동안 단식하는 대가를 치러야 했습니다. 경찰을 포함해 모든 국민이 노동교양소 제도가 《헌법》 및 기본법률을 위반하고 있고, 현대 문명사회에서 일반적으로 수용되고 있는 법치주의에도 반한다는 사실을 알고 있습니다. 이와 같은 상황이 계속된다면, 국가는 비도덕적이고 비문명적으로 타락한 대가를 반드시 치르게 될 것입니다. 전국인민대표대회 상무위원회 및 우방궈 위원장께서는 이와 같은 사정에 대해 관심을 가져주시기를 부탁드립니다.

5. 국가와 지방정부가 위에서 언급한 바와 같은 불법적 상황을 방임하거나 부추긴 결과, 사법 관련 공무원들이 타락하게 됐습니다. 황웨이 사건에서 보듯이 사법 관련 공무원이 사법 본연의 임무를 망각하고, 또 그 업무 집행에 있어서 도덕성이 추락해 문명국으로서 부끄러울 정도에 이른 것입니다. 그리고 더욱 두려운 것은 그들이 그것을 전혀 부끄럽게 여기지 않는다는 사실입니다. 법관과 법원은 법치주의를 수호하는 문지기이고, 그들의 지조와 전문적 소양은 법치주의를 위협하는 것에 대해 본능적으로 경계심을 느끼게 하는 것입니다. 이것은 인류 문명사회에서 법관과 법원에 대한 보편적인 인식입니다. 그런데 황웨이 사건을 접수하기 위해 노력하던

중 우리들이 경험한 것은 오히려 이와 전혀 상반되는 것이었습니다. 법관과 법원은 여전히 '문지기' 역할을 하면서도 법치주의에 대한 책임감이나 도덕성은 조금도 없었습니다. 그래서 그들은 법치주의라는 가치를 지키려는 사람에게 마치 개처럼 달려듭니다. 그들은 직업의 신성함에 대해 어떤 경외심도 없이 우리 국가를 도덕적으로 타락시키기 위한 목적으로 열심히 일하고 있는 것 같습니다. 참으로 가슴 아픈 일입니다. 우방궈 위원장님도 나와 같은 생각일 것입니다.

내가 이 서한을 쓸 때 나를 걱정하던 사람들은 파룬궁 문제는 매우 민감한 문제이며 정치적인 문제라고 경고해 주었습니다. 변호사로서 우리는 중국의 이러한 특수한 사회 상황에 대해 깊이 알고 있습니다. 권력이 정당하게 행사되는 사회에서 민감한 문제가 있다는 것은 웃음거리일 뿐입니다. 민감한 문제가 있다는 것은 일부 권력이 그릇되게 행사되고 있어서 공명정대하지 못하다는 것을 나타낼 뿐입니다. 다른 측면에서 문제를 보겠습니다. 정치적인 문제를 왜 국민이 거론할 수 없습니까? 거론하지 못하게 하는 정치는 누구의 정치입니까? 거론하지 못하게 하는 정치는 어떤 정당성도 확보하지 못한 정치입니다. 한 사회에 단지 한 가지 소리만 남는 것은 어떤 상황입니까? 주원장(朱元璋) 시대는 너무 오래 전이니까 언급하지 않겠습니다. 문화대혁명 시기의 중국과 최근 악의 축이라고 불리는 북한만이 오로지 한 목소리입니다. 도대체 누구에게 이런 상황이 필요할까요?

최근 많은 국제회의에서 우리는 책임지는 대국이라고 말해 왔습니다. 책임지는 대국이라는 평가는 바로 공민이 하는 것입니다. 공민이 연이어 집권자에게 문제가 있음을 전달하고 있는 현재의 공포스러운 상황은 책임지는 대국의 이미지와는 너무나도 거리가 먼 것입니다.

마지막으로, 제가 이 서한을 쓰게 된 가장 중요한 사상적 근거를 밝힙니다. 전국인민대표대회 상무위원회와 우방궈 위원장님께 이 공개서한을 쓰는 것은 어떤 일부 사람들을 응원하기 위한 것이 아님을 밝히고자 합니다. 물론 당과 정부에 반대하기 위한 것은 더더욱 아닙니다. 모국에 대한 깊은 애정만이 나를 추동시키는 동력입니다. 따라서 이와 함께 이 서한을 쓰는 목적이 단순히 황웨이에 대한 불공정한 처우를 개선하기 위함만은 아닙니다. 전국인민대표대회 상무위원회와 우방궈 위원장님의 노력을 통해 제도적으로 입법부와 사법부의 잘못된 현상을 개선하기 위해서입니다.

인류 문명 초기 상호간 교류조차 없던 인류가 약속이나 한 듯이 제각각 문자나 규칙들을 만들었습니다. 규칙의 권위는 인류 문명의 공통적이고 과학적인 선택이었습니다. 현재 세계에서 그에 역행하는 모든 나라는 봉건적이고 낙후돼 있으며 야만적입니다. 집권 집단 못지않게 공민 개개인도 지속적인 사회 안정을 기대하고 추구합니다. 안정이 모든 것에 우선한다는 구호 아래 권력을 남용하는 것이 현재 중국 사회가 불안정한 가장 큰 이유입니다.

파룬궁 문제를 처리함에 있어서 당국은 먼저 그들의 중국 공민 지위를 인정해야 하고, 이것이 법률 관련 종사자들의 일반적인 생각이 돼야 합니다. 또한 이 문제를 처리함에 있어 당국과 법률 종사자들은 반드시 스스로가 국가를 대표하여 일을 처리하고 있다는 것을 인식해야 합니다. 국가를 대표해서 하는 일은 법과 규칙에 따라 해야 하는 것이니 만큼 어떤 일이 있어도 결코 규칙을 벗어나서 일을 처리할 수 없습니다. 규칙을 벗어난다는 것은 예를 들면 법원이 사건을 입안하지도 않고, 어떤 법률적인 절차도 취하지 않으며, 변호사가 대리하는 것도 인정하지 않는 것을 말합니다. 황웨이 사건에서처럼 지금까지 그 배우자와 자녀가 면회하는 것조차 허락하지 않는 것은 아예 공개적으로 명백하게 규칙에 어긋나게 일을 처리하는 것입니다. 더욱 마음 아픈 것은 국가의 규칙을 집행해야 하는 법 집행자들이 계속 이렇게 규칙에 반해 일을 처리해 왔다는 것입니다. 그들은 국가 규범을 수호하는 일을 더는 자신의 직업적 책임으로 여기지 않습니다. 끊임없이 도덕적 문명과 권력의 정당성을 파괴하는 것은 도대체 누구를 위해서입니까! 이는 현대사회와 적이 된 사악한 무리에게 필요한 것일 뿐입니다. 우리는 그것을 반드시 경계해야 합니다.

우방궈 위원장님의 건강을 기원합니다!

베이징시 성즈(晟智)변호사 사무소

가오즈성

2004년 12월 31일

후진타오 주석과 원자바오 총리에게 보내는 공개서한

자유 신앙인에 대한 박해를 중지하고 중국 인민과의 관계를 개선
해 주십시오.

후진타오(胡錦濤) 주석과 원자바오(溫家寶) 총리께

공민 가오즈성이 두 분께 문안 드립니다!

두 분 동포께 이렇게 문안 인사를 드리기 전에 저는 베이징 밖의
일부 지역에 가서 며칠간 '도둑 같은 나날'을 보냈습니다. 이것이
제가 '실종'됐다고 외부에 알려진 원인입니다. 저는 우리와 같은 중
국 동포들인 파룬궁 자유 신앙인들이 최근 겪고 있는 체계적이고
대규모적이며 조직적인 불법 박해 진상에 대해 조사했습니다.

대규모의 체계적이고 조직적인 파룬궁 수련생들에 대한 야만적
인 박해와 폭행이 지금도 지속적으로 벌어지고 있음은 분명한 사
실입니다. 그것은 최근 각 지역에서 보내 온 서신에도 나타나 있는
진실이기도 하거니와 저희가 이번 조사를 통해서 직접 목격한 것
이기도 합니다.

두 분의 근본적인 선량함을 믿으며 저는 제가 본 진실을 공개
서한 형식으로 두 분께 알리기로 결심했습니다. 다시금 두 분께 희
망을 겁니다. 각지의 지방당국이 파룬궁 수련생들에게 지속적으로

자행하고 있는 불법적이고 야만적인 박해행위를 제지할 수 있는 조치를 신속히 강구해 주시길 바랍니다. 이것은 이미 불법적인 박해를 당하고 있는 인민들을 구하기 위한 것일 뿐만 아니라 중국의 《헌법》, 법치주의, 도덕 내지 인류 보편적 가치에 관련되는 것입니다. 이러한 가치들은 오늘날의 중국에서는, 특히 당신들의 눈에는 무가치한 것으로 보이는 것 같습니다.

2005년 10월 15일 산둥성 옌타이(烟台)시의 쉬청번(徐承本)은 저를 보자마자 다음과 같이 말했습니다.

"제 아내 허슈링(賀秀玲)의 시신은 거의 2년 동안 냉동 상태입니다. 지금까지 처리가 되지 않았기 때문입니다. 장기적으로 그녀를 박해하여 결국 사망하게 한 자들은 오히려 그녀가 죽은 후 거의 2년 동안이나 이 사건을 처리할 능력도 없었다는 것입니다. 그들은 그녀가 고통을 받아 거의 죽게 됐을 때 딱 한 번 면회를 허용했습니다. 당시 제가 본 아내는 정신이 혼미한 채 여전히 침대에 묶여 있었습니다. 게다가 하반신은 옷조차 걸치지 않았습니다. 아내의 그런 참혹한 광경을 보고 제 마음은 찢어졌습니다. 그들은 인정이라곤 조금도 없었으며, 단지 몇 분 만에 저를 밖으로 내보냈습니다. 당시 그녀는 겨우 40여 세에 불과했습니다. 이것은 제 아내가 죽던 날 저녁 공안에게 통지받고 제가 목격한 광경입니다."

"아내는 생전에 5차례 체포됐습니다. 또한 랴오닝성 진저우(錦州)에서 3개월간 수감됐습니다. 베이징에서 청원하다 붙잡혔기 때

문입니다. 전문적으로 파룬궁 수련생들을 잡아 가두는 즈푸(芝罘)
구역에 갇혀 있다가 베이징에서 장기 임차한 여관 화장실, 3㎡도
채 안 되는 그 공간 안에 16명이 한꺼번에 감금됐고, 그렇게 갇힌
사람들은 참을 수 없을 정도의 답답함을 겪었습니다. 아내가 죽고
난 후, 저희들의 강력한 요구로 아내의 사체를 검시했으나 그들은
아직까지 검시 보고서를 제게 주지 않고 있습니다. 여러 차례 계속
되는 저희들의 요구에 그들은 단지 구두로 '파룬궁을 수련하다 죽
었다'는 말만 되풀이할 뿐입니다."

원덩시(文登市) 쑹춘진(宋村鎭) 스후이야오춘(石灰窯村)의 수련생
두커쑹(杜克松)은 올해 5월에 붙잡힌 후, 노동교양 처분을 받고 구
치소에 갇혀 박해를 받던 중 고혈압이 발견됐습니다. 노동교양소
에 보내졌으나 입소가 거절돼 50여 일간 구치소에 갇혀 있다가 생
명이 위독해져 석방됐습니다. 그러나 9월 27일 다시 공안에 체포돼
지금까지 행방불명입니다.

원덩시 수련자 위정훙(於正紅)은 사십대이고 쑹춘진 스첸춘(寺前
村) 사람입니다. 그녀는 9월 27일 자신의 집에서 체포됐으며, 체포
된 후 15일간 단식하다가 병원으로 이송돼 '생명이 위독하다'는 통
지를 받았습니다. 나중에 공안으로 가장한 사람이(그는 감히 자신
을 경찰이라고 밝히지 못했음) 그녀를 집으로 돌려보냈습니다.

파룬궁 수련자 린지샤오(林基嘯)는 원덩시 쑹춘진 다촹춘(大床村)
에 거주하는 40세 가량의 여성입니다. 9월 28일 체포돼 구치소에

간힌 후 줄곧 단식을 했습니다. 가족들이 면회신청을 했으나 그녀
는 이미 왕춘(王村) 노동교양소로 보내지고 거기에는 없다고 했습
니다. 그러나 그곳 사람들의 말에 따르면 그녀는 여전히 거기에 있
었고 이미 숨이 끊어질 지경이었다는 것입니다. 가족들이 왕춘 세
뇌 기지에 가서 알아본 결과 그녀는 거기에 있지 않았습니다. 가족
들은 다시 '610 사무실' 사람들에게 물었습니다. 그들은 또 그녀를
칭다오(靑島)로 보냈다고 했습니다. 그녀가 죽었는지 살았는지, 현
재 도대체 어디에 있는지 아직까지 밝혀지지 않고 있습니다. 옌타
이(烟台) 푸산(福山)구의 사오용(肖勇)은 모범적인 사람이었으나 단
지 며칠간 파룬궁을 수련했다는 이유로 올 7월에 징역 3년 6개월
을 선고받았습니다.

"저는 2001년 6월 처음 체포된 후 1년 동안 학대받아 몸이 아주
망가지게 되자 풀려났습니다."

은퇴 교사인 류리(劉莉, 실명을 밝히지 않기를 원하였음)는 조용히 앉
아서 저와 2시간 30분 가량 이야기를 했습니다.

2003년 석방된 후에 나는 2000년부터 내 월급 전액이 '610 사무실'에
의해 수령됐다는 사실을 발견했습니다. 내가 '610 사무실'과 학교 교장
을 찾아갔으나 누구도 분명하게 기억하지 못했고, 지금도 이 문제는 해
결되지 않고 있습니다. 남편도 파룬궁을 수련한다는 이유로 수감돼 시
달림을 당한 끝에 기억을 상실했으며, 재산이 몰수되는 통에 남편의 저

금통장도 사라져 버렸습니다. 2003년 설날 나는 내 수중에 남아 있던 100위안을 수감 중이던 남편에게 주었습니다. 우리 모녀는 설 쇨 돈이 한 푼도 없었습니다. 2001년 6월 푸산구 공안국에서 나온 너덧 명의 경찰이 우리 재산을 차압했습니다. 그리고 2권의 파룬궁 서적을 찾아내고는 나를 강제로 파출소로 끌고 갔습니다. 그들이 나를 구타할 때 나는 "어떻게 경찰이 사람을 때릴 수 있습니까?"라고 했습니다. 그들은 나를 때리면서 큰소리로 "좀 때리면 어때서?"라고 했습니다. 그 중에 장(張)씨 성을 가진 한 경찰은 "다시는 재수 없는 말을 못 하게 하겠다"라고 했습니다. 그는 다른 사람의 기록에서 일부 내용을 베낀 후 나에게 서명하라고 했습니다. 나는 거절했습니다. 나중에 그가 내 이름으로 서명을 했습니다. 옆에 있던 천(陳)씨 성을 가진 경찰이 보고 가만히 있을 수 없었는지 "본인이 안 한 서명을 왜 당신이 하느냐?"라고 물었습니다. 그는 이를 꽉 깨물며 "재수 없게 만들어 주려고"라고 했습니다. 나중에 그들은 내 앞에서 위조한 가짜 서류를 가지고 나를 15일간 가두었습니다. 후에 바로 푸산(福山) 세뇌 기지로 이송됐습니다. 전향반에서 그들은 나를 잠도 자지 못하게 했으며 강제로 전향시키려 했습니다. 2002년 1월까지 나는 여전히 전향하지 않았습니다. 그들은 곧 가짜 기록을 가지고 1년간의 노동교양 판결을 내렸습니다. '610 사무실' 주임 왕웨펑(王岳峰)은 나를 노동교양소로 보냈고, 노동교양소에서는 신체 검사를 한 후 몸이 극도로 쇠약해졌다는 이유로 수용을 거절했습니다. 그러나 그는 어떻게 해서라도 나를 수감시키려고 그들끼리 귓속말로 잠시 소곤거린 후

길이가 30센티미터 정도 되는 커다란 주사를 놓으려 했습니다. 나는 반항했으나 4, 5명의 사람들이 나를 침대 위에 눕히고 강제로 주사를 놓았습니다. 그래도 내 몸이 여전히 회복되지 않자 왕웨펑은 나를 집으로 돌려보냈습니다.

2002년 11월 20일, 나는 계속해서 푸산진(福山鎭) 당위원회에 가서 진장(鎭長)에게 불법적으로 내 임금을 압류한 것에 대해 따졌습니다. 내가 진장 사무실에 가서 이야기 하자 그는 몸을 일으켜 나갔고 나는 한참을 기다렸습니다. 그는 돌아와서 내게 "자오(趙) 비서와 이야기하도록 했으니 그의 사무실에 가보시오"라고 말했습니다. 그래서 나는 자오의 사무실로 갔습니다. 사무실에 막 들어서려는 순간 문 밖에 있던 4, 5명의 경찰이 뛰어 들어왔습니다. 그들은 다짜고짜 나를 차로 끌고 간 후 강제로 푸산(福山) 세뇌 기지로 끌고 갔습니다. 이번에는 2003년 11월 17일 석방됐습니다. 이 기간 동안 그들은 나에게 인정사정없는 고문을 자행했습니다. 연속 43일간 수갑을 차고 있었고, 나는 철문에 매달려 거꾸로 묶인 채 구타당해야 했습니다. 수감된 지 거의 1년이 지난 후에도 전향 효과가 없었기 때문에 그들은 나를 석방할 수밖에 없었습니다. 2004년 11월 28일 나는 다시 붙잡혔습니다. 현지 파출소에서는 나를 치샤(栖霞) 구치소로 보냈고, 7일간 수감 된 후 다시 치샤 세뇌 기지로 이송됐습니다. 나는 2005년 3월 18일 석방됐습니다. 이 기간 동안 그들은 계속해서 잠을 못 자게 하는 방법으로 나를 박해했고 연속 26일간 잠을 못 자게 한 적도 있었습니다. 잠시라도 눈을 감고 있으면 때려서 깨웠고, 나는 여러 차례 기절해 쓰러졌습니다. 그들은 계속 서 있게 하는 방식으로 나를 쉬지 못하게 했고 구타했습니다. 그들조차 힘들어서 숨을 가쁘게 내쉬었습니다.

2005년 10월 15일 오전 우리는 다리를 저는 왕더장(王德江)과 만났습니다. 당시 왕더장의 다리는 부어올라 신발조차 신을 수 없었습니다.

2005년 8월 15일 저녁 나는 모우핑구(牟平區) 가오링진(高陵鎭) 샤위춘(下雨村)의 친구 집에 있었습니다. 그런데 마을 치안(治安)과 가오링(高陵) 파출소 경찰 세명이 갑자기 집으로 뛰어 들어와 나와 친구는 도망쳤습니다. 그들은 오히려 큰 소리로 '도둑 잡아라'라고 소리치면서 마을 사람들을 속였고 우리는 끝내 붙잡혔습니다. 그들은 우리를 때리기 시작했고 치안 주임은 의자를 들어 갑자기 내 몸을 내리쳤습니다. 의자는 부서졌고, 나는 이미 바닥에 누워서 꼼짝할 수도 없었습니다. 그들은 또 발로 걷어찼고, 그 중 한 사람이 나의 간(肝) 부위를 발로 차서 나는 바로 기절했습니다. 그들은 나를 차로 옮겨 가오링(高陵) 병원에 보내 응급 조치를 했고, 깨어났을 때 나는 병상에 묶여 있었습니다. 얼마 전한 치안요원은 나를 붙잡을 때 넘어진 것에 앙심을 품고, 내가 끼이니지 구두 밑창으로 나를 때렸습니다. 현장에 있던 공안은 "병원에서 너무 소란 떨지 말라"고 했습니다. 그날 저녁 두 집에서 6명의 사람이 붙잡혀왔고, 그중 쑨쉐진(孫學進)이라고 하는 노인은 이미 70여 세 정도였습니다. 나중에 그들은 나를 구치소에 보내 세뇌반 참가 신청서에 서명하도록 강요했습니다. 서명하지 않자 감옥의 경찰은 나의 수갑을 비틀어 쥐며 서명을 강요했습니다. 서명하지 않겠다고 말하자 그는 수갑이 내 살에 움푹 들어갈 정도로 비틀어 쥐었습니다. 내가 여전히 서명하지 않자 그는 할 수 없이 그냥 가버렸습니다. 나중에 그들은 한 범죄자를 사주하여 나를 감방에 가둔 후 때리게 했습니다. 국가보안대대가 나를 한 차례 심문한 적이 있습니다. 이유는 그들에게 협조하지 않는다는 것이었습니다. 그들은 나를 옌타이(烟台) 싱푸(幸福) 세뇌반으로 이송하고 잠을 자지 못하게 했으며, 작은 의자에 앉히고는 강제 전향을 시도했습니다. 그리고 삼서(三書 수련하지 않겠다는 증서, 즉 보증서, 자아비판서, 참회서)를 쓰게 했고, 대법(大法)을 모함하는 비디오를 강제로 보게 했습니다.

4일째 되는 날, 아무 효과가 없자 마오핑(牟平) 국가보안대대와 옌타이(烟台) 공안처 '610 사무실' 두목인 위강(於剛)은 의논 끝에 나를 자오위안(招遠) 세뇌 기지로 이송했습니다. 듣자하니 나같은 사람을 다루려면 자오위안 기지로 보내야만 한다는 것이었습니다. 나는 이미 7, 8일간 먹지도 자지도 못한 상태였습니다. 자오위안에 도착한 후, 그들은 나를 들어 올려 한걸음 옮길 때마다 발로 걷어 차며 "전향할 거야 안 할 거야?"라고 반복해서 물었습니다. 나를 내려 놓을 때, 나는 도저히 서 있을 수가 없어 바닥에 쓰러졌습니다. 그들은 계속해서 나를 학대했고, 자오위안 기지 주임은 나의 하반신을 발로 걷어 찼습니다. 그의 얼굴에는 조금의 표정도 없었습니다. 발로 내 얼굴을 들어올린 후 발을 빼는 방법으로 반복해서 머리를 바닥에 부딪히게 했습니다. 또 발로 차면서 괴롭히고 난 후에 비로소 나를 수감실로 옮겼습니다. 나는 그들에게서 인간성이라고는 조금도 찾을 수 없다고 생각했습니다. 자오위안 기지에서는 한 사람당 작은 감방을 하나씩 썼는데, 이는 세뇌를 위해 특별히 만든 것이었습니다. 이미 나는 일어설 수도 앉을 수도 없는 상태였습니다. 그들은 나를 쇠사슬로 묶어 쇠의자에 앉히고 수갑과 족쇄를 채웠습니다. 그래도 나는 전향하지 않았습니다. 10일째 그들이 음식물을 강제로 주입하기 시작하자 나는 피거품을 토하기 시작했습니다. 나를 고문하던 그들도 견디기 어려웠는지 나와 함께 토하기 시작했습니다. 그들은 내 머리를 붙잡고 음식물을 강제로 주입했고, 주임은 내게 전향할지를 물었습니다. 내가 전향하지 않겠다고 하자 그는 "자오위안에서 전향하지 않고 나갈 생각을 하지 말라, 이곳에는 전향시킬 방법이 많이 있다"고 말했습니다. 그들은 발가락이 땅에 닿을 정도의 높이로 스팀 파이프에 수갑을 채워 나를 묶어놓았습니다. 방 안에는 등불 하나 없이 24시간 어두웠습니다. 어떤 사람이 살그머니 들어와 내 코 밑에 손을 대고는 살았는지 죽었는지 살피는 것을 느낄 수 있었습니다.

또 얼마나 시간이 흘렀는지 모릅니다. 내 손목에는 커다란 상처가 생겼습니다. 당시 전선으로 입에 재갈을 물렸기 때문에 나는 밀도 할 수 없었고, 지금도 말할 때면 침이 흘러 내립니다. 그들에 의해 끊임없이 학대를 당하는 동안 나는 정말이지 형용할 수 없는 고통을 겪었습니다. 나는 혀를 깨물고 자살할 생각도 했으나 그들은 또 몇 가닥의 전선을 입 안으로 밀어 넣어 꼼짝 할 수 없게 했습니다. 내가 기절하여 깨어나지 않을 때까지 말입니다. 깨어나서 보니 다리는 이미 검푸른 색으로 변했으며, 왼쪽 다리는 점점 두꺼워져 오른쪽 다리의 두 배가 됐고 오른쪽 다리는 오히려 점점 더 가늘어졌습니다. 그러나 그들은 여전히 나를 고문하는 것을 중단하지 않았습니다. 내가 화장실에 가고 싶어 하면 그들은 나를 부축했습니다. 나는 이미 스스로 걸을 수 없었습니다. 바닥에 쓰러지면 그들은 나를 침대 위로 들어 올려 오른쪽 다리를 묶어 놓고는 계속해서 수갑을 차게 했습니다. 당시 그곳의 의사는 상황이 매우 좋지 못하다는 것을 알고, 그들에게 나를 병원으로 후송하도록 했으며 병원 의사는 생명이 위독하다고 말하면서 다리를 절단해야 한다고 했습니다. 나중에 그들은 나를 위황딩(毓皇頂) 병원으로 보냈습니다. 그곳은 의료 환경이 매우 좋았기 때문에 나를 며칠간 입원시킨 후, 그들은 내 가족들에게 치료비를 내라고 요구했습니다. 우리는 돈이 없었기 때문에 나중에 친척들이 대신 치료비를 내고 나를 데리고 나왔습니다. 집에 돌아온 후 나는 이미 혼자서는 생활할 수조차 없게 되었고 80여 세의 늙은 모친이 나를 시중들고 있습니다.

왕더장(王德江)이 거의 죽게 되었을 때 지방 당국은 그를 가족들에게 돌려 보냈습니다. 그와 그의 가족이 겪은 악몽 같은 경험은 지금도 전국 각 지역에서 얼마나 많은 무고한 동포들이 그런 고통을 겪고 있을지 짐작케 합니다!

22살의 양커멍(楊科萌)은 하얼빈 공과대학 웨이하이(威海) 분교 자동차 학과 2학년 학생입니다. 학생부터 총장에 이르기까지 그 학생을 좋아하지 않는 사람은 없었습니다. 그는 인터넷에서 공개적으로 공산주의청년단(共産主義青年團)을 탈퇴하여 한 중앙지도자의 특별 '보살핌(關照)'을 받고 있었는데, 그는 청년단을 탈퇴할 때 자신의 학교를 밝히지 않았습니다. 이 때문에 '610 사무실' 요원들이 전국 대학을 대상으로 그물망식 조사를 진행했습니다. 올해 5월, 웨이하이 '610 사무실' 요원들은 기어이 그를 찾아냈고 그에게 파룬궁을 수련하는지, 인터넷에서 청년단을 탈퇴했는지 물었습니다. 그는 "내가 탈퇴하고 싶으면 탈퇴하는 거지요"라고 말했습니다. 8월 20일 개학하던 날 '610 사무실' 요원들이 다시 학교에 왔고, 29일 그를 체포했습니다. 부모님은 기숙사에 전화를 하고 난 후에야 알게 되었습니다. 9월 7일 그의 부모인 양핑강(楊平剛), 창리쥔(常麗君)은 왕성리(王勝利) 부부 및 지닝(濟寧)의 왕여사와 함께 동시에 체포됐으나 아직까지 행방불명입니다.

이것은 왕씨 성을 가진 한 선생님이 우리에게 알려준 내용입니다.

2005년 국경절 전, 산둥성 주요 지도자들이 라이우(萊蕪)시 공안 기관에, 국경절 전에 위안잉쥔(亓英俊), 천롄메이(陳蓮美), 왕징(王静) 등 7명을 체포하지 못하면 공안 기관의 지도자는 모두 물러나게 될 것이라고 통지했습니다. 9월 29일 새벽 1시에 그 사람들 모두 체포됐습니다. 사실상 현재 많은 경찰들은 파룬궁 수련생을 체포하기를 원하지 않지만 이와 같은 상부의 지시 때문에 그들도 다른 방법이 없습니다. 현재 전국 각지에서는 자오위안 세뇌 기지에서 경험을 쌓은 요원들이 수련생들을 더욱 잔인하게 박해하고 있습니다. 아울러 후진타오 주석의 방미 기간 동안 중앙 정부는 최근 그들의 조치가 별로 효과적이지 않다며 먼저 박해를 진행하는 요원들을 잘 조직한 후 대대적으로 파룬궁을 탄압하라고 명령했습니다. 산둥성 자오위안 세뇌 기지와 산시성(山西省)의 한 기지는 이미 중앙에서 시범 기지로 지정했습니다. 외부 사람들은 이런 기지들이 점점 더 공포스럽고 도저히 견딜 수 없는 지옥과 같은 곳으로 변한 것을 잘 알지 못합니다. 자오위안 세뇌기지는 지옥보다 훨씬 두려운 곳으로 우리를 박해하는 자들은 모두 악귀로 변했습니다.

일찍이 자오위안 기지에 수감된 적이 있었던 한 신앙인은 이렇게 말했습니다.

나는 치신(亓鑫)이라고 하며 올해 19살로 산둥성 라이우시 사람입니다. 나는 치잉쥔(亓英俊)과 천취롄(陳翠蓮)의 딸입니다. 내게는 또 치야오(亓垚)라는 10살 난 남동생이 있습니다. 부모님은 1998년부터 파룬궁을 수련했습니다. 2000년 아버지는 공원에서 수련을 하시다가 라이우시 경찰에 체포됐고, 후에 즈보왕춘(淄博王村) 노동교양소로 이송돼 3년형을 선고 받았습니다. 어머니는 경찰의 추격으로 이곳 저곳을 떠돌다가 나중에 붙잡혀서 라이우시 샤오차오춘(小曹村) 대대에 수감됐습니다. 당시 나는 13살이었고 남동생은 겨우 3살이었습니다. 나는 엄마가 집으로 돌아오실 때까지 혼자 집에서 남동생을 보살피는 수밖에 없었습니다. 아버지가 집에 돌아오신 후 내게 다음과 같은 사실을 말해 주셨습니다. 즈보(淄博) 노동교양소에서 경찰은 수련을 포기시키려고, 동시에 여덟 개의 전기충격기로 아버지에게 충격을 가했고, 그 충격으로 아버지는 쓰러져 땅바닥을 뒹굴었으며, 온 몸에서는 살이 타는 냄새가 진동했다고 합니다. 전기충격을 받은 후 몇 주일 동안 한 겹 한 겹 떨어져 나가기 시작했다고 합니다. 후에 부모님이 집으로 돌아오신 후 우리 가족은 다시 함께 생활했습니다. 부모님은 다시 군용품을 파는 작은 가게를 운영했고 우리는 모든 재난이 이미 지나갔다고 생각했습니다.

올해 9월 30일 새벽 1시경 라이우시 경찰이 20여 명의 무장 경찰을 이끌고 원양춘(汶陽村)의 대법제자(大法弟子, 파룬궁 수련생을 뜻함_역주) 상(尙) 아주머니의 집에 뛰어 들어와 우리 부모님과 상 아주머니 부부를 끌고 갔습니다. 그런데 상 아주머니의 남편은 수련을 한 적이 없었습니다. 8월부터 아버지는 경찰에 의해 지명수배된 것을 이시고는 나를 이모에게 보내셨습니다. 부모님은 동생을 데리고 이곳 저곳을 떠돌았고 우리 가족은 다시 헤어지게 됐습니다. 부모님이 끌려가신 후 동생은 아직도 소식이 없습니다. 나는 아직 세상 물정을 모르는 동생이 매우 걱정됩니다. 그래서 매일 동생을 위해 기도합니다. 10월 1일 오후 3시 라이청구(萊城區) 공안분국 류칭(柳青)과 장바오더(張寶德), 관스(官司) 파출소의 사오스융(邵士勇) 등 20여 명의 사람들이 아무도 없는 우리 집에 난입했습니다. '魯S1030' 번호판을 단 차가 아래층에 세워져 있었고, 그들은 열쇠로 집 창고 문을 열고 들어가 가산을 몰수하고는 저녁 7시가 돼서야 비로소 떠났습니다. 현재 우리 4식구는 사방으로 흩어져 지내며 10살 된 남동생은 어디에 있는지조차 모릅니다.

허난(河南) 푸거우(扶溝)현에 거주하는 58세의 자쥔시(賈俊喜)는 2005년 8월 18일 현지 경찰에 의해 납치돼 10여 일간 고문당한 끝에 사망했습니다. 후에 가족들이 사체 검시를 요구하자 오히려 현지 경찰에 의해 강제로 화장됐습니다. 경찰은 말했습니다.

"베이징에 알려도 소용없다."

2005년 6월 8일, 광둥성 후이저우(惠州)의 주자원(朱家文, 가명)은 공사 현장에서 일하는 중에 체포됐고, 54일이 지나서야 가족들은 그가 노동교양 3년 형을 받은 것을 알게 됐습니다.

2005년 9월 12일 한밤중에, 광저우시(廣州市) 둥산구(東山區) 스레이(石磊, 가명)의 집에 갑자기 몇 명의 경찰이 뛰어 들어와 다짜고짜 스레이를 끌고 갔습니다.

"당시 제 남편은 신발도 제대로 신지 못했고, 그들은 남편을 아래층에 세워놓은 차에 태우자마자 마구 때리기 시작했습니다. 남편이 매 맞는 소리는 제 마음을 아프게 했습니다. 우리는 도움을 청할 곳이 없었습니다! 가오 변호사님. 아직 우리는 어떤 절차도 안내받은 적이 없습니다."

저와의 전화 통화에서 스레이의 부인은 울먹이며 말했습니다.

2005년 9월 6일, 스자좡의 파룬궁 수련생인 단성(段生)과 허리(何麗)는 체포된 이후 아직까지 행방불명입니다.

2005년 7월 19일, 스촨(四川)성 루저우(瀘州)의 위안위쥐(袁玉菊), 량진후이(梁勁暉) 모자와 다른 10명의 파룬궁 수련생들은 불법으로 체포되어 아직까지 수감 중입니다.

......

지난 국경절(10월 1일) 전날 밤 베이징, 헤이룽장 등지에서 파룬궁 수련생들에 대한 대규모 체포가 있었습니다. 후진타오 주석의 출국 기간을 틈타 대대적으로 체포를 단행했음이 역력했습니다. 이는 결코 은폐할 수 없는 명백한 사실입니다.

후진타오, 원자바오 두 분께 말씀드립니다. 일부 지방 당국은 파룬궁 수련생들에 대해 법적 근거 없이 박해를 자행하고 있습니다. 우리는 이러한 반인류적이고 야만적인 폭행이 21세기 인류사회에서 공공연히 발생하고 있으며, 엄연히 정부기 존재하고 있는 오늘날의 중국에서 발생하고 있다는 현실을 받아들일 수 없습니다. 두 분께서는 반드시 현실을 직시하셔야 합니다. 한편으로는, 두 분께서 정치 지도자가 됐을 때 국내의 인민과 국외의 문명 세계는 커다란 기대를 품었습니다. 두 분이 자주 제창하시는 '이헌치국(以憲治國)', '이인위본(以人爲本)', '조화사회구축(構建和諧社會)' 등과 같은 이념에 대해 사람들은 오랫동안 많은 기대를 해 왔습니다. 그러나 현실은 그와 같은 이념과는 너무나 달랐습니다. 박해당하는 사람들의 현실에 대해서 직시하셔야 합니다.

강대국의 지도자인 당신들의 인지능력이 보통 사람들에 비해 낮을 리는 없을 것입니다. 오늘날 중국의 모든 사람들이 알고 있으며 지금도 공개적으로 발생하고 있는 무고한 수련생들에 대한 야만적인 폭행과 박해에 대해 만약 두 분이 모르고 계신다면 이것은 국민들에 대한 죄악입니다. 만약 상황을 알고 있으면서도 제지하지 않는다면 이것은 직접 악을 행하는 사람의 죄악과 무슨 차이가 있겠습니까? 제가 두 분께 공개서한을 쓴 것은 여전히 두 분의 신념에 대한 기대를 가지고 있기 때문입니다. 그리고 박해받는 파룬궁 신앙인들도 마찬가지로 두 분에 대한 기대를 가지고 있습니다. 어떤 사람들은 박해 과정에서 불구가 되기도 했고, 어떤 사람들은 박해를 받다가 죽음을 당하기도 했지만, 그들이 공통적으로 보여준 선량함과 두 분에 대한 기대는 조사 과정에서 여러 차례 우리 모두를 감동시켰습니다. 우리들은 흐르는 눈물을 멈출 수가 없었습니다. 그러나 가슴 아프게도 제가 두 분과 함께 인정하지 않을 수 없는 것이 있습니다. 바로 파룬궁을 신앙하는 사람들에 대한 박해가 계속되는 과정 중에서 무수히 많은 선량한 사람들이 누명을 쓰거나 심지어 죽음을 당하게 됐다는 사실입니다. 인간의 본성에 반하는 패륜적인 박해가 지금까지 계속되고 있고, 동시에 우리의 정부와 국가 이미지를 손상시키고 있습니다. 여기에는 법률적 측면, 도덕적 측면 및 인간성과 문명의 측면 등이 포함될 것입니다. 당신들이 이와 같은 거대한 죄악을 저지르기 시작한 것은 아니지만 이러한 재앙은 당신들이 집권하고 있는 이 시기에도 계속되고 있습니다. 당신들이 집권하고 있는 지금도 무고한 자유 신앙인들에 대한 끔찍한 박해가 계속된다는 것은 당신들이 같은 죄를 저지르고 있는 것과 다를 바가 없습니다. 만약 이번 사태가 하루빨리 종식되지 않는다면 이러한 판단은 단순히 저 개인의 인식이 아닌, 역사의 결론이 될 것입니다.

지속적으로 한 집단의 사람들에게 재난 수준의 박해가 진행되면서 더욱 우리들의 가슴을 아프게 하는 것은 파룬궁 수련생 동포들을 비인간적으로 잔혹하게 해치는 데 참여한 사람들 스스로가 이미 철저하게 인간성을 상실했다는 점입니다. 이미 앞에서 언급한 자오위안 세뇌 기지에서 관례에 따라 공무를 처리한다며 얼굴 표정 하나 변하지 않고 같은 동포인 왕더장의 하반신을 짓밟고 박해하던 그 주임, 4년 동안 류 선생의 임금을 불법으로 갈취하고 생사의 위험에 처하게 했던 그 '610 사무실' 주임과 학교 교장 역시 이 광란의 피해자입니다. 세뇌와 전향을 실질적으로 진행한 관리와 실

무자들은 오로지 파룬궁 수련생들의 '전향' 결과에 따라 평가받고 장려금을 받기 때문에 그들은 자신의 경제적 이익과 포상에 눈이 멀어 자신의 인간성을 상실했습니다. 그들은 같은 동포들의 생명과 고통에 대하여 인간이라면 당연히 가져야 할 경외심, 동정심, 죄책감, 수치심, 도덕성을 상실했습니다.

　이 과정에서 인류 문명사회의 공통적 가치들이 더는 중시되지 않고, 직업적 양심에 의하여 형성된 기본 가치들이 상실됐습니다. 파룬궁 수련생 허슈링(賀秀玲)은 세상을 떠나기 전 자신이 겪은 비인간적인 고통 과정을 낱낱이 기록하여 인류에게 영원히 기억하게 하고 후손들에 의해 비난받도록 하라고 했습니다. 그녀는 숨이 거의 끊어질 무렵 영안실로 이송됐고, 그녀가 죽은 후에야 가족들은 그녀를 볼 수 있었습니다. 그때 가족들은 죽은 줄 알았던 그녀의 양쪽 눈언저리에서 천천히 눈물이 흐르는 것을 보고는 급히 의사를 찾아 응급조치를 요구했습니다. 그런데도 의사들은 냉담하게 아무런 조치도 취하지 않았습니다. 의사들의 냉담함에 가족들은 대성통곡했고, 같은 마을 사람들은 응급조치를 취하지 않는 의사를 큰 소리로 비난했습니다. 그제서야 의사가 나타나 진찰한 결과 심장이 아직 뛰고 있었습니다. 이때 의사들은 심장이 뛰고 있음에도 불구하고 다음과 같이 말하며 현장을 떠났습니다.

　"이 사람은 이미 죽었어. 살아 있기는 뭐가 살아있어?"

　친지들이 절망으로 통곡하고 있는 동안 허슈링은 눈물을 흘리면서 세상을 떠났습니다.

저는 정말로 두 분께서 위와 같은 현실에 대해 어떤 생각을 갖고 있는지 잘 모르겠습니다. 우리 국가, 우리 인민, 우리 민족의 영원한 자존적 가치 그리고 이러한 재난 앞에서 영예롭지 못하게 침묵을 지키고 있는 전 세계 각국 정부의 도덕적 이미지는 이미 현실적으로 훼손됐습니다. 모두가 이 대재난의 피해자인 것입니다.

여기서 반드시 강조해야 할 것은 중국의 집정자들이 이끄는 경제 개혁의 커다란 성과가 필연적으로 정신적 영역에서의 변화를 가져왔다는 것입니다. 장기적인 평화의 시대에 경제를 최고의 가치로 여기는 사회에서조차 인류가 단순히 물질적 소비에만 탐닉할 수는 없습니다. 정신생활에 대한 인간들의 갈망과 기대가 지속적으로 증가하면서 종교와 신앙생활이 크게 부흥하는 것은 필연적인 추세입니다. 종교와 신앙은 과학과 공존하며 현대 문명은 일찍이 과학과 신앙 간의 경계를 규정하고 각각의 영역에서 발전해 왔습니다. 개인 신앙의 자유는 필연적으로 집단 이데올로기의 소멸을 초래할 것입니다. 개인 권리의 신장은 필연적으로 정부 권력의 축소로 이어집니다. 이것은 집권자들이 반드시 정시해야 하는 것이며 또한 순응할 수밖에 없는 사실로서 인류 역사의 흐름입니다.

여기에서 저는 저와 제 주변의 많은 사람들이 도저히 이해할 수 없는 한 가지 사실을 언급하지 않을 수 없습니다. 논쟁의 여지가 없는 신앙의 자유가 왜 이렇게 지속적으로, 비인간적으로, 더욱이 불법적으로 탄압을 받아야 하는 것일까요? 그와 같은 탄압을 자행하는 자들은 정신병에 걸렸거나 인간성이 결여된 사람일 수밖에 없습니다. 그들은 스스로 야만적이고 불법적인 상태에서 고립되어 더욱 악독하게 되고, 그들을 바라보는 정상적인 사람들은 차마 못 볼 것을 본 나머지 치를 떨게 될 뿐입니다. 이번 조사에서 우리는 6년 전에 시작된 재난이 계속되고 있다는 진실 이외에 다른 하나의 진실을 알게 됐습니다. 그것은 바로 확실하게 이번 탄압 자체가 실패했다는 것입니다. 우리가 최근 다녀본 지방에서 탄압이 계속되면서 더 잔혹해지는 지역들이 있었습니다. 그러나 탄압이 실패하고 있다는 증거는 날로 뚜렷합니다. 산둥성의 지난(濟南), 칭따오(靑島), 옌타이 등지에서는 수련생을 동정하고 지지하는 사람들이 정부의 죄상을 폭로하기 위해 부착한 스티커와 표어가 도처에 널려 있었습니다. 심지어 파출소 문 앞에서도 볼 수가 있었습니다. 이는 탄압이 지속됨에 따라 항쟁은 더욱 강해지고 확산될 수밖에 없으며 인간의 본성을 말살시키려는 탄압은 민심을 잃을 수밖에 없다는 것을 보여 주는 것이었습니다. 이와 반대로 탄압 수단이 비교적 온화한 지역에서는 상술한 지역과는 다른 광경을 보여 주었습니다. 예를 들면 산시(陝西) 일부 지역에서의 국면은 비교적 평정을 이루고 있었습니다. 이것은 폭력을 맹신하고 있는 자들이 설 곳이 없음을 분명히 말해 주는 것입니다. 예산과 경찰 자원을 사용할 곳이 더욱 많아질 수밖에 없는 복잡화된 현대사회에서 평화적으로 심신을 수련하는 파룬궁 수련생들을 탄압하기 위하여 귀중한 자원을 소모한다는 것은 인권에 반하는 죄악입니다. 감히 직언을 한다면 두 분은 이 문제를 신속하게 해결해야 할 의무가 있으며, 여기에는 어떠한 변명도 있을 수 없습니다.

중국은 〈세계인권선언〉 체약국입니다. 〈선언〉은 명문으로 규정하고 있습니다.

"사람마다 생명, 자유 그리고 인신의 안전을 누릴 권리가 있다."

"어떠한 사람도 이유 없이 체포, 구금, 추방되어서는 안 된다."

"사람마다 《헌법》 혹은 법률이 부여한 기본 권리가 침해당할 때, 국가가 관할하는 법정에서 효과적인 구제를 받을 권리가 있다."

우리나라 현행 《헌법》 제33조는 '국가는 인권을 존중하고 보장한다'고 규정하고 있습니다. 국제법과 중국 《헌법》 모두 어떤 사람도 어떤 이유로든 인권을 침해하거나 비인도적으로 자국 동포를 박해하는 것을 허용하지 않습니다. 인류의 보편적 가치와 법치주의는 존중돼야 하는 것입니다. 본인은 정중하게 두 분께 조속한 시일 내에 결단을 내려 '자유 신앙인에 대한 박해를 중단하고, 중국 인민과의 관계를 개선'할 것을 건의드립니다. 아울러 '의법치국(依法治國)', '의헌치국(依憲治國)'을 철저히 시행하여 민주와 법치 그리고 헌정이 토대 위에 새로운 중구을 창립할 것을 건외합니다.

당신들이 이렇게 실천한다면 중국 인민 및 세계 인민들의 끊임없는 지지를 얻을 것입니다!

마지막으로 제가 특별히 부탁드리고 싶은 것이 있습니다. 즉 이 공개서한에서 언급된 동포들이 공개서한에 언급되었다는 이유로 재차 야만적인 박해를 받아서는 안 된다는 것입니다. 이 점을 두 분께서 보장해 주시기 바랍니다. 스자좡의 파룬궁 수련생 하오취옌(郝秋燕)은 이미 저의 공개서한으로 인해 불법으로 거의 8개월간이나 야만적인 박해를 받으며 수감돼 있습니다. 저는 아직 안전하게 생활하고 있으며 계속해서 박해받고 있는 동포들을 살펴볼 것입니다. 인류문명사회의 한 일원으로서 또 중국인이자 중국 공민인 동시에 변호사로서 저는 이렇게 할 권리가 있습니다. 비록 중국에서는 이것이 매우 위험할지라도 말입니다.

이상입니다.

진심으로 두 분의 모든 일이 평안하고 순탄하시길 기원합니다!

당신들의 동포 가오즈성

2005년 10월 18일 베이징에서

후, 원에게 보내는 두 번째 공개서한

후진타오와 원자바오 두 국가지도자께

10월 20일 새벽부터 베이징시 안전국과 공안국에서 나온 사복 차림의 직원 약 20여 명이 나와 나의 가족을 바싹 미행하기 시작했습니다. 우리 집 앞에서 매일 9대 이상의 차량이 지키다가 18일, 19일, 20일 3일 동안은 20대 이상으로 차량이 증가했습니다. 나는 우리 나라의 지도자들인 당신들에게 다음 질문에 답해 줄 것을 요청합니다.

1. 당신들은 나를 하루 종일 감시하느라 피곤에 찌든 젊은이들에게 가오즈성이 어떤 일을 했는지 사실대로 알려 주었는가? 아니면 그 젊은이들을 또 속였는가?

2. 당신들의 이런 행동이 중국 《헌법》에 위반되고, 또 중국의 기본법률에도 위반된다는 사실을 이 젊은이들에게 알려 주었는가? 이것이 불법이라는 것을 알려 주었는가?

3. 무고한 공민에 대한 이와 같은 조치가 가장 비열하고 부도덕한 것임을 이 젊은이들에게 알려 주었는가?

4. 당신들은 한밤중 우리 집 밖에서 추위에 몸을 떨고 있는 이 젊은이들, 우리와 마찬가지로 아무런 잘못도 없는 이 젊은이들에게, 이와 같이 비열한 수단으로 나의 가족의 자유를 제한하고 위협

하는 것은 현 인류사회의 가장 불명예스럽고 가장 비문명적인 악행이라는 것을 알려 주었는가?

5. 당신들은 나의 가족을 하루 24시간 감시하는 목적과 의미가 무엇인지를 이 젊은이들에게 알려 주었는가?

6. 당신들은 중국 인민들의 절대 다수의 눈에 이런 행위는 가장 혐오스럽고 수치스럽게 보인다는 것을 이 젊은이들에게 알려 주었는가?

지난 이틀 동안 나는 아침 일찍 운동을 하러 문 밖에 나가지 않았습니다. 왜냐하면 우리 집 현관문을 지키고 있는 대략 20여명의 젊은 사복경찰들을 힘들게 하는 것이 싫었기 때문입니다. 사실 나는 이 젊은 경찰들을 생각하면 밤에 침대에 누워있는 것이 몹시 거북합니다. 그들 역시 가족, 부모, 처자가 있고 이런 추운 밤을 가정에서 가족들과 함께 편안히 보낼 수 있어야 합니다. 나와 아내는 이른 아침 잠에서 깨어 창문 밖으로 그들이 추워서 몸에 열을 내기 위해 깡충깡충 뛰고 있는 것을 볼 때마다 마음이 아픕니다. 오늘 아침 우리는 그들에게 따뜻한 물을 마시라고 주었습니다. 이 사람들은 나의 사랑하는 동포이지 적이 아닙니다. 그들이 나를 정면으로 쳐다보지 않으려고 애쓰는 것을 보면 나는 매우 견디기 힘들어집니다. 나는 그들에게서 선량함과 동시에 도둑이 제 발 저려하는 듯한 심정을 느낍니다. 그러나 그들에 대해서 그 이외의 다른 어떤 감정, 예를 들면 존경의 감정이 있는 것은 전혀 아닙니다.

두 분 지도자님, 문명국가에서 국민의 권익이 침해당했다고 국가지도자에게 직접 편지를 써서 호소하는 것은 우스운 일이 될 것입니다. 그러나 우리 나라에서는 이것이 현재 우리를 위해 남겨진 유일한 수단입니다. 이에 대한 나의 심적 고통을 당신들은 모를 것입니다.

10월 18일 나는 공개서한의 형식으로 두 지도자께 일부 지방 정부가 우리 동포와 자유 신앙인들을 잔인하게 탄압하여 국가의 법치 원칙을 짓밟은 현실을 통절하게 진술했습니다. 우리 국가와 민족의 건전한 발전에 있어서 극히 위험한 국면임을 두 분께 알리려고 했습니다. 그리고 두 분과 인민이 함께 노력하여 그와 같은 위험을 없애고 조화로운 중국을 만들어 나가고자 함이었습니다. 하지만 마음 아프게도 내가 보게 된 것은 뭐라 말할 수 없이 기묘하게 그와는 반대되는 것이었습니다. 10월 19일 나는 노골적인 협박 전화를 받았습니다. 10월 20일부터 신원이 불분명한 두 사람이 겨우 12살 된 딸을 집 앞에서부터 학교까지 미행한다는 사실을 알게 된 아내는 매우 놀랐습니다. 11월 15일 두 사람의 신분을 겨우 알게 되었는데, 그들은 그 때부터 나를 미행하기 시작했습니다. 11월 20일부터는 매일 나의 집 문 앞과 사무실 앞에서 최소한 세 명 이상의 사복경찰이 몇 시간마다 교대하며 지키기 시작했습니다. 그들이 나타난 다음 날 아내는 아이를 등교시켜 줄 때 타던 자전거를 잃어버렸습니다. 하지만 같은 곳에 있던 백여 대의 다른 자전거는 아무 일도 없었습니다. 어제 밤에는 20여 명의 사복경찰들이 문 앞을 지키고 있었는데도, 내가 새로 사온 자전거의 공기 밸브가 모두 망가졌고, 내 차에는 지울 수도 없는 각종 이상한 오염물질이 칠해져 있었습니다.

11월 4일 베이징시 사법국은 불법적으로 나의 변호사 사무실에 대한 영업 정지를 발표했습니다. 11월 15일 나는 재판 때문에 신장에 갔는데 새벽에 집을 나와 비행기에 오를 때까지 내 아이의 등굣길을 미행하던 그 사람들이 나를 미행했습니다. 우루무치에 도착하자마자 일련의 사람들이 번갈아가며 미행했습니다. 더욱 불가사의한 것은 사법부 공무원들이 나의 출신, 가족 배경, 당에 대한 충성도, 행동 기록, 어떻게 내가 변호사가 되었는지, 그리고 변호사가 어떻게 불순분자로 되었는지 등을 조사하도록 신장에 있는 관련 부서에 연락했다는 사실입니다. 문화대혁명 시기 사람을 괴롭히고 죽이기 위해 사용했던 것과 조금도 다르지 않은 이런 비열한 일이 실제로 지금도 벌어지고 있다는 사실에 대해 참으로 웃어야 할지 울어야 할지 모르겠습니다.

그저께 유엔 인권사무소의 친구들인 쿵산(孔珊) 여사와 만프레드 노왁(Manfred Nowak, 고문에 관한 유엔 인권고등특별보고관 직책을 수행하였다_역주) 선생이 베이징에 왔다는 연락을 받고 그들을 방문하러 그들이 묵고 있는 호텔로 가는 길이었습니다. 자질이 형편없는 사복경찰이 얼환루(二環路)에서 시속 80킬로미터의 속도로 달리면서 우리 차의 옆을 들이받는 어처구니없는 사고를 냈습니다. 당시 나와 동승하고 있던 노와의 동료는 놀라서 자신의 눈을 가렸습니다. 식당에서 외국 친구들과 함께 식사를 하며 사진을 찍었습니다. 그런데 마침 우리를 미행하던 사복경찰이 그 사진에 그의 모습이 함께 찍혔다면서 우리가 그를 촬영한 것이 그의 인권을 심각하게 침해하는 것이라고 주장했습니다. 그들의 이런 횡포에 인권 전문가인 외국친구들은 어안이 벙벙할 뿐이었습니다. 식사하고 있던 다른 손님들이 마치 원숭이 구경하듯 사복경찰들을 쳐다보자 그들은 점점 더 통제불능이 됐습니다. 삿대질을 하며 발을 구르고 소리지르며 쿵산 여사에게 우리가 찍은 사진을 지우라고 윽박질렀으나 우리 인권 담당관들은 계속 머리를 저으며 거절했습니다. 우리는 서둘러 저녁식사를 끝내고 자리를 떴습니다. 그러자 이 사복경찰들은 마치 우리를 수행하는 것처럼 따라 다녔습니다.

　그 이틀간 우리 집 주변에는 톈진, 베이징 등의 번호판을 단 20대가 넘는 차량들이 몰려들어 나를 감시했습니다. 20일, 그러니까 내가 베이징에 돌아온 날 이후 우리 집 주변은 사복경찰들로 북적거리기 시작했습니다. 집 전화는 끊겨 지금까지도 사용할 수 없습니다. 그들은 우리 단지의 경비원과 관리사무소 직원들을 모두 호텔로 보내고, 원래 경비원과 관리사무소 직원들이 있던 곳에는 그들이 파견한 사람들을 상주시켰습니다. 10여 명의 사복경찰이 하루 종일 건물 아래에 서 있고, 무슨 일이 벌어질지 알 수 없었기 때

문에 본래 조용했던 동네에는 긴장감이 감돌기 시작했습니다. 하
지만 나를 잘 아는 이 곳 사람들은 정부의 이런 황당한 처사에 대
해 당혹감을 감추지 못했습니다! 어제 저녁 나는 자동차를 주차하
고 집으로 들어 왔습니다. 아내가 창문을 통해 보니 그들 중 7, 8명
이 뛰어나와 나의 빈 자동차를 둘러싸고 약 1시간 넘게 자세히 살
폈다고 합니다. 그들이 무엇을 하는지 정상인으로서는 도저히 이
해할 수가 없습니다. 그들이 한밤중에 10차례 이상 우리 집 통로와
문 앞을 기웃거리면서 왔다갔다 하는 발자국 소리 때문에 잠들기
도 쉽지 않습니다. 그들은 정말 우리 가족이 밤마다 불을 끄고 비밀
리에 국가 안전을 해칠 음모라도 꾸미고 있다고 생각하는 걸까요?
그 사복경찰들은 정말로 그렇게 믿고 있는 것 같습니다. 그들 중 몇
사람의 행동은 참으로 혐오스럽습니다.

　내가 두 분께 이런 글을 쓰는 것은 나의 아이들을 대신하여 두
분에게 묻고 싶기 때문입니다. 당신들은 무엇 때문에 계속해서 이
처럼 비열하게 권력을 운용하고 있는지요? 나는 내 집 앞을 지키는
그 젊은 사복경찰들도 마음속으로는 이 비열함을 견디지 못할 것
이라고 믿고 싶습니다. 나는 이러한 일들을 배후에서 지시하고 있
는 사람의 영혼은 틀림없이 비열할 것이라고 확신합니다. 우리 아
이들과 우리들은 모두 도대체 누가 이런 가장 비열한 권력을 배후
에서 조종하고 있는 것인지 묻고 싶습니다. 우리나라는 아직 부유
하지 않습니다. 9억 농민은 여전히 빈곤한 상태이고 가난 때문에

수천 수만의 우리 아이들은 학교에 다니지 못하거나 중도에 학업을 포기해야 합니다. 납세자들의 피땀 어린 돈을 이처럼 젊은 사복 경찰들을 고용해 인민들을 박해하는 더러운 목적으로 흥청망청 쓰는 이런 행위는 그야말로 금수(禽獸)만도 못한 짓입니다. 배후에서는 비열하게 인민을 대하고 힘없는 납세자들의 피땀 어린 돈을 이처럼 떳떳하지 못한 일에 사용하면서 어떻게 매일 양복을 매끈하게 차려입고 문명 세계를 대면할 수 있으며 자신의 동포를 마주할 수 있겠습니까?

여기까지 썼을 때 동베이(東北)의 한 교수가 전화로 이러한 비열한 행위는 당신들 두 분이 지시한 것이 아니라고 말했습니다. 나는 이에 동의합니다. 하지만 이런 추악한 일이 당신들 두 분이 집권한 이후 중국 어느 곳에서 언제든지 누구에게나 일어날 수 있다는 것, 이것이 문제의 본질입니다. 오늘날 중국 국민의 사고력(思考力)을 결코 과소평가하지 마십시오. 중국이 당면한 문제의 해결을 더 이상 뒤로 미룰 수는 없습니다! 나 가오즈성은 보잘 것 없는 존재입니다. 그러나 천리(天理)를 거스르면 결국 천리에 따라 멸망할 것입니다.

나와 나의 가족에 대한 이 불법적이고 비열한 탄압이 끝날 때까지 나는 두 가지 일을 계속힐 것입니다. 첫째, 매일 문명사회에 공개서한을 통해 당신들 정부가 중국의 법률을 준수하기를 촉구할 것입니다. 둘째, 내 가족을 불법적으로 박해한 두 기관을 기소하기 위해 노력할 것입니다.

두 분 모든 것이 다 평안하고 순조롭길 다시 기원합니다!

가오즈성

2005년 11월 22일

후진타오 원자바오 그리고 중국동포에게 보내는 공개서한

우리 민족의 양심과 도덕을 말살하는 야만적인 행위를 즉각 중지해야 합니다

후진타오, 원자바오 및 아직 양심을 간직하고 있는 사랑하는 전체 중국 동포들에게

창춘(長春)시에서 가오즈성이 문안드립니다!

이곳에서, 먼저 광둥성 위원회와 성정부(省政府)에 의해 잔혹하게 총살당한 무고한 동포들(산웨이에서 있었던 시위군중에 대한 총격사건을 가리킨다_역주)에 대하여 참으로 비통한 애도를 표합니다. 죽음을 당한 동포들의 친지들에게 한 시민으로서 위로와 성원을 보냅니다!

이와 동시에 광둥성 위원회, 성정부가 동포들을 잔인하게 살해한 야만적 행위에 대해 강력하게 항의합니다! 최고 당국에 대하여 문명사회가 공인하는 기본 준칙에 따라 살인자와 책임자를 처벌하고 사망자 가족들을 보살펴 주시기를 강력히 요구합니다!

얼음과 눈으로 뒤덮인 창춘의 겨울은 유달리 춥습니다. 단수된 방 한 칸에서 하루의 대부분을 '숨어 지내고' 있는 나는 뜨거운 피가 용솟음치고 있습니다. 이것은 내가 후진타오, 원자바오 두 분께 다시 공개 서신을 쓰고 있기 때문만은 결코 아닙니다! 이 세상에서

가장 위대한 민족 중의 하나인 중국 민족의 내일을 위한다는 생각에 보통 시민인 이 사람의 피가 끓어오릅니다!

10월 18일 마찬가지 상황에서 나는 후진타오, 원자바오 두 분과 우리 동포들에게 공개 서신을 발표해 '자유 신앙인에 대한 박해를 중지하고 중국 인민과의 관계를 개선'할 것을 절박하게 호소했습니다. 공개 서신을 발표한 다음 날, 우리 집은 노골적인 전화 협박을 받았습니다. 셋째 날부터 매일 평균 10여 대 이상의 차량과 20명 이상의 사복경찰들이 우리 집을 24시간 포위하고 주시하며 미행하기 시작했습니다. 베이징시 사법 당국은 내 변호사 사무소에 불법적으로 영업정지 조치를 내렸습니다. 우리의 국가가 한 공민의 공개 건의에 대해 이와 같은 방식으로 반응하다니 참으로 개탄스럽습니다!

공개서한이 일으킨 또 다른 강렬한 반응은 전국 각지에서 박해받고 있는 파룬궁 수련생들이 잇달아 내게 그들이 살고 있는 지역에 와서 진상을 알아 볼 것을 요청해 왔다는 것입니다. 이러한 요청 서신은 특히 창춘시, 다롄(大連)시가 가장 많았습니다. 11월 29일부터 저는 24시간 거의 쉬지 않고 산둥성 지난(濟南)시, 랴오닝성 다롄시, 푸신(阜新)시, 지린성 창춘시 등지를 돌아 다니며 새로운 진상 조사를 벌였습니다. 이전에 단독으로 조사하던 상황과는 달리 이번에는 전체 노정에 쟈오궈뱌오(焦國標) 교수가 동행했습니다.

무리를 이룬 사복경찰들은 여전히 우리 집 앞에서 철야로 온갖 수단을 동원해 공포 분위기를 조성했으며, 이 무렵이 온 가족들이 야만적인 압박을 가장 혹독하게 받은 시기였습니다. 11월 29일, 나는 20명 이상의 사복경찰의 미행과 포위를 벗어나 다시 내 방식대로 15일간의 진상조사를 벌였습니다. 내가 우리 민족의 피비린내 나는 박해 진상을 이런 각별한 시기에 언급하고자 하는 것은, 우리 민족에게 우리가 직면한 문제의 심각성과 시급성을 일깨워 주기 위해서입니다. 우리 민족, 우리 모든 개개인이 반드시 우리가 당면한 문제를 정면으로 마주할 때입니다! 어떠한 이유로든지 문제의 해결을 지연시키는 것은 우리 민족에 대한 범죄가 될 것입니다!

여기서 나는 내가 직접 목격한, 진실로 존재하는 문제들을 회피하지 않을 것입니다. 설령 이 편지의 공개날짜가 내가 수감되는 날이 될지라도 말입니다. 십여 일간의 조사에서 나는 다시 심장과 폐를 찌르는 듯한 고통스러운 진상을 목격했습니다. '610 사무실', 그것은 정권 내에서 정권보다 더 힘이 센, 정권의 모든 자원을 조종하고 통제하는 마피아 조직입니다. 한 국가의 《헌법》 내지 국가 권력 구조에 전혀 규정되어 있지 않은 조직이 오히려 국가 기관에 의해서만 행사할 수 있는 권력은 물론 국가 기관조차도 근본적으로 행사할 수 없는 수많은 권력을 행사하고 있습니다. '610 사무실'은 이 지구상에 국가가 생긴 이래 어느 국가 기관도 가지지 못했던 권력을 행사하고 있습니다.

우리는 '610'이라는 암호화된 권력이 인간의 육체와 정신을 지

속적으로 살육하고, 족쇄와 수갑, 쇠사슬, 전기 고문, 호랑이의자(老
虎凳, 직각의 등받이가 있는 긴 벤치형 의자에 몸과 허벅지 부분을 묶고 발목 부
분에 벽돌 등을 계속 고여 나가는 방식의 고문에 사용되는 의자_역주) 등의 방
식으로 우리 인민들을 '다스리고' 있음을 목격했습니다. 이미 마피
아화된 권력은 현재 지속적으로 우리들의 어머니, 자매, 아이들 및
전체 민족을 학대하고 있습니다. 후진타오, 원자바오 두 분께서는
이 시기 민족의 지도자로서, 그리고 마음속에 아직 양심을 간직하
고 있는 민족의 일원으로서 함께 이 모든 진실을 직시할 때가 되었
습니다!

이 시각 나는 떨리는 마음으로 6년 이상 박해당한 사람들의 비
참한 처지를 기술하고 있습니다. 믿기 힘든 야만적인 박해 진상들
가운데, 정부가 자신의 인민들에 대해 인정이라고는 조금도 찾아볼
수 없는 잔혹한 폭력에 대한 기록 가운데, 가장 오랫동안 저의 영
혼을 뒤흔들었던 부도덕한 박해는 바로 '610 사무실' 요원 및 경찰
들이 우리 여성 동포들의 생식기관을 대상으로 비열한 행위를 저
지른 것입니다! 여성 동포들의 생식기관, 유방 및 남성들의 생식기
가 예외 없이 극도로 비열한 고문의 대상이 되었습니다. 남녀를 막
론하고 박해당한 거의 모든 사람들이 형벌을 받기 전에 겪는 첫 번
째 과정은 바로 벌거벗겨지는 것입니다. 어떠한 말이나 글로도 우
리 정부의 비열함과 부도덕을 표현할 수 없을 것입니다! 심장이 뛰
고 있는 사람이라면 누가 그런 진상을 대면했을 때 침묵할 수 있겠

습니까?

2005년 10월 28일 오후 4시 20분 창춘시의 왕쇼우훼이(王守慧)와 류보양(劉博揚) 모자가 '610' 경찰에 의해 불법 체포됐습니다. 모자는 경찰의 혹독한 고문을 받다가 그날 저녁 8시, 28살의 류보양이 먼저 사망했습니다. 10여 일 후 그의 어머니도 고통을 받다가 사망했습니다. 생전에 온갖 고난을 당하던 불행한 모자의 시신은 아직 '610'의 수중에 있습니다. 경찰은 류보양 사망 후 3일이 지나서야 그의 아버지에게 통지했고, 어머니 왕쇼우훼이의 사망 시각은 아직도 분명히 밝혀지지 않았습니다! 아버지는 현지 변호사를 찾았으나 아무도 그 사건을 맡으려 하지 않았습니다. 늙은 아버지는 주변 사람들에게 다음과 같이 이야기했습니다.

"이런 사회에서는 사는 것이 죽는 것만 못하고, 사는 게 더 고통스러울 뿐이다. 아내와 아들의 뒤처리를 하고 나면 나도 그들을 뒤따라가겠다."

왕쇼우훼이 일가족 세 명은 1995년 파룬궁을 수련하기 시작했습니다. 1999년 7월 20일 탄압이 시작된 이후, 지속적으로 뤼위안취(綠園區) 정양(正陽) 파출소와 정양 가도(街道) 사무실 간부들로부터 박해를 당했습니다. 왕쇼우훼이는 1999년 10월과 2000년 2월 불법으로 구류와 노동교양에 처해졌습니다. 헤이쭈웨이즈(黑嘴子) 노교소에서 전기 고문을 8차례 받았고, 낮에는 매일 강제노역을 했으며, 야간에는 잠을 자지 못하도록 서있게 하기를 5일 밤낮을 계속했습니다. '사인상(死人床)'이라 는 고문 틀에 수 차례 묶여 있기도 했습니다. 가장 심했던 것은 '사인상' 에 묶여 두 개의 전기봉으로 1시간여 동안 전기 충격을 받을 때였습니다. 당시 그녀의 전신과 온 얼굴은 성한 곳이 한 군데도 없었고, 생명이 위급해지자 겨우 석방되었습니다.

2002년 4월 11일 왕쇼우훼이가 길을 걸어가고 있을 때 또 다시 정양 파출소로 납치되었습니다. 창춘시 공안국에서 얼굴이 가리워진 채 창 춘 징위에탄(淨月潭)의 징위에산(淨月山)에 비밀리에 설치된 형벌 방으 로 옮겨져 고문을 받았고, 호랑이의자에 1박 2일 동안 묶여 있었습니다. 이 기간 동안 그녀는 혹형을 당했습니다. 두 개의 전기봉으로 한꺼번에 그녀의 유방 등의 부위에 전기 충격이 가해졌습니다. 세 남자들이 동시 에 그녀의 얼굴, 가슴, 등 부위를 주먹으로 쳐서 왕쇼우훼이는 왼쪽 광 대뼈가 골절됐고, 많은 피를 토했습니다. 나중에 폐 부위가 감염돼 공안 병원에 입원시키고는 강제로 사지를 고정시켜 정맥 주사를 놓았습니다. 화장실도 가지 못하게 했으며, 강제로 요도관를 삽입한 후 간호조차 하 지 않은 상태에서 5일 동안 움직이지 못하게 하여 결국 요실금을 초래 했습니다.

2002년 6월 27일 왕쇼우훼이 일가족 세 명은 또 다시 뤼위안구 지국 정보과(政保科)에 납치되어 정양 파출소로 보내졌습니다. 왕쇼우훼이는 전신이 묶인 채 하룻밤을 보냈고 나중에 불법으로 창춘시 제3구치소에 수감됐습니다. 이 기간 동안 수갑과 족쇄를 같이 묶은 채로 18일을 지냈고 1개월간 야만적으로 음식물을 주입당했습니다. 그 후 성(省) 공안 병원에 이송돼 팔 다리가 묶인 채로 30여 일 동안 강제로 음식물을 주입당했으며 거의 숨이 끊어지게 되자 비로소 석방됐습니다. 같은 시기 정양 파출소에서 경찰은 류보양을 잔혹하게 학대했습니다. 그들은 주먹으로 때리고, 발로 차고, 가죽혁대로 입을 때리고, 밧줄로 몸을 묶고 머리에는 비닐봉지를 씌운 채 두 손을 양 어깨와 등 뒤로 오게 한 후 두 손에 수갑을 채운 다음 몸을 공중에 매달고, 공중에서 흔들거나 두 발을 아래로 세게 잡아 당겼습니다. 당시 고문하던 경찰 위안다촨(苑大川)은 큰소리로 다음과 같이 떠들어댔습니다. "나도 파룬궁 몇 명을 때려죽여 본 적이 있어. 너희들을 때려죽여도 나는 아무런 책임이 없어." 매번 가혹행위를 당할 때마다 터져 나온 모자의 처참한 비명 소리는 온 천지를 진동시켰습니다.

2002년 10월 29일 류보양은 창춘시 자오양거우(朝陽溝) 노교소로 이송되어 불법으로 2년의 노동교양에 처해졌습니다. 12월 경찰은 강제로 하루 종일 추운 시멘트 바닥에 앉아 있게 하고, 저녁에는 잠도 자지 못하게 했으며 낮에는 또 강제 세뇌반에 참가시켰습니다. 2004년 6월 노동교양 기간이 끝났는데도, 노교소에서는 석방하지 않고 핑계를 대면서 47일이나 더 가두어 뒀습니다. 류보양은 의과대학 졸업생으로 사람들에 대한 인의가 두터웠고, 누인을 존경하고 어린아이를 사랑했으며 병원 업무도 우수하게 처리하던 사람이었습니다.

왕(王) 여사는 거의 단숨에 류보양 모자에 대해 이야기했습니다.

48세의 창춘 시민 쑨수샹(孫淑香)은 6년 동안 모두 9번 불법으로 구금당했습니다. 다음은 그녀가 그 중 몇 차례의 불법 노교 기간에 겪은 일부 경험을 자술한 내용입니다.

2001년 하반기 어느 날, 싱이에지에(興業街) 파출소 바웨이(八委) 지역 경찰인 리전핑(李振平)과 한 남자가 우리 집에 와서는 남편과 내게 이혼하라고 했습니다. 내가 이혼하지 않겠다고 말하자 그는 계속해서 나의 얼굴을 때려 안면이 부어 올랐고 눈에서는 피가 흘러 나와 잠시 앞이 보이지 않았습니다. 그러자 그는 다시 이혼할 거냐고 물었습니다. 그는 우리가 만약 이혼하지 않으면 다시 노교소에 집어 넣겠다고 말했습니다. 남편은 그들의 계속적인 협박에 할 수 없이 나와 이혼했습니다. 이렇게 단란했던 한 가정이 정부에 의해 깨졌고 지금까지 나는 밖에서 떠돌아 다니고 있습니다.

2002년 7월 초 아버지 댁에 갔을 때 사복을 입은 경찰들이 갑자기 뛰어 들어와 내게 쑨수샹이냐고 물었습니다. 그들은 나의 대답을 기다리지도 않고 납치했습니다. 이튿날 창춘시 공안은 차로 약 2시간 동안 흔들리는 길을 달려 나를 다른 곳으로 데려갔습니다. 두 명의 경찰이 음산하고 공포스러운 지하실로 나를 끌고 간 후 머리에 씌웠던 보자기를 벗기자 8, 9명의 경찰이 들어 왔습니다. 탁자 위에는 대, 중 ,소 세 가지의 전기봉과 밧줄이 놓여 있었고, 다른 한편에는 호랑이의자가 나란히 3개

놓여 있었습니다. 2명의 경찰이 나를 호랑이의자에 앉힌 다음, 팔걸이에 양손을 수갑으로 고정시켰습니다. 호랑이의자의 팔걸이에는 서로 다른 크기의 구멍이 있어 각기 다른 체형의 사람에게 적합하도록 돼 있었습니다. 경찰은 노련하게 엄지손가락 두께의 철봉을 흉부, 복부 등을 가로 질러 호랑이의자 양쪽 팔걸이에 찔러 넣고 바짝 고정시켜 움직일 수 없게 만들었습니다. 그 중 한 경찰은 형벌 도구를 가리키며 나에게 물었습니다. "봤지? 만약 네가 자백하면 1시간 만에 내려올 수 있고, 만약 그러지 않으면 여러 가지 형벌을 맛보게 될 거야. 류저덩(劉哲等, 박해 피해자)은 어떻게 됐지? 여기서 살아서 걸어 내려간 사람이 거의 없어."

겉으로는 점잖아 보이는 한 경찰이 나의 두 뺨을 때리면서 어떤 수련생을 아느냐고 물었습니다. 내가 모른다고 하자 전기봉 앞쪽에 있는 두 개의 단자를 늑골 사이에 끼우고는 전기 충격을 가했습니다. 그 후 수련생들의 전화번호를 물었고, 내가 대답하지 않자 전기봉으로 손가락 끝에서부터 전기 충격을 가했습니다. 전기 충격을 가하면서 어떤 수련생들을 알고 있는지 물었습니다. 내가 대답하지 않자 전기봉으로 팔뚝 바깥쪽에서 머리를 지나 몸의 다른 한쪽까지 전기 충격을 주었습니다. 그리고 다른 방향으로 또 다시 천천히 몸 전체에 전기 충격을 가했습니다. 그러고는 더 높은 전압의 전기봉을 충전한 후 발가락부터 몸 바깥쪽으로 옮겨가며 천천히 전기 충격을 가했습니다. 내가 말하지 않자 다른 쪽 발가락부터 몸 바깥쪽으로 다시 전기 충격을 가했습니다. 내가 여전히 말하지 않자 그들은 전기봉으로 눈에 충격을 가했습니다. 눈이 막 튀어

나올 것 같은 느낌이 들었고 앞이 깜깜했습니다. 내가 여전히 말하지 않자 그들은 늑골 쪽에 전기 충격을 주었습니다. 나는 참을 수 없을 정도의 고통을 느꼈습니다. 또 다시 흉부에 전기 충격을 주었고, 전기 충격을 주면서 어떤 수련생들과 연락을 하고 있는지를 물었습니다. 나는 아파서 말조차 할 수 없었습니다. 아는 모든 수련생들의 얼굴들이 하나씩 스쳐 지나갔지만 어떻게 해서든 단 한 사람의 수련생도 말해서는 안 된다고 생각했습니다. 만약 한 사람의 수련생이라도 말한다면 즉각 그를 붙잡아와 고문할 것이기 때문입니다. 경찰은 다시 전기봉을 내 입안에 넣고 전기 충격을 주었습니다. 입이 전기로 타 들어 갔습니다. 온 몸에는 물집이 생겼습니다. 그들은 계속 전기 충격을 하면서 말하지 않으면 오늘 입을 찢어 버리겠다고 말했습니다. 그 후 전기봉을 다시 입 안에 넣고 전기 충격을 가했습니다. 꼬박 하루 밤낮의 고문으로 이미 숨이 끊어질 지경이었습니다……!

2003년 초 나는 싱꿰이링(刑桂玲)의 집에서 잠시 살고 있었습니다. 어느 날 한밤중에 무섭게 문을 부수는 소리가 들렸습니다. 두 문이 순식간에 부서지고 놀라움과 공포 속에서 망치와 총을 든 한 무리의 경찰들이 집으로 뛰어 들어 오며 말하는 것을 보았습니다. "움직이지마. 움직이면 죽어!" 그 후 우리는 뤼위안구 공안지국으로 붙잡혀 갔습니다. 그들은 우리를 작은 철창 감옥 안에 가두고 나를 호랑이의자에 묶었습니다. 그들은 내 면전에서 싱꿰이링을 때리기 시작했고, 가죽혁대로 그녀의 목을 묶자 그녀는 심장이 찢어지는 듯한 비명을 질렀습니다. 나는 그들이 싱꿰이링을 때려눕히고, 넘어지면 다시 발길질로 일어나게 한 후 다시 때려눕히고 발로 차면서 그녀에게 다른 수련생들의 연락처를 물으며 반복해서 고문하는 것을 보았습니다. 잠시 후 혁대를 풀어 그녀가 숨을 쉴 수 없을 때까지 목을 졸랐습니다. 경찰은 으르렁거리며 "다시는 말하지 못하게 해주지" 라고 말했습니다. 싱꿰이링은 고문을 받다가 거의 죽을 지경에 이르렀으나 단 한 명의 수련생도 말하지 않자 그들은 나를 고문하기 시작했습니다. 3일간의 고문 끝에 그들은 나를 제3구치소로 보냈습니다.

2003년 8월 4일 나는 다시 경찰에 잡혀가서 난관(南關) 공안분국으로 보내졌습니다. 얼굴이 온통 곰보 자국인 경찰이 나의 머리채를 잡아 머리를 벽에 찧고는 다시 나를 호랑이의자에 앉혔습니다. 한 경찰이 나의 두 손을 바짝 묶고 팔을 으스러뜨렸습니다. 그들은 쇠고랑으로 나의 발목을 꽉 조인 후 그 쇠고랑 위의 쇠막대기를 밟아 쇠고랑이 더 바짝 죄어지도록 하여 발목이 참을 수 없을 정도로 아팠습니다. 비닐봉지를 머리에 씌우고 목 위로 꽁꽁 묶어서 숨조차 쉴 수 없게 해 거의 질식하게 만들었습니다. 내가 못 견뎌 하는 것을 보면 다시 비닐봉지를 풀어주고, 조금 괜찮아지면 다시 비닐봉지를 꽁꽁 묶어 숨을 쉬지 못하게 했습니다. 이렇게 세 차례를 반복했습니다. 발목에 채운 쇠고랑 위의 쇠막대기를 다시 밟자 발목이 부러졌고, 많은 피가 흘렀습니다. 아파서 기절하면 그들은 냉수를 뿌려 나를 깨웠습니다. 그 후 나를 제3구치소로 보냈습니다. 나는 줄곧 단식하고 물도 마시지 않기 때문에 혼미해졌습니다.

27일째 숨이 거의 끊어져 갈 때에야 가족들에게 데려가라고 통지했습니다.

창춘시에 사는 60세의 류수친(劉淑琴) 노인은 6년 동안 5차례 불법적으로 체포되어 노교소에 수감됐습니다. 노인은 조용하게 우리에게 자신이 겪은 야만적인 고문에 대해 설명했습니다.

첫 번째 체포된 것은 2000년 2월이었습니다. 경찰은 미친 듯이 때리고 발로 차며 우리들을 경찰차에 오르게 한 후 바리바오(八里堡) 구치소로 보냈습니다. 그 곳에서 불법적으로 15일간 감금당했습니다. 어떠한 법적 절차도 없이 십여 명의 사람들이 체포되어 말로는 표현할 수 없는 고문을 당했습니다. 그 후 지역 행정 사무소와 파출소에서 계속해서 찾아와 괴롭혔습니다. 두 번째는 2000년 12월 31일에 베이징에 청원하러 갔을 때였습니다. 나는 천안문 광장에서 '파룬따파하오(法輪大法好)'라고 쓴 현수막을 들었는데, 경찰들이 전기봉으로 허리를 세게 치고는 강제로 경찰차에 태웠습니다. 그 후 쉬안우취(宣武區) 구치소의 한 운동장으로 보내졌습니다. 엄동설한에 백여 명의 사람들이 땅바닥에 한나절을 앉아 있었습니다. 나중에 나는 지하 감옥 비슷한 곳에 수감됐습니다. 벽은 온통 얼음장이었고 경찰은 나의 옷을 전부 벗긴 후 커다란 호스로 몸에 물을 뿌렸습니다. 나는 벌거벗은 채 땅바닥에서 잠을 자야했고 덮을 것도 전혀 없었습니다. 감옥 안의 변기통은 악취가 심했습니다. 매일 몇

명의 경찰들이 교대로 심문했고 밤에는 잠도 자지 못하게 하면서 38일
간을 고문했지만 그들은 아무것도 알아내지 못했습니다.

2001년 12월 31일 파룬궁에 대한 정부의 거짓말을 폭로하기 위해 나와
몇몇 수련생들은 현수막을 들고 나갔다가 붙잡혔습니다. '610' 경찰은
계속해서 나를 때리고는 밤 12시에 제3구치소로 보냈습니다. 그 곳에서
경찰들은 주먹으로 내 눈을 때렸는데 두 눈에 불똥이 튀며 앞이 캄캄해
졌습니다. 다시 나의 머리를 때리는데 얼마나 많은 주먹이 날아왔는지
모릅니다. 이러한 야만적인 행위에 직면해 나는 그들에게 선악에는 반
드시 대가가 있음을 알려주었습니다. 경찰은 죄수들을 시켜 28kg의 무
거운 족쇄를 가져와서 그것을 나에게 채웠습니다. 22일간 수감돼 있으
면서 사는 게 죽는 것보다 못한 가혹한 고문을 당했습니다. 경찰은 나의
집에서 적지 않은 돈을 강탈한 후에야 나를 석방시켰습니다.

2003년 2월 28일, 내가 풀려난 지 얼마 되지 않아 뤼위안 지국에서 한
무리의 경찰들이 또 다시 집으로 쳐들어 왔습니다. 그 가운데 위안다촨
(苑大川)이라는 경찰은 우리 집 서랍을 뒤져 4천 위안 가량의 현금을 전
부 가져갔고 이에 대한 인수증 하나 주지 않았습니다. 그 중 한 경찰은
아들이 해외에서 가져온 향수를 자기 주머니에 넣어갔습니다. 위안다촨
이 돈을 뒤지고 있을 때 나는 그들의 야만적 강도 행위를 비난했습니다.
위안다촨은 주먹으로 나를 때리고 수갑을 채웠습니다. 그들은 멋대로
집을 뒤졌습니다. 어지럽게 집을 뒤지고 난 후 나를 납치해 뤼위안 지국
고문실로 데려갔습니다. 호랑이의자에 앉혀 2시간 동안 고문한 후 다시

가는 끈으로 몸을 묶고는 내 손을 등 뒤로 세게 묶었습니다. 앞가슴에서 등 뒤까지 여러 번 묶은 후 다시 포승으로 결박하여 밖으로 끌고 갔습니다. 다른 한 무리가 나를 차에 태웠고, 경찰은 내 털옷을 이용해 머리를 단단히 씌워 거의 질식할 지경이었습니다. 약 20분을 달린 후 어느 곳 (나중에야 자오양 지국이라는 것을 알았다)에 도착했습니다. 그곳은 온통 각종 형벌 도구로 가득 차 있었고 그 곳에 들어서자마자 나를 호랑이 의자 앞으로 데려갔습니다. 대략 6명가량의 경찰이 나에게 수갑과 족쇄를 채우고 가슴 앞에 쇠파이프를 가로질러 놓고는 그 중 한 젊은 경찰이 1자 정도 되는 쇠몽둥이를 가져와서 호랑이의자에 묶여 있는 내 왼손을 십여 차례 때렸습니다. 손이 퉁퉁 부어올라 금방 검보라색으로 변했습니다.

그들은 나에게 다른 연공인들에 대해 말하라고 강요했습니다. 내가 어떤 말도 하지 않겠다고 하자 십여 명의 경찰이 끊임없이 내게 채워놓은 수갑과 족쇄 그리고 가슴 부위의 쇠파이프를 잡아 당겨 힘줄이 곧 끊어지고 뼈가 부러져 질식할 것 같았습니다. 참을 수 없는 고통이 몇 차례 계속되면서 기절하자 경찰은 내 온몸에 냉수를 뿌렸습니다. 내가 깨어나면 계속해서 고문을 가했습니다. 이렇게 죽었다 깨어났다 하기를 반복하며 하루 밤낮을 고문당했습니다. 경찰이 힘을 다해 수갑과 족쇄를 끌어 당겨 살 속으로 파고 들어가자 손목과 발목은 피와 살로 범벅이 되었고 바닥에는 온통 선혈이 낭자했습니다. 경찰은 나와 같은 노년 부녀자에 대해 비인도적인 고문을 가해 나의 팔 다리 모든 신경과 뼈마디는 참을 수 없는 고통을 느꼈으며, 몸을 움직일 수조차 없었습니다. 3월 1일 그들은 나를 제3구치소로 보냈습니다. 그곳에서 나의 심장과 혈압 상태가 모두 좋지 않고, 두 다리로 걸을 수도 없다는 사실을 확인하고도 또 다시 노동교양 2년을 선고했습니다. 혼미한 상태에서 나는 헤이쭈웨이즈 노교소로 이송됐고 화장실에 갈 때도 다른 사람의 부축을 받아야 했습니다.

2대대 경찰 류렌잉(劉連英)은 내가 걸을 수 없는 척 꾀병을 부린다며 전기봉으로 나의 다리, 가슴, 심장 등 전신에 전기 충격을 가하는 야만적인 방법으로 나를 전향시키려 했습니다. 당시 이리원(伊麗文)이라는 죄수(그녀는 류렌잉과 사이가 좋았다)가 이를 보다 못해 전기봉을 뺏으며 "그만하세요. 이미 저 꼴인데"라고 말했습니다. 류렌잉은 그제서야 전기 충격을 멈추었습니다. 나는 걸을 수 없었기 때문에 경찰은 항상 나를 욕했고, 전향 공작에 능한 자들을 이용해 나를 전향시키려 했습니다. 매일 업무가 끝난 후에도 잠을 자지 못하게 하면서 강제 세뇌를 했습니다. 전향서를 쓰라고 강요했지만 나는 응하지 않았습니다. 2개월간 이렇게 나를 고문했습니다. 당시 나는 고혈압 상태여서 수치가 200을 넘어갔고, 심장병도 심각했습니다. 지아홍옌(賈洪巖)이 나를 보고 전향시키는 것이 불가능하다고 생각하고는 성범죄자를 이용해 박해하기 시작했습니다. 하루 24시간 붙어서 철저히 감시하며 전향시키려 했습니다. 매일 매 순간 때리고 욕했으며 한 마디 말도 못하게 했고 말만 하면 욕하고 트집을 잡았습니다.

노교소는 흑백이 뒤바뀌어 나쁜 사람이 좋은 사람을 관리하고 있습니다. 경찰은 범죄자를 시켜 대법제자를 마음대로 박해하고 감시하도록 했습니다. 나는 몸과 마음의 고통으로 속이 타들어가는 듯 했습니다. 거의 1년에 달하는 박해 기간 동안 나는 몸과 마음에 커다란 상처를 입었습니다. 몸은 마비되고 팔은 잘 사용할 수 없게 되었습니다. 진단 결과 뇌경색에 뇌위축으로 판명됐습니다. 나는 원래 매우 건강한 사람이었는데 1년 동안의 고문으로 인해 이 꼴로 변해버린 것입니다. 단지 좋은 사람이 되려 한다는 이유로 그렇게 오랫동안 비인간적인 고문을 당한 것입니다.

말이 느리고 목소리가 가느다란 장즈쿠이(張致奎)는 조용히 자신이 창춘시에서 고문당한 경험을 말했습니다.

1999년 7월 20일 이후, 베이징에 청원하러 가서 베이징 사람들에게 파룬궁 진상을 알렸다는 이유로 나는 경찰에 체포돼 베이징 주재 창춘 공안에게 넘겨졌습니다. 그들은 나의 손과 발을 함께 묶은 다음 나무막대기에 꿰어 양쪽 탁자 사이에 걸어 두었는데 나무막대기가 부러져 내가 바닥에 떨어졌습니다. 함께 잡혀 있던 다른 사람들도 혁대로 구타당하거나 나처럼 나무막대기에 매달려 고문을 받았습니다. 그들은 몽둥이로 내 허벅지를 때리고 난 후 우리를 창춘의 얼다오허쯔취(二道河子區) 공안지국으로 보냈습니다. 당시 우리 십여 명이 들어가자 정보과장(政

保科長)이 나를 불러 바지를 벗게 했습니다. 당시 남녀가 함께 있었는데 정보과장이 혁대로 내 머리를 때려 머리가 멍해졌고 단지 웅웅거리는 소리만 들렸습니다. 그가 내게 언제 베이징에 갔으며 이름이 무엇인지 물었을 때도 나는 머리를 맞은 충격으로 아무것도 생각나지 않았습니다. 그는 계속해서 나를 때리고 난 후 구둣발로 나의 다리를 밟고 다시 구두 뒤꿈치로 발가락 끝을 뭉갰습니다. 그는 내 발가락을 뭉개면서 한편으로는 나의 얼굴 표정을 살폈습니다. 고통 때문에 내 몸은 땀으로 흠뻑 젖었습니다. 나를 다 때리고 난 후 그는 다른 대법제자들을 때리기 시작했습니다. 나를 테베이(鐵北) 구치소로 보낸 후 간수들은 죄수들에게 지시하여 내 옷을 벗긴 채 때리도록 했습니다. 발로 차서 화장실 벽에 부딪히게 했으며 내가 일어나지 못하자 냉수를 몸에 뿌렸습니다. 그러고는 또 다시 발로 차, 팔과 다리에서 피가 났으며 다리에는 커다란 상처가 생겼습니다. 1개월 후 풀어 주었지만 아무런 법적 절차도 없었습니다.

99년 11월 말, 나는 베이징 최고인민법원에 가서 청원을 했습니다. 최고법원 직원은 경찰을 불러 나를 체포해 베이징 주재 산둥성 자오위안(招遠) 공안으로 보냈습니다. 그들은 길에서 나의 혁대를 풀게한 후 바지를 잡고 걸어가도록 했습니다. 그들은 걸어서 베이징 주재 자오위안 공안처에 도착할 때까지 계속 나를 때렸습니다. 도착해서도 가죽혁대로 밤새 계속 때렸습니다. 도착한 다음 날 나를 자오위안으로 보냈고, 나는 결국 자오위안 구치소에 갇혔습니다. 그들은 죄수들을 시켜 나를 때리게 했지만, 나중에 내가 부지런히 일을 하자 죄수들도 감명을 받았는지 더는 나를 때리지 않았습니다. 그 후 특별히 벙어리 죄수를 보내 나를 때리게 했습니다. 어느 날 경찰은 나에게 철문의 작은 구멍으로 머리를 내밀도록 했습니다. 경찰은 발로 내 머리를 밟았고 얼굴을 찼습니다. 다른 감방에 있던 대법제자들이 때리지 말라고 소리치자 후에 나와 여동생을 신쫭진(辛庄鎭) 공안지국으로 보냈습니다. (7월 20일 파룬궁 탄압 이후 우리 가족 모두가 체포되었습니다.) 그 후 나와 내 여동생을 각각 계단 아래 어두운 작은 방 안에 가두었습니다. 작은 방 안은 너무 좁아 몸을 제대로 펼 수가 없었고, 매일 저녁 단 한 번 화장실에 갈 수 있었습니다. 매번 그곳에 10일간 갇혀 있다가 다시 자오위안 구치소에 보내져 1개월간 수감됐습니다. 이렇게 왔다 갔다 하기를 6차례 반복하는 동안 우리 형제 자매들은 살고 싶어도 살 수가 없었고 죽고 싶어도 죽을 수조차 없었습니다.

2000년 국경절, 나는 창춘 문화광장에서 현수막을 들었다가 체포됐습니다. 당시 국가가 운영하는 신문매체들이 전부 거짓만 말하면서 우리들의 말을 묵살했기 때문에 우리는 이렇게 할 수밖에 없었습니다. 양(梁) 처장이라는 경찰과 다른 경찰들이 나의 상의를 벗겨 그 옷으로 내 머리를 싸매고, 손을 뒤로 가게 하여 수갑을 채우고는 위층에서 아래층으로 끌어내린 후 차에 태웠습니다. 대략 2시간 동안 갔는데, 나는 차가 시 외곽으로 멀리 나갔다고 느꼈습니다. 목적지에 도착하여 그들은 나를 어떤 방으로 데리고 들어갔습니다. 머리 위에 씌웠던 옷을 벗기자 음산한 기운이 느껴졌고 방안에는 호랑이의자가 하나 있었습니다. 산바람 소리가 들려 거기가 산속이라는 것을 알았습니다. 양 처장과 그들은 나를 발가벗겨 호랑이의자 위에 앉히고는 손을 뒤로 해서 나무 몽둥이 양끝에 묶고, 허벅지와 종아리 앞쪽에 가로로 철봉을 끼워 철봉의 양끝은 호랑이의자에 고정시켰습니다. 이렇게 저의 온 몸을 호랑이의자에 꽁꽁 묶어 움직일 수 없게 하고 두 발은 쇠고랑에 고정시켰습니다. 이때 양 처장이 1척 길이의 날카로운 칼을 꺼내 자신의 바짓가랑이에 앞뒤로 두 번씩 비벼댄 후 탁자 위에 놓았습니다. 그는 표독스럽게 나를 향해 말했습니다. "장즈쿠이, 오늘이 네 제삿날이다. 오늘 여기서 너를 죽인 후 구덩이를 파서 묻는다면 쥐도 새도 모르게 처리할 수 있다." 그리고 나서 양 처장은 밖으로 나갔습니다. 3명의 공안이 전기봉을 충전하기 시작했고, 다른 두 명의 경찰은 등 뒤에 고정해두었던 나의 두 손을 잡고 뒤에서부터 머리 정수리를 거쳐 몸 앞쪽으로 잡아 돌렸습니다. 뼈가 덜거덕거리는 소리가 그치지 않았고, 관절은 이미 부러졌습니다. 이렇게 여러 차례 반복하자 나는 질식할 것 같은 고통에 더는 살고 싶지 않았습니다. 그 후 또 다시 철로 만들어진 물통을 내 머리에 뒤집어 씌운 다음 쇠몽둥이로 물통을 강하게 내리쳤습니다. 맹렬한 진동과 귀를 찢는 듯한 소리에 내 머리는 터져버릴 것 같았습니다.

경찰은 우리 연공인들이 술을 미시지 않는다는 것을 알고는 억지로 내 입을 벌리게 한 후 백주(白酒) 1병을 다 쏟아부었습니다. 또 담배를 깊게 빨아들인 후 그 담뱃불로 나의 등을 지져댔습니다. 참을 수 없는 고통으로 나는 기절했습니다. 이어서 그들은 차가운 물을 뿌려 나를 깨운 후 촛불을 붙여 그 촛불로 등을 지져 살이 타들어가게 하고, 또 촛농을 몸에 뿌렸습니다. 고통으로 나의 몸은 계속해서 부들부들 떨렸고, 호랑이의자가 우지직 우지직하며 흔들리는 소리만 들렸습니다. 내 몸의 피부 중 어느 한 군데도 성한 곳이 없었기 때문에 경찰은 내 생식기 끝부분에 전기 충격을 가하기 시작했습니다. 곧 이어서 쇠몽둥이로 생식기를 짓이겼습니다. 나는 혼절했고, 얼마나 오랜 시간이 흘렀는지 모르지만 겨우 깨어났습니다. 하룻밤의 혹독한 고문을 겪은 후 나의 얼굴은 원래보다 몇 배나 퉁퉁 부어올랐습니다. 온 몸은 피와 살이 구분이 안 될 정도로 얼룩져 사람의 형상이 아니었습니다. 육체적 고통으로 몸이 흔들거리다가 발목에 채워놓은 쇠고랑이 움직여지면서 피부와 살이 닳고 헤어져 관절과 힘줄이 드러났습니다. 그러나 그들은 내가 깨어난 것을 보고 다시 나를 밖으로 끌고 나가 영하 10도의 날씨에 아무 것도 걸치지 않은 내 몸에 차가운 물을 뿌리고 그대로 세워 두었습니다. 그들은 30분이 지난 후 다시 나와 내가 죽었는지 살았는지 살폈습니다.

얼마나 오랜 시간이 지났는지 모릅니다. 날이 밝고 숨이 거의 끊어질 듯하자 경찰은 나를 시국(市局)으로 돌려보냈습니다. 시국 안에는 작은 방들이 많이 있었습니다. 각 방 안에는 호랑이의자가 한 개씩 있었고, 호랑이의자 위에는 여성 대법제자가 거의 의식을 잃은 상태로 있었습니다. 거기에다 하반신은 벌거벗겨져 있거나 겨우 옷 하나만 걸쳐져 있었습니다. 시국에서는 자오위안 공안국에 전화를 걸어 "우리가 당신들이 요구하는 대어를 낚았습니다. 축하합니다"라고 말했습니다. 최종적으로 나는 테베이 구치소로 보내졌습니다. 테베이 구치소에서도 계속해서 고문을 당하다가 나는 5일간 단식을 했고 그제서야 그들은 고문을 중단했습니다. 그들은 나를 구치소에 40일 동안 가둔 후 다시 자오양구 노교소 5대대로 보냈습니다. 나는 계속해서 십여 명의 대법제자들과 함께 단식을 했습니다. 이 5대대 안에는 500명의 대법제자들이 있었습니다. 대대장은 우리가 단식하는 것을 보고 죄수들을 이끌고 와서 우리들을 때리게 했습니다. 그렇게 사람을 때리는 장면은 정말로 공포스러웠습니다. 마지막에 단식하던 대법제자들은 1대대로 끌려갔습니다. 1대대는 노교소에서 대법제자를 가장 흉악하게 박해하는 곳으로 죄수 쉬훼이(許輝)가 수련생들을 학대하고 있었습니다. 한 육십여 세 된 수련생은 원래 처장급 간부였는데, 죄수복도 입지 못한 채 맞고 있었습니다. 거의 숨이 끊어질 지경이었지만 폭행은 계속됐습니다. 나는 부상 정도가 심각했기 때문에 당시 그들은 나를 때리지는 않았습니다. 몸이 조금 회복되었을 때 그들은 다시 나를 고문했습니다. 매일 새벽 3시에 기상하여 조용히 옷을 들고 복도로 가서 서 있어야 했습니다. 모든 대법제자들에게는 담당 죄수가 있어 대법제자들끼리 이야기할 수 없게 했습니다. 이야기를 하면 마치 큰일이라도 낸 것처럼 맞아서 바닥에 쓰러지거나 판자에 앉는 고통을 당해야 했습니다. 오전 내내 고개를 들거나 몸을 움직이지 못하게 했습니다. 쉬훼이와 그의 수하 죄수 몇몇은 매일 아침을 먹은 후 딱딱한 밑창이 붙어 있는 신발로 갈아 신고 와서 우리를 때리기 시작했습니다. 대법제자가 조금이라도 움직이면 그들이 바로 달려와 죽도록 때렸습니다.

자살하고 싶은 생각이 싹트기 시작했습니다. 너무나 오랫동안 형용할 수 없는 고통을 겪었기 때문입니다. 오후에도 저녁에도 이렇게 지내야 하고 한밤중에도 이렇게 지내야 하다니! 대법제자들이 잠들면서 조그마한 소리만 내도 바로 심한 매질이 이어졌습니다. 모든 대법제자들은 감히 잘 수도 없었습니다. 내가 저녁에 기침을 계속하자 그들은 저녁 내내 나를 때렸습니다. 기침조차 못 하게 했으며 저녁에는 물조차 마시지 못하게 했는데 대법제자들이 밤에 화장실을 못 가게 하기 위해서였습니다. 쑤이푸타오(隋福濤)라고 하는 20여 세의 한 대법제자는 옷에 사부님의 경문을 끼워놓았었는데, 죄수들이 스패너로 50여 대나 때려 얼마 지나지 않아 사망했습니다. 한번은 정말로 참을 수가 없어서 화장실에 갔는데 돌아온 후 쉬훼이는 나를 반쯤 죽을 정도로 때렸습니다. 발로 내 신장부위를 걷어차서 신장이 떨어지는 것 같았습니다. 나는 며칠 동안 움직일 수도 없었습니다. 내 첫째 여동생 장수친(張淑琴)은 10년 형을 선고받았고 매부는 3년 형을 선고받았습니다. 9살짜리 어린 조카는 부모가 파룬궁을 수련했기 때문에 '610'의 명령에 의해 학교에서 제적당했습니다. 나와 왕래하던 대법제자들 중 8, 9명은 무참하게 맞아 죽었습니다. 예를 들면 왕쇼우훼이(王守慧), 류보양(劉博揚), 류하이보(劉海波), 류청쥔(劉承軍), 쉬수샹(徐樹香), 왕커페이(王克飛), 위리신(于麗新), 덩스잉(鄧世英) 등입니다. 고문으로 사망한 어떤 수련생은 이름조차 기억나지 않습니다! 정말로 비참한 일입니다!

35살 난 둘째 여동생 장수춘(張淑春)은 공안에 붙들리지 않으려 2층에서 뛰어내리다 늑골이 부러져 내장으로 파고들고 팔다리가 모두 부러지는 바람에 그 자리에서 기절했습니다. 그때 많은 사람들이 현장을 둘러싸고 있었는데, 그들 중 누군가가 무슨 일이냐고 물었습니다. '610'은 "그들 부부가 싸움을 하다가 이혼을 하겠다고 소동을 피웠다"고 했습니다. 그녀는 이른바 '요주의 대상'이었기 때문에 공안에 의해 공안 병원 응급실로 실려갔습니다. 병원에서는 파룬궁 수련생들은 치료하지 않아도 된다고 여겨 응급조치를 하지 않자 결국 경찰들도 그녀를 밖에 버려두었습니다. 나중에 한 마음씨 좋은 사람이 그녀를 살려주었는데 그 후 공안은 또 다시 그녀를 지명수배했습니다.

왕위환(王玉環)은 6년 동안 창춘 경찰에 의해 9차례나 불법 구금과 노동교육을 받은 여인입니다.

당신들은 믿기 힘드실 겁니다. 노교소에서 간수들은 돈을 벌기 위해 우리들이 잠자는 자리를 개당 2000위안에 팔았습니다. 일단 잠자리를 산 죄수는 자리를 넓게 잡아 편안하게 누워 잘 수 있고, 소위 '서 있는 칼 물고기(立刀魚)'처럼 불편하게 자지 않아도 됩니다. 동시에 잠자리를 산 죄수는 우리들을 때릴 수 있는 권리까지 가집니다. 대법제자들은 그런 잠자리를 사기 위해 돈을 쓰지 않습니다. 잠자리 하나의 사용기한은 1

개월인데 잠자리를 산 죄수들이 많아질수록 대법제자들의 자리는 점점 좁아져 고통받습니다. 2000년 8월, 나는 헤이쭈웨이즈 노교소에 보내졌습니다. 이곳에서 나를 강제로 전향시키기 위해 매일 18시간씩 해외로 수출하는 제품을 생산하는 노동을 시켰고, 노동 시간 이외에는 이른 바 사상 보고서를 쓰게 했습니다. 만약 쓰지 않으면 죄수들에게 맞거나 욕을 먹었습니다. 6대대의 간수 쑨밍옌(孫明燕)은 나를 전향시키기 위해 머리맡에 앉아 전기봉으로 내 머리와 얼굴에 1시간 동안 전기 충격을 가해 머리카락이 타고 얼굴과 목도 상처투성이가 됐습니다. 얼굴과 몸 모두 부어 올랐습니다. 새해가 가까워질 무렵 저는 다시 2대대로 이송됐습니다. 심한 노역과 전기 충격으로 나의 몸은 정상이 아니었습니다. 2001년 11월 석방되었을 때 손으로 밥그릇도 들지 못할 정도였습니다. '610'은 나를 석방하면서 도리어 2000위안을 요구했습니다.

2002년 3월 5일 대법제자들이 텔레비전방송에 진상 방송을 삽입했습니다. 그러자 중앙 '610'은 창춘 지역에 대대적인 체포령을 내렸습니다. 나는 경찰의 체포 대상이었습니다. 당시에 모두 5천여 명의 대법제자들이 붙잡혔습니다. 구치소의 각 방마다 최소 50여 명의 사람들이 갇혔는데 모두가 대법제자들이었습니다. 3월 11일 나는 창춘 공안에 붙잡혔습니다. 나는 난관취(南關區) 차이선먀오(財神廟) 부근에 있는 한 파출소에 수감됐는데 수감된 장소의 높이가 1.3m에 불과하여 허리를 똑바로 펼 수도 없었습니다. 3월 12일 저녁 경찰 가오펑(高鵬)과 장헝(張恒) 등이 나를 심문했습니다. 그들은 나의 손을 등 뒤로 묶고, 군용 비옷 주머

니를 내 머리와 목에 씌우고는 주머니 끈을 꽉 조여 아무 것도 보지 못

하게 했습니다. 나는 호흡하는 것마저도 매우 힘들었습니다. 그들은 밧

줄로 내 온몸을 꽁꽁 묶고 차 트렁크 안에 넣은 후에 산속으로 끌고 갔

습니다. 그 곳은 전문적으로 대법제자들을 고문하기 위한 장소로 많은

수련생들이 이곳에서 고문당하다가 죽임을 당했습니다. 대법제자 류하

이보(劉海波)도 이곳 악마의 소굴에서 옷을 발가벗긴 채 꿇어앉혀졌습

니다. 경찰은 가장 기다란 전기봉을 항문으로 끼워 넣어 오장육부에 직

접 전기 충격을 가했고, 류하이보는 그 자리에서 사망했습니다. 류하이

보는 당시 대학을 졸업한 사람이었습니다.

뤼위안구 병원의 의사인 류이(劉義)는 30여 세로 이곳에서 가혹한 고문

을 받다가 죽었습니다. 그 장소에서 심한 고문을 당한 대법제자 23명이

(적지 않은 수의 이름을 나는 기억하고 있습니다) 사망한 후 부근 땅속

에 묻혔습니다. 비교적 예쁘게 생긴 여대법제자 샹민(項敏)은 붙잡혀 온

후 경찰들이 전기 충격을 가하면서 성적인 모욕을 가했다고 내게 알려

주었습니다. 당시 창춘의 대대적인 체포로 인해 가혹한 고문을 당하다

가 사망한 대법제자가 거의 30명에 달합니다.

내가 경찰에 의해 2시간 걸려 이 산속의 악마 소굴로 보내졌을 때 몇 명

의 경찰이 내 머리를 가린 채 이리저리 끌고 다니며 계속 때려서 나는

몸을 가누기 힘들 정도로 비틀거렸습니다. 나는 계속해서 나무에 부딪

혔고 경찰은 온갖 욕을 해대며 오늘 나를 죽이겠다고 말했습니다. 대략

10여 분을 걸어 어떤 건물 안으로 들어갔는데 올라갔다 내려갔다 한참

걸어간 후 어느 방에 도착했습니다. 머리를 가렸던 군용 비옷 주머니를 벗기며 경찰은 "오늘 죽는다는 게 어떤 건지 보여주마. 여기서 걸어 나간 사람은 아무도 없어!" 라고 말했습니다. 나는 대략 6㎡가량의 작은 방 안에 작은 탁자가 놓여있고 전기봉 세 개와 밧줄, 침대가 하나 놓여 있는 것을 보았습니다. 침대는 경찰들이 우리를 고문하다가 피곤할 때 휴식하는 용도로 사용했습니다. 그리고 호랑이의자가 있었습니다. 많은 경찰들이 방 안에서 고문을 위한 준비 작업을 시작했습니다. 바람 소리만 처량하게 들릴 뿐이었습니다. 이어 몇 명의 경찰이 나를 끌고 가 호랑이의자에 앉혔습니다. 손을 등 뒤로 하고 수갑을 채웠습니다. 그리고 난 후 양 팔을 호랑이의자 뒤로 묶고 앞가슴과 복부를 호랑이의자 양쪽의 철봉에 단단히 묶어 고정시켰습니다. 발목에는 두 개의 큰 쇠고랑을 채워 고정시킨 후 경찰은 5분마다 한 번씩 참혹한 고문을 가했습니다. 그때마다 매번 뒤로 묶인 팔을 강제로 앞으로 돌리고 뒤로 돌려 뼈가 탈골되는 소리가 들렸습니다. 폐부를 찌르는 고통이 나를 거의 혼절시켰습니다. 땀과 눈물이 마구 솟아 나왔습니다.

이어서 그들은 내 머리를 사타구니 쪽으로 처박았습니다. 가슴과 복부가 철봉에 의해 호랑이의자에 고정되어 있는데도 경찰이 힘으로 머리를 밀자 내 목은 부러질 것 같았습니다. 가슴과 복부는 철봉 때문에 너무나 아파 매초마다 거의 질식할 것 같았습니다. 그들은 또 밧줄로 발목 위의 쇠고랑을 묶은 후 뒤쪽으로 세게 잡아 당겼는데 통증이 너무 심하여 심장이 찢어지는 듯했습니다. 동시에 다른 경찰들은 온 힘을 다해 내 머리를 사타구니 쪽으로 처박아 넣어 온몸은 고통으로 부들부들 떨렸습니다. 5분마다 한 번씩 이런 혹형을 반복하는 가운데 땀과 눈물, 상처에서 흘러나온 선혈이 나의 머리카락과 옷을 적셨습니다. 견딜 수 없는 고통으로 나는 여러 차례 기절했고 그럴 때마다 그들은 차가운 물과 뜨거운 물을 번갈아 가며 뿌려 나를 깨웠습니다. 뜨거운 물은 이미 상처입은 피부를 더 악화시켰습니다. 나는 정말로 이러한 끝없는 고통을 겪고 싶지 않았고 차라리 그들이 총으로 나를 죽여주기를 바랐습니다.

4시간 동안 호랑이의자에서 고문을 가한 후 그들은 거의 죽어가는 내 머리에 철통을 씌우고는 7명의 경찰이 한 사람당 3개피의 담배를 동시에 피워 그 연기를 통 안으로 1시간 동안 뿜어 넣었습니다. 나는 사레가 들려 기침하다 기절했고, 그들은 그럴 때마다 다시 찬물을 끼얹어 나를 깨웠습니다. 내가 아직 완전히 깨어나지도 않았을 때 그들은 다시 담배를 3개피씩 피운 다음 담뱃불로 내 눈을 지졌습니다. 나는 통증으로 인해 발버둥쳤습니다. 혹형을 되풀이하다가 그들은 주먹으로 머리, 얼굴, 코, 입을 때려 피를 냈습니다. 앞니가 2개 빠졌고 얼굴은 부어올라 검보라색으로 변했습니다. 그들은 가는 대나무 꼬챙이로 내 양쪽 귀를 쑤셔댔고, 나는 보름 동안 아무것도 듣지 못했습니다. 나에게 가혹한 고문을 하고 난 후 새벽 2시가 되자 그들은 피곤해서 잠들었습니다. 2002년 3월에 도합 17일 동안 나는 3차례 그 악마 소굴로 끌려가 더 심한 고문을 받았습니다. 고문은 받을수록 더 가혹해졌고 뒤에 두 번은 한밤중이었습니다. 매번 7, 8명의 경찰이 들어와 나를 강제로 끌고 갔습니다. 매번 거의 죽을 지경이 돼서야 돌려보냈습니다. 그 가운데 한번은 경찰이 내가 고문당해 피범벅이 된 사실을 감추기 위해 두꺼운 털옷을 입혔으나 붉은 피가 옷에 스며들었고, 경찰은 다시 한 겹 더 두꺼운 털옷을 입혔습니다. 그러나 털옷은 다시 피로 물들었습니다. 그때의 공포와 다른 수련생들에 대한 걱정으로 이곳에 수감돼 있는 대법제자들은 매일 저녁 잠 들지 못했습니다. '610'의 블랙리스트에 오른 사람들은 매일 고문을 당했습니다. 매번 몸과 손이 꽁꽁 묶이고 머리에는 보자기가 씌어진 채 자동차 트렁크에 실려 산속에 있는 악마의 소굴에 도착한 후 그곳에서 끔찍한 고문을 당했습니다.

고문을 받은 후 내 몸은 만신창이가 되었습니다. 제3구치소를 거쳐 다음 날 성(省)병원과 군병원에 보내져 검사를 받았는데 정상인 곳이 없었습니다. 오후에 나와 궈솨이솨이(郭帥帥)는 구치소 병원에서도 계속해서 박해를 받았는데 병원에 들어가자마자 나와 그녀를 침대 위에 묶어놓고 이상한 약물을 주사했습니다. 이 때문인지 지금까지 내 두 다리는 마비되어 꼬집어도 아무런 감각이 없고 차갑습니다. 궈솨이솨이에게는 두 달여 동안 매일 관을 삽입해 강제로 음식을 주입했습니다. 궈솨이솨이는 극히 고통스러워했습니다. 대법제자 장융(姜勇)은 우리와 함께 들어와 6, 7개월 가량 이곳에서 고문받다 사망했는데 그는 매일 이상한 주사를 맞고 많은 양의 피를 뽑혔으며 그로 인해 쇠약해져 숨만 겨우 붙어 있는 상태에서 야만적으로 관을 통해 음식을 주입당하다 사망한 것입니다. 우리는 두 눈으로 한 사람이 죽어 가는 과정을 지켜보면서 몹시 충격을 받았습니다! 궈쏴이쏴이는 음식물을 주입당하는 것이 너무나 고통스러워 1미터 30센티미터나 되는 고무 호스를 전부 삼켰고, 그러고 나서 침대에서 데굴데굴 굴렀습니다. 구치소 의사는 궈쏴이쏴이가 나가면 증거가 될까 두려워 더욱 참혹하게 궈쏴이쏴이를 괴롭혔습니다. 경찰과 남자 죄수는 매일 궈쏴이쏴이와 나의 실오라기 하나 걸치지 않은 몸을 보면서 궈쏴이쏴이를 괴롭혔던 방법을 나에게 사용했습니다. 그 중 한 구치소 의사는 손으로 궈쏴이쏴이의 소변보는 곳을 후벼 팠고, 극심한 고통 속에서 궈쏴이쏴이는 자살하려고 작은 숟가락을 삼켰습니다. 이로 인해 더욱 고통스러워져서 침대에서 이리저리 굴렀습니다. 구치소 의사는 칼로 궈쏴이쏴이의 배를 가슴부터 아랫배까지 열어 숟가락을 끄집어낸 다음 다시 꿰매었습니다. 생명이 위독한 궈쏴이쏴이는 집으로 보내졌습니다. 하지만 궈쏴이쏴이는 지금까지도 완전히 회복되지 않았습니다.

나와 함께 구치소 병원에 입원했던 자오샤오친(趙小琴)은 '610' 경찰이 때려 혼절시킨 후에 건물 위에서 밑으로 집어 던졌습니다. 그녀는 지금까지도 말을 하지 못하고 항상 멍해 있으며, 머리에는 커다란 혹이 남아 있고 왼쪽 어깨는 부러져 있습니다. 하지만 그녀는 그 이후에도 구치소 병원으로 보내져 계속 박해받았습니다. 구치소 병원에서 의사는 그녀의 부러진 이께에 깁스를 했는데 여름 내내 한 빈도 갈지 않아 깁스를 헸딘 어깨는 뭉그러져 구더기가 생겼습니다. 박해받아 바보가 된 자오샤오친은 그저 웃고 울 뿐입니다. 나는 정말로 세상에서 가장 비참한 폭행을 직접 목격했습니다. 우리 여자들 모두 실 한 오라기 걸치지 않은 상태로 26일 동안 아무것도 깔리지 않은 딱딱한 나무 침대 위에서 큰 대자 모양으로 묶인 채 경찰과 구치소 의사와 남자 죄수의 모욕을 받아야만 했습니다!

내가 전향을 거부했기 때문에 그들은 나를 제3구치소로 보내기로 결정했습니다. 그런데 구치소 간수는 고문으로 인해 이미 죽을 만큼 쇠약해진 나를 수용하기보다는 죽이겠다며 심하게 때리고는 나를 철문에 5, 6시간 동안 매달아 놓았습니다. 이후 경찰은 다시 나를 구치소 병원으로 보내 계속 박해받게 했습니다. 병원에서 나는 50일 동안 단식을 계속했습니다. 구치소 병원의 의사는 칼로 나의 정맥을 절개해 절개된 혈관의 한쪽 끝은 매듭을 지은 후에 끈으로 묶고 다른 한쪽은 바늘을 찔러 넣어 피가 끊임없이 흘러나오게 함으로써 침대 바닥이 온통 피투성이가 됐습니다. 의사와 경찰은 주변이 피투성이가 되는 것에는 이미 무감각해져 있었습니다. 다리가 부어올라 괴사되기 시작했습니다. 의사는 왼쪽 다리를 절단해야 한다고 했습니다. 매일 매일 10병이 넘는 이름 모를 약물을 주사했고 간호도 없었으며, 대소변을 침대에서 보아야 했습니다. 십여 일을 온몸이 소변에 젖어 있어야 했습니다. 우유액을 주사할 때 단식으로 혈관이 오그라들고 막혀서 외과주임은 주사 혈관을 찾기 위해 내 손에 주사바늘을 찔러놓고 이리저리 돌렸습니다. 그 고통으로 나는 거의 혼절했습니다.

창춘시 파룬궁 수련생 양광(楊光)의 경우는 우리를 섬뜩하게 합니다. 양광은 파룬궁을 수련한다는 이유로 2000년 1월 체포되어 2003년 3월까지 창춘시 공안국 1처 량(梁) 처장과 그의 부하 10여 명으로부터 10여 차례 전기봉, 호랑이의자, 묶어놓기, 매달기, 비닐봉지로 질식시키기, 억지로 술 먹이기 등등 갖은 혹형을 당했습니다. 어떤 때에는 심문 시간이 30~40시간에 달했습니다. 이와 같은 잔인한 고문으로 좌측 귀는 먹고, 우측 다리는 부러졌으며, 대퇴골은 괴사됐습니다. 후에 15년 형을 받고 지린(吉林)감옥에 갇혔습니다. 현재 그의 다리는 불구가 되었고 발꿈치는 괴사로 변형이 왔습니다. 팔은 쓸 수 없고, 폐에는 물이 차고 신장은 쇠약해졌으며, 하반신 마비로 생명이 위독한 상태입니다.

양광이 지린감옥에 감금된 후 하반신은 바지 착용이 금지되어 나체 상태로 있어야 했습니다. 하반신이 마비되었기 때문에 대소변을 볼 수 있도록 죄수가 그에게 특별히 간이휠체어를 만들어 주었는데, 사방을 철관으로 두르고 그 사이에 나무판대기를 대고 엉덩이 닿는 곳에 구멍을 뚫었으며 아래에는 네 개의 작은 바퀴를 달아 주었습니다. 그러나 아무도 돌봐주는 사람이 없는 데다 양광은 손도 제대로 쓰지 못하기 때문에 매번 대변을 본 후 닦지를 못해 늘 더러운 냄새 속에서 살아가고 있습니다. 그는 정신병을 잃고 있는 죄수와 고문을 당해 불구가 된 죄수들과 함께 여름이나 겨울이나 종일 해를 볼 수 없는 좁은 방에서 지내야 합니다. 생활조건은 극히 열악해 잠자는 장소가 매우 비좁습니다. 목욕할 때는 대걸레로 몸을 문질러 주는데 이것을 '미용목욕'이라고 합니다. 1년 사계절 늘 이렇습니다. 이런 상황에도 지린감옥은 양광에게 '전향'할 것을 강요하고, 양광이 신앙을 포기하는 것을 거절하면 샤오하오(小號)라는 이름의 좁은 틀 속에 가둡니다. 그의 생명이 위독해지자 2004년 12월 창춘 티에베이(鐵北) 특수감옥으로 이감했고 아무런 치료도 하지 않으면서 그의 친지로부터 매월 1000위안의 병상비를 받고 있습니다.

양광의 86세 된 노모는 자기 아들이 이런 정도로 박해받고 있는 것도 모른 채 보는 사람마다 붙들고 묻습니다.

"우리 광(光)이는 착한 애인데 도대체 어디 있지? 보고 싶어."

양광의 처는 경찰의 협박을 못 이겨 강제로 이혼한 후 집을 나갔고 집에는 별다른 수입원도 없습니다. 양광이 당한 정신적, 육체적 고통은 이루 말로 형언할 수 없습니다. 현재 양광의 친지가 석방을 요구하고 있지만 지린감옥은 물론 사법청, 감옥관리국은 각종 구실로 이를 거절하고 있습니다.

다롄(大連)의 창쉬에시아(常學霞)는 아주 온화하고 조용한 아가씨입니다. 그녀는 노동교양소에서 박해받았던 고통스런 경험을 얘기하면서 머리를 떨구었습니다.

처음 체포된 이유는 청원했다는 것이었습니다. 청원했다는 이유로 39

일 동안 다롄의 한 노동교양소에 감금된 후 석방됐습니다. 어떠한 사법

적 절차도 없었습니다. 2003년 1월 그들은 나에게 전향을 강제했습니

다. 그들은 나를 작은 방에 가두었습니다. 10㎡쯤 되는 방에는 다양한

고문도구들과 쇠로 된 우리가 있었습니다. 파룬궁 수련생 박해 책임자

인 완야린(萬雅琳) 대대장이 죄수들에게 나를 쇠우리에 가두고 손을 묶

어 올리라고 지시했습니다. 발은 땅에서 떨어졌습니다. 완야린이 죄수

들에게 지시해 죄수 여러 명이 나를 거꾸로 매달았고, 내 손과 발은 바

닥에 닿을 듯 말 듯 했습니다. 공안대장이 죄수들에게 명령했습니다.

"한 번 혼내 주어라." 죄수들은 내 머리고 다리 등을 마구 때리고 찼습

니다. 나는 실신했습니다. 그들은 내가 기절한 척하는지를 보려고 나를

바닥에 내려놓고 얼굴과 팔을 짓밟았습니다. 내가 깨어났을 때 팔꿈치

가 탈골돼 왼쪽 팔을 움직일 수 없었습니다. 나를 고문하지 않으려고 버

티던 죄수들은 이송되어 형벌이 연장되었다고 합니다. 그들은 나를 다

시 매달았습니다. 죄수들은 사부님의 사진을 내 속옷에 넣었고 내 얼굴

에다가 사부님을 욕하고 대법(大法)을 욕하는 말을 썼습니다. 그들은 또

나를 나무판으로 때렸습니다. 출소한 지 1년이 지났는데도 청자색의 타

박상은 여전히 가시지 않고 있습니다. 그래도 내가 전향하지 않자 그들

은 나를 실 한오라기 남기지 않고 발가벗긴 다음 내 유두를 꼬집고, 음

모(陰毛)를 잡아당기고, 갖은 저속한 욕을 해댔습니다. 내가 계속해서

전향을 거부하자 청소용 솔로 음부를 찌르기 시작했습니다. 그러고 나

서 그들은 내가 피를 흘리는지 보려고 아래에 대야를 놓아두었습니다.

피가 나오지 않자 다시 찔러보더니 그래도 피가 나오지 않자 그들은 더 큰 구두솔로 미친 듯이 음부를 찔러댔습니다. 나는 더는 견딜 수 없어서 노동교양을 받는 동안에는 연공하지 않겠다고 답했습니다.

그러나 내가 교양소에서 겪은 이 박해가 가장 잔인한 것은 아니었습니다. 다른 여대법제자인 왕리쥔(王麗君)은 샤오하오 안에서 3차례나 고문을 받았습니다. 그들은 두꺼운 밧줄에 많은 매듭을 묶어 마치 톱질하듯 그녀의 음부 앞뒤로 잡아당겼습니다. 그녀의 하체 전체가 부어 올랐습니다. 그러고 나서 대대장이 죄수들에게 그녀의 부어 오른 음부를 부서진 대걸레 자루의 날카로운 모서리로 찌르라고 명령했습니다. 대량의 출혈이 있었습니다. 그녀의 복부와 음부가 너무 부어 마치 공처럼 돼 그녀는 바지를 입을 수 없었고, 화장실에 앉아서 소변을 볼 수도 없었습니다. 2개월이 지난 후에도 앉지도 못했고 다리는 불구가 됐습니다. 나는 다른 한 미혼여성에게도 이와 같은 고문을 하는 것을 목격한 적이 있습니다. 나중에 풀려 나와 다른 대법제자들이 이야기하는 것을 들은 적이 있는데 대대장이 대법제자들 몸에 독을 분비하는 벌레를 올려놓아 물게 했다고 합니다.

나는 웨이춘(魏純, 가명)입니다. 올해 35세입니다. 다롄에서 왔고 1998년 파룬궁을 연마하기 시작했습니다. 파룬따파(法輪大法)는 사람들이 '쩐(眞), 산(善), 런(忍)'의 원리에 따라 살도록 가르치기 때문에 나는 수련을 통하여 정신적, 육체적으로 크게 승화되었습니다. 나는 다른 사람들을 관용을 가지고 대할 수 있게 되었고 동시에 나 자신의 도덕심이 고양되었습니다. 그래서 정부가 1999년 7월 파룬궁을 모욕하고 거짓말을 날조하며 탄압하기 시작한 후 우리는 인류의 기본적인 도덕이 유린되는 것을 지켜보고 있을 수만은 없었습니다. 그래서 나는 2000년 3월 파룬궁에 대한 올바른 이해를 돕기 위해 청원하러 베이징에 갔습니다. 내가 기차에 올라탔을 때 경찰이 나를 멈춰 세우고는 리훙쯔(李洪志) 사부님에 대해 욕을 하라고 시켰습니다. 이를 거절하자 나를 체포했습니다. 그 당시 기차나 버스로 베이징에 가는 사람은 누구든지 리훙쯔 사부님이나 파룬따파(法輪大法)에 대해 욕을 해야만 했다는 것과 그렇게 하지 않으면 차에 탈 수 없었다는 것을 나는 나중에야 알았습니다. 다롄 구치소에 7일간 갇혀 있다가 석방되었습니다. 직장으로 돌아가자 직장에서는 내가 하던 업무를 중단시켰습니다. 그러고는 나에게 오전에는 공장의 생산구역을 청소하고 오후에는 잘못을 반성한 다음 최종적으로는 신앙을 포기하고 파룬궁을 비판하는 글을 써오라고 했습니다. 내가 그것을 거절하자 1개월 후 해고됐습니다. 2000년 4월에 다시 직장을 구했습니다. 그런데 2001년 3월 15일 다롄 공안의 천신(陳欣) 등이 직장으로 찾아와서 나를 다시 강제 연행했습니다. 5일 동안 잠을 못 자게 했고, 뒤로 수갑을 채워 놓았으며, 연기를 강제로 코 속으로 뿜어 넣는 동시에 입으로도 연기를 집어 넣었습니다. 경찰이 쇠몽둥이루 나의 머리를 내리쳤습니다. 나는 다롄 구치소로 옮겨져서 2년의 노동교양에 처해졌습니다. 5월 18일 나는 다롄 교양원 5대대로 보내졌습니다.

6월 4일 나와 류용라이(劉永來), 취페이(曲飛), 황원충(黃文忠) 등은 4층으로 끌려갔습니다. 그곳에서 그들은 우리에게 리훙쯔 사부님을 욕하고 파룬따파를 욕하라고 강요했습니다. 만약 욕하지 않으면 우리들에게 전기 고문을 할 것이고, 욕을 하면 바로 아래층으로 내려가 파룬궁과 사부님을 비판하고, 자아를 반성하고, 파룬궁을 다시 연마하지 않겠다고 보증하는 '3가지 서약서'를 작성하라고 했습니다. 먼저 나와 류용라이를 서로 마주 보고 앉게 한 상태에서 우리들의 옷을 모두 벗겼습니다. 나의 왼손과 그의 오른손을 수갑으로 채우고, 나의 오른손과 그의 왼손을 수갑으로 채웠습니다. 그러고는 전기봉 6개로 머리, 등, 허벅지, 음부, 흉부, 목 부위에 동시에 전기 충격을 주었습니다. 우리는 이빨을 꽉 물고 전기 쇼크를 피하려고 기를 썼습니다. 우리가 몸부림치자 수갑은 더 꽉 조여졌고, 결국 살을 파고 들어가 관절에 닿았습니다. 심장을 도려내는 듯한 아픔을 겪었고 많은 피를 흘렸습니다. 전기고문을 한 시간 가량 계속했습니다. 그러고 나서 우리를 따로 떼어놓았습니다. 그들은 류용라이의 두 손을 등 뒤로 하여 수갑을 채우고 바닥에 엎드리게 한 다음 의자 2개를 그의 등 위에 올려놓고 죄수 2명더러 그 의자에 앉아 있게 했습니다. 그러고는 다른 죄수 6명이 6개의 전기봉으로 그의 등, 둔부, 목, 종아리, 발바닥, 음부 부위에 동시에 반복해서 전기 충격을 가했습니다. 그들은 그의 생식기를 따로 빼놓고 별도로 전기 충격을 가했습니다. 이번에는 나를 의자에 묶었습니다. 의자 다리 2개에 전기봉을 각각 1개씩 묶고, 의자 등받이에 전기봉 3개를 묶은 다음 내 다리를 의자 다리에, 내 몸을 의자 등받이에 꽁꽁 묶었습니다. 그러고는 그 다섯 개의 전기봉으로 전기 충격을 가했습니다. 동시에 죄수가 내 머리에 전기봉으로 충격을 가했습니다. 모두 여섯 개의 전기봉으로 한꺼번에 전기 충격을 주는 것이었습니다. 내 전신은 경련을 일으켰고, 사는 것이 죽는 것만도 못했습니다. 절망적인 울음소리가 그 건물 전체에 울려 퍼졌습니다. 2층과 3층에 감금돼 있던 많은 파룬궁 수련생들 모두가 처참하게 우는 소리를 듣고는 눈물을 흘렸다고 나중에 들었습니다. 이렇게 약 1시간이 지난 뒤에 나와 류용라이의 자리가 교체됐습니다. 그가 전기 의자에 앉고 나는 땅바닥에 엎드려 다시 1시간 동안 전기봉 6개로 동시에 전기 충격을 받았습니다.

나는 더는 견딜 수 없을 것 같았습니다. 하지만 차라리 죽을지언정 내 신념과 양심을 배신하고 사부님과 대법을 욕할 수는 없다고 생각했습니다. 그래서 나는 혼절하기 위해 머리를 땅바닥에 찧기 시작했습니다. 전기봉 6개가 한꺼번에 전기 충격을 가할 때마다 나는 화살 수 천 개가 동시에 내 심장을 관통하는 것처럼 느껴졌습니다. 나는 내가 여러 번 죽었던 것처럼 느껴졌습니다. 전기봉의 전기가 다 떨어진 뒤 그들은 전압이 더 높은 전기봉으로 교체했습니다. 나는 두려워지기 시작했고 최후에는 굴복했습니다. 류용라이도 더는 견딜 수 없어 굴복했습니다. 죄수를 시켜 전기고문을 가한 경찰의 이름은 치아오웨이(喬偉), 주펑산(朱鳳山), 징디엔커(景殿科) 등입니다. 죄수들의 이름은 기억하지 못합니다.

후에 알게 됐는데, 황원충도 전기 고문으로 온 얼굴이 피투성이였고, 취페이도 구타로 얼굴이 찐빵처럼 부어 있었습니다. 우리는 아래층으로 내려온 후 보증서를 썼습니다. 그 후 우리는 매일 세 가지를 써야 했는데 사부님을 욕하고 대법을 욕하고 파룬궁을 욕하는 내용을 한 장 가득 써야 했습니다. 그리고 매일 그 내용을 소리 내어 외쳐야 했습니다. 그 것은 나의 영혼을 팔아먹는 짓이었고 그로 인해 닥친 고통은 고문으로 인한 육체적 고통보다 훨씬 더했습니다. 하지만 우리가 반항하거나 거절한다면 다시 4층으로 끌려가 전기고문을 받았을 것입니다. 후에 리(李)씨 성을 가진 수련생이 정신적 고통을 견디지 못해 목매달아 자살을 시도했지만 발견되어 구조됐습니다. 당시 나도 굴욕을 견디지 못해 어느 하루도 죽고 싶지 않은 날이 없었지만, 한편으로는 전기 고문을 받는 것이 너무 두려웠습니다. 전기 고문도 두려웠지만 이처럼 죄를 지으며 살 수도 없다고 느꼈습니다. 어느 날 나는 류용라이와 의논했습니다. 만약 어느 수련생이 스스로 목숨을 던져 저항하면 그들도 그렇게 심하게 우리를 박해하지 못할 것이라고 말입니다. 그는 모두를 위해 자기가 먼저 희생하겠다고 했습니다. 후에 정말로 그는 밖에서 청소하던 중 3층까지 단숨에 뛰어 올라가 머리가 땅을 향하게 해서 밑으로 몸을 던져 그 자리에서 사망했습니다.

그 후 오래지 않아 많은 파룬궁 수련생들이 성명을 발표하여 강제로 박해를 받아 쓴 모든 것은 양심과 사실에 반한 것으로 무효이고 앞으로는 어떠한 억압에도 굴하지 않고 견정하게 신앙과 진리를 수호하기로 결의했습니다. 그러자 그들은 성명서에 서명한 수련생들을 한 반으로 몰아넣고 새벽 5시부터 밤 11시까지 강제노역을 시키기 시작했습니다. 그 중 9명의 수련생을 관산(關山) 노동교양소로 보내 또 한 차례 새로운 박해를 가했습니다. 나는 그들의 박해에 협조하지 않기로 결심하여 죄수복을 입지 않고 행진과 노래를 거절하는 한편 단식으로 박해에 항의했습니다. 반 전체가 단식으로 나와 함께 항의했습니다. 그러자 그들은 우리를 갈라놓았고, 나는 제3대대로 보내졌습니다. 나는 그곳에서도 단식을 계속했습니다. 한 검사장이 내게 왜 단식을 하는지 물었을 때 나는 그 어느 누구도 내 사건을 접수하려 하지 않아 다른 방법이 없다고 말했습니다. 당신들 모두 장쩌민(江澤民)의 법관, 법원이며 아무도 우리를 대변해 주지 않으므로 나는 장쩌민과 정부가 파룬따파를 박해하는 것에 항의하기 위해 내 생명을 이용할 수밖에 없다고 말했습니다. 나는 아들이 있습니다. 내 아들이 미래에 정의가 그렇게 심하게 박해받던 그 시기에 아빠는 뭘 했냐고 물을 때, 나는 아들에게 내가 굴복했다고 말하고 싶지 않았습니다. 나는 절개를 지켜 죽을지언정 구차한 삶을 살고 싶지 않았습니다. 단식 15일째 그들은 내가 노동교양소 내에서 죽을까봐 두려워, 10월 24일 외부병원에서 치료를 받아야 한다는 구실로 나를 석방했습니다.

바체로 인한 죽음에서 탈출했던 사람들의 생생한 이야기를 하나하나 들었을 때, 우리는 숨이 막히는 것 같았습니다. 다른 어느 곳에서도 찾기 어렵고 일찍이 있어본 적도 없는, 피비린내 나는 잔혹한 박해 그리고 상상을 초월하는 박해 수단들. 그 야만적인 박해 과정에 대해 평정을 잃지 않고 담담하게 이야기하는 동포들을 앞에 두고 우리는 국가의 휘장을 두르고 제복을 입은 사람들에게 묻지 않을 수 없습니다. 당신들은 6년, 아니 이 60년 동안 얼마나 많은 이런 반인륜적 진실을 알고서도 숨겨왔는가? 우리 체제는 왜 자기와 마찬가지로 부모처자가 있고 형제자매가 있는 동포를 그렇게 잔인하게, 몰인정하게, 부도덕하게 대하는 공직자들을 길러냈는가! 동포들이 겪은 이러한 비참한 경험은 공직자들이 오랫동안 끔찍한 악행을 저질러 온 사실을 증명하고 있습니다. 후진타오와 원자바오 당신들을 포함한 모든 동포는 우리의 제도가 문명사회에 부끄러운 존재가 되었고, 동시에 철저하게 부도덕하다는 것을 지속적으로 보여주고 있음을 반드시 승인해야 합니다.

후진타오, 원자바오 그리고 모든 중국동포들이여, 이제는 정말 우리 민족 구성원 모두가 돌이켜 생각해 봐야 할 때입니다! 인류 역사상 어떤 국가의 인민들도 정부가 존재하는 평화로운 시기에 이처럼 대규모로, 이처럼 지속적으로, 이처럼 참혹한 박해를 당한 적은 없었습니다. 평화로운 오늘날에도 여전히 계속되고 있는 이 재난으로 수천 명의 무고한 동포들이 귀중한 목숨을 잃었고, 수십만 명의 사람들이 자유를 빼앗겼습니다. 우리가 목격한 진상은 자유를 박탈당한 동포들이 문명사회에서는 도저히 믿을 수 없을 정도로 야만적인 육체적 정신적 고통을 겪으며 살육되었다는 것입니다. 인간의 이성을 완전히 상실한 이같은 박해로 말미암아 1억이 넘는 파룬궁 신앙인들과 수억 명에 이르는 그들 가족이 심문을 당하고 위협을 받으며 시달리고 있습니다. 그리고 취업 자격과 기회를 박탈당하고 있고 또 재산을 수탈당하고 있습니다. 이 얼마나 어리석고 위험하며 비도덕적인 악행입니까? 이것은 중국 전체 인민에 대하여, 문명에 대하여, 모든 사회의 도덕적 기반에 대하여 싸우자는 것입니다! 이것이 어찌 우리가 원하는 가치가 될 수 있겠습니까? 이와 같은 상황에 대하여 우리들이 무슨 이유를 들어 핑계를 댈 수 있겠습니까?

그동안 내 법률 사무실과 우리 가족 모두에게 일어난 일은 오늘날 중국에서 사는 사람들이 진실을 지키거나 말하려면 그 대가를 치러야 한다는 것을 분명히 보여줍니다. 국가는 진실을 이해하고 말하려는 것이 매우 위험하다는 것을 사람들에게 경고하기 위해 폭력적 수단을 계속하여 사용합니다. 제도를 갖춘 문명국가에서는 정권을 장악한 집단으로 말하자면 진실은 바로 그들의 수중에 있는 것입니다. 진실에 대하여 어떤 태도를 취하느냐는 바로 그 정권의 문명 정도를 나타내는 것임과 동시에 도덕적 기초가 있느냐 없느냐를 나타내는 척도입니다. 그러나 우리 사회와 정부는 진실을 파악하는 능력에 있어서 다른 나라와 같지 않습니다. 나는 고통스럽게도, 이 체제가 진실을 감추는 시스템을 완벽하게 발전시켰음을 보았습니다. 이 체제 자체가 이미 진실을 파악할 수 있는 능력을 완전히 상실했습니다. 왜냐하면 이 체제는 진실을 파악할 수 있는 도덕적 조건들을 완전히 없애버렸기 때문입니다. 예를 들면 노동교양소에서 고초를 겪은 왕위환(王玉環)과 다른 사람들은 몇 번이고 다음과 같은 사실을 직접 목격했습니다. 상급 지도자가 노교소를 조사할 때면 왕위환처럼 진상을 말하는 사람들은 지도자가 발견할 수 없는 곳으로 옮겨집니다. 조사하러 나온 지도자들은 자신들이 직접 보고 듣게 된 사실만을 진실이라 생각하며 돌아가고, 지도자들이 돌아간 후 철문 뒤에 갇혀 있는 무고한 동포들에 대한 만행은 신속하게 재개되는 것입니다. 그러나 사실은 조사하는 자와 조사받는 자 사이에 묵계가 있어 무엇이 진실인지는 서로 다 알고 있다는 것입니다. 머지않은 장래에 그 진실이 밝혀져 위와 아래가 모두 역사의 심판을 받게 될 것입니다!

이미 정권이 진실을 파악할 능력을 상실한 이때에 우리 시민들 스스로 벌이는 조사는 정당하며 동시에 필요한 것입니다. 왜냐하면 그와 같은 진실은 우리 민족의 미래 그리고 이 땅 위에서 살고 있는 우리 개개인의 생활의 안녕과 관련이 있기 때문입니다. 우리는 이 박해가 6년 전에 어떻게 시작됐는지를 알 권리가 있습니다. 국가는 왜 이와 같이 부도덕한 결정을 내렸는가? 6년이라는 시간이 흐르는 동안 국가는 그와 같은 결정을 집행하는 과정 중에 무엇을 했는가? 그동안 우리의 선량한 동포들이 정확히 얼마나 많이 불법적으로 감금됐는가? 교도소와 노동교양소의 높은 담 뒤에서는 정확히 무슨 일이 벌어지고 있는가? 오늘날 아직도 무슨 일이 발생하고 있는가? 이런 질문들에 대해 진실을 밝히라는 것은 인민이 국가에 바라는 최소한의 도덕적 요구입니다. 여기에서 한 가지 반드시 강조하고 싶은 사실은 국가와 정부가 계속해서 진실을 은폐하고 있는 것은 완전히 시대착오적이라는 것입니다. 이 과정에서 진실을 모두 보아 알고 있는 사람들이 이미 사람들 사이에서 계속하여 진실을 이야기하고 있기 때문입니다. 저 높은 담 뒤에서 박해받는 사람들을 다루고 있는 것은 당신들 정부뿐이라는 것을 이미 모든 사람들이 다 알고 있고, 저 높은 담 너머에서 일어나고 있는 진실을 그곳에서 다행히 살아나온 사람들이 계속하여 동포들에게 말하고 있는 것입니다. 진실을 은폐하는 것은 서로 간의 심리적인 간격만 넓힐 뿐입니다.

중국 정부는 정부 본연의 자세를 가져야 합니다. 그럴 때 비로소 심각한 재난상황에 직면하여 한 국가의 정부라면 당연히 취해야 하는 입장과 논리를 가지고 대응할 수 있을 것입니다. 정부가 정부다웠다면 '6. 4' 천안문 학살, 자유 신앙인에 대한 학살, 파룬궁 수련에 대한 탄압 내지 최근 광저우에서 발생한 비무장 동포들에 대한 학살 등의 야만적인 사건들이 발생하지 않았을 것입니다! 그러나 우리는 늘 고통스럽게 다음과 같은 현실을 직면할 수밖에 없었습니다. 오랫동안 중국의 정부는 그와 같이 무고한 인민들에게 지속적으로 발생되고 있는 악행에 대해, 재난에 빠져있는 인민들의 절망적인 신음소리에 대해, 무조건적인 침묵을 강요하거나 비열하기 그지없는 탄압을 해왔던 것입니다. 여기에서 한 명의 납세자인 공민으로서 나는 재차 중국 정부에 대해 답변을 요구합니다. 당신들은 이와 같은 체제의 심각한 부도덕성을 인정합니까? 우리의 체제가 이미 이 문제를 대면할 능력도 해결할 능력도 잃어버렸다는 것을 인정합니까? 어떻게 대응할 것입니까? 지금 정권을 담당하고 있는 여러분은 우리 민족이 이 문제를 반드시 공동으로 직면해야 할 때가 바로 지금이라는 사실을 인정합니까? 무고한 동포에 대한 박해가 이미 발생하고 있는 지금, 당신들은 전체 민족 앞에서 그와 같은 죄악을 당장 중단할 것이고 앞으로는 그와 같은 일이 다시는 발생하지 않을 것이라고 말할 만한 도덕과 용기를 가지고 있습니까? 당신들은 앞으로 그와 같은 일이 다시는 발생하지 않을 것을 약속할 수 있습니까? 인민들이 요구하는 것은 단지 정부가 즉시 범죄행위를 중단하는 것뿐임을 당신들은 아셔야 합니다! 사실상 이 정부는 인간세상에서 가장 기괴한 정부입니다.

우리의 조사 결과는 견실한 신념을 가진 이런 사람들을 '전향'시키는 임무를 맡았던 사람들이 전향의 목적을 달성할 수 없게 되자 완전히 인성(人性)을 잃어버리고 극도의 악행도 서슴없이 자행하고 있다는 것을 보여줍니다. 체제가 총동원되어 6년 동안 미친 듯이 탄압을 자행했으나 결국 실패로 돌아가자 최근에는 단말마적 발악의 행태를 보이고 있습니다. 최근 허베이 주어저우(涿州)시에서 일어난 사건이 그 분명한 예입니다. 경찰 허쉐에지엔(何雪健)은 다른 동료 경찰들 앞에서 여자 파룬궁 수련생을 강간했습니다.

변태적인 방법으로 어떻게 하든 '전향'의 목적을 달성하려는 중국 경찰은 완전히 폭력조직화되어 정의와 법치주의는 그들의 마음에서 이미 오래 전에 사라졌고, 도리어 인민을 유린하는 것이 자신들의 직무라고 여기고 있습니다. 이것은 신앙인을 반인륜적으로 박해한 악행이 낳은 필연적인 결과입니다. 그들이 운영하는 노동교양소에서는 오이 한 개가 25위안에 팔리고, 닭 한 마리는 100위안에 팔립니다. 감방은 공공자산임에도 불구하고 인민경찰은 감방을 호텔방처럼 사고 팔수 있는 하나의 상품으로 만들었습니다. 감방의 잠자리 하나가 한 달에 2000위안에 팔립니다. 돈 없는 많은 수감자들은 한밤중에도 비인간적인 대우에 시달려야만 합니다. 중국 경찰은 단지 도덕이 없을 뿐만 아니라 사람이라면 당연히 가져야 할 수치심도 전혀 남아있지 않습니다.

우리의 조사 결과는 노동교양소가 죄악의 원천이라는 것을 보여줍니다. 그것은 지난 반세기 넘게 우리 민족에게 엄청난 재난을 가져왔던 곳입니다. 노동교양소는 중국 국무원이 《헌법》을 모욕적이고 폭력적으로 유린하고 있다는 적나라한 증거입니다. 그럼에도 불구하고 중국 《헌법》 시행하에 여전히 존재하고 있는 아입니다. 인류 역사상 그 어떤 국가의 정부도 중국 국무원처럼 노동교양소 같은 제도로 《헌법》의 가치를 훼손한 정부는 없었습니다. 이것은 중

국 정부가 주장하는 소위 의법치국(依法治國)이 얼마나 허황된 것인
지를 잘 나타내 주고 있습니다. 중국의 《헌법》과 《중화인민공화국
입법법》, 《중화인민공화국행정처벌법》 내지 《중화인민공화국행정
허가법》 등 일련의 기본법률들은 국무원이 공민의 인신자유를 박
탈할 수 없다는 점을 분명히하고 있습니다. 위 법률들이 공포된 후
에도 중국 국무원은 노동교양소 제도를 지속시키고 확산시켰을 뿐
만 아니라 가장 추악하게 만들었습니다. 그리하여 노동교양소는
《헌법》과 법률이 보장하는 공민의 권익을 침해하는 야만적인 도구
가 됐을 뿐만 아니라 《헌법》을 훼손시키는 대표 사례가 됐습니다.
그것은 기본적으로 중국 국가가 법치주의로 나아가는 데 가장 큰
장애가 됐습니다.

　노교제도는 중국의 《헌법》과 법률원칙 내지 법치주의에 대한 최
대의 적입니다. 우리는 이번 조사를 통해서 노교제도가 중국의 의
법치국이라는 가치에 정면으로 반한다는 것을 분명히 알 수 있었
습니다. 또한 기층 정부 단위에서 노교제도가 더욱 악화된 모습으
로 나타나고 있다는 것을 알 수 있었습니다. 그 자의성과 광범위함
은 사람들의 상상을 초월합니다. 노인 왕위환(王玉環)과 쑨수샹(孫
淑香) 여사는 6년간 9번이나 불법적으로 노동교양소에 감금됐는데
이에 관한 법적 절차는 너무나 불충분하여 아이들 장난보다도 못
하다고 할 것입니다! 지금은 우리 민족이 이 모든 것을 종결지을
시간입니다!

나는 특별히 강조하고 싶습니다. 그와 같은 죄악이 끝나지 않는다면 나 가오즈성 같은 사람들에 대한 고문은 계속될 것이고, 중국 사회의 안정과 조화는 없을 것이며, 인민에 대한 재난은 결코 멈추지 않을 것입니다. 이와 같은 잔혹한 상황에 대하여 인민들은 더는 인내할 수 없게 되었습니다. 사람들은 차츰 양심을 져버리고 권력을 남용하는 자들에 대한 인내심을 잃어가고 있습니다.

그와 같이 확고한 신앙을 견지하고 있는 동포들과의 만남은 오늘날 우리 민족이 가장 소중한 그 무엇을 아직 간직하고 있다는 확신을 주었습니다. 그 사람들이 차분한 목소리로 자신들이 겪은 박해 경험을 이야기하는 것을 들으면서 내 영혼은 진감되어 눈물을 쏟지 않을 수 없었습니다. 가장 아름다운 내면의 가치를 지키기 위해 죽음도 마다하지 않는 정신을 보았습니다. 6년의 박해과정을 지나면서 더없이 고귀한 사람들이 그 모습을 드러냈습니다. 그들은 신앙에 대한 견정함을 보여주었고, 우리 민족의 아름다운 미래에 대한 희망을 보여주었습니다.

우리가 이번 조사 중에 알게 된 분명한 사실이 한 가지 더 있습니다. 박해받은 파룬궁 수련생들은 그들이 얼마나 오랜 기간 박해받았는지 어떻게 박해받았는지에 상관없이 그들의 신앙에 대하여 더욱 견정해졌다는 공통점을 보여주었습니다. 요녕성 푸신(阜新)시 한(韓) 여사의 경우가 이것을 가장 잘 보여주는 사례일 것입니다. 그녀는 여러 차례 체포되어 수년 동안 야만적인 박해를 받은 후 풀려났습니다. 그 후 파출소 소장이 그녀를 찾아가서 그녀로부터 파룬궁을 더는 수련하지 않겠다는 약속을 받아내려 했습니다. 그녀는 그 경찰에게 차분하면서도 단호하게 말했습니다.

당신이 나를 백 번 체포한다고 해도 나는 계속 수련할 것입니다. 우리가 수련하는 것은 무슨 잘못이 아니며 죄도 아닙니다. 내가 집으로 돌아온 후 나는 내 가족과 주변 사람들에게 파룬궁에 대한 진상을 계속 말해 주었습니다. 내 말을 들은 사람들 중 30명이 넘는 사람들이 수련을 시작했습니다.

파룬궁 수련생들과 함께하는 동안 나는 한 가지 더 기쁜 사실을 알게 됐습니다. 인성 양심 도덕 자비심 책임감 등이 사라져가는 오늘날 이 수련생들이 보여준 내면의 영적 정신적 도덕적 자세는 우리 민족 중에서 완전히 새로운 사람들의 집단이 출현했다는 것을 알려주는 것 같았습니다. 영적인 세계에 대한 신앙이 모든 것을 변화시킬 수 있다는 강렬한 느낌을 받았습니다. 그리고 나는 그것이 타락하고 퇴폐한 우리 민족을 구원할 수 있는 희망이자 현실적 방안이라는 것을 알게 됐습니다.

수련생들을 만나는 과정 중에서 그들은 그들이 겪은 잔혹한 박해 과정을 말할 때 하나같이 평정심을 보여주었고, 박해를 가한 자들을 원망하지 않고 너그러이 포용했으며, 우리 민족의 아름다운 미래에 대한 희망을 잃지 않았습니다. 그 뿐 아니라 이 사람들은 명리(名利)를 중요하게 생각하지 않습니다. 그들은 야만적인 박해를 받고 있는 사람, 생존의 위협을 받고 있는 사람, 감금되었거나 고문을 받아 사망한 사람들 또는 완전히 경제적 능력을 상실한 사람들의 자녀와 노인들을 소리 소문 없이 도와줍니다. 일반인들은 그와 같은 사정을 상상할 수도 없을 것이고 말로 설명해 준다고 해도 이해하기 어려울 것입니다.

올해 33세인 주샤오광(朱曉光)은 나에게 다음과 같이 알려주었습니다. 그가 감옥에 갇혔을 때 감옥의 분위기는 정글과 같았다고 합니다. 옆의 죄수에게 더욱 흉악하고 악질적으로 행동하여 그를 온순하게 만들려고 할 뿐 자신이 온순해지려는 죄수는 아무도 없었다고 합니다. 그러나 나중에 온 파룬궁 수련생이 신기하게도 그들의 영혼과 마음을 깨끗이 씻어 주었다고 합니다. 그는 이렇게 말했습니다.

"나는 영혼 깊은 곳으로부터 변화가 일어나서 나 자신이 평온해졌습니다."

그 후 그 감옥에서 백 명이 넘는 죄수들이 파룬궁을 수련하기 시작했습니다. 그리고 새로 들어온 죄수에 대해서 몽둥이찜질 대신 관심과 배려를 베풀기 시작했습니다. 새로 들어온 죄수로서는 참으로 어안이 벙벙할 지경이었습니다. 경찰 장린요우(張林有)는 놀라운 얘기를 들려 주었습니다. 그는 파룬궁을 수련한 덕으로 공주링(公

主嶺)수용소에서 죄수들을 고문하지 않고 뇌물도 받지 않는 유일한 경찰이 됐다고 말했습니다. 그가 돈이 한푼도 없을 때 뇌물을 받는 그의 동료들을 보면 마음이 흔들려 너무나 괴로웠다고 합니다. 그는 수련한 후 그의 내면이 완전히 바뀌었다고 합니다! 나중에 그가 담당하고 있던 죄수 60여 명이 고마워하며 모든 중국 경찰이 파룬궁을 수련해야 한다고 말했습니다. 그렇게 되면 중국 경찰이 세계에서 가장 문명적인 경찰이 될 것이라고 말입니다. 그러나 그는 결국 파룬궁을 수련한다는 이유로 불법적으로 노동교양에 처해졌고 직장에서 해고당했습니다.

우리가 가슴 아프게 목도해야 했던 다른 한 광경은 공개적인 정치 압력과 더불어 금전적인 유혹으로 인해 경찰이 최소한의 양심도 잃어버리게 됐다는 것입니다. 인간 내면의 추악한 면이 커지면서 인간으로서 가져야 할 최소한의 양심이 무너졌고, 이로 인해 경찰은 사실상 이 야만적인 박해의 또 다른 피해자가 되었습니다. 문화대혁명 이후 우리 민족은 조금씩 인성 도덕 양심 정의 인애(仁愛) 등 기본적 가치와 이념들을 회복해 나갔는데 이제 그와 같은 가치들이 다시 한 번 철저히 훼멸되고 있습니다. 국가 공직자들의 정기(正氣), 정의 그리고 선진성은 국가가 운영하는 관영매체에서나 들을 수 있을 뿐 인민들은 그와 같은 말에 침을 뱉으며 거짓말이라고 합니다! 정기, 정의, 양심이 사라진 공직자들은 '정치를 논하는'(講政治, 정치를 논하고 학습을 논하며 정기를 논하라는 장쩌민江澤民의 말에서 인

용된 것임_역주) 고담준론(高談峻論)으로 업무를 집행할 뿐입니다.

신앙과 도덕은 한 민족의 영속을 보장하는 가장 중요한 정신입니다. 신앙이 없는 민족은 무엇이나 다 믿을 수 있지만 정반대로 무엇이나 다 불신할 수도 있습니다. 우리 민족에게 있어서 수십 년 동안 가장 부족했던 부분입니다. 우리들은 민족의 도덕적 가치인 신앙의 뿌리를 잃어버렸습니다. 이것이 우리 민족이 수십 년 동안 혼란에 빠져 있었던 가장 큰 원인입니다. 인민의 신앙 자유를 보호해야만 우리 민족의 문제를 해결할 수 있습니다. 사람의 마음이 올곧아야 비로소 희망적인 미래가 있을 것입니다. 정부가 지난 6년간 행한 것은 바로 피비린내 나는 야만적인 폭력으로 우리 민족이 그와 같은 희망적인 미래로 가는 길을 막는 일이었습니다. 이 공개서한을 통해서 우리는 정부를 향해 몇 가지 반드시 필요한 요구를 하고자 합니다. 먼저 자유 신앙인들에 대한 피비린내 나는 탄압을 즉각 중지해 주십시오! 즉각 그들을 석방하고 그들에게 손해를 배상해 주십시오!

그러나 나는 파룬궁 신앙인들에 대해 그들도 잘못이 있으니 그 잘못을 바로 잡으라고 말하지 않겠습니다. 그 신앙인들의 마음속에는 그리고 우리 민족의 양심 속에는 이 신앙인 단체에 그 어떤 잘못도 없다는 확신이 있기 때문입니다. 만약 이 민족을 반세기 동안 잔혹하게 학대해 온 사람들이 그 신앙인들도 잘못을 바로잡아야 한다고 주장한다면 그건 하나의 속임수에 지나지 않습니다. 왜냐하면 그렇게 학대해 온 사람들 자신이 어떠한 도덕적 자격도 가지고 있지 않을뿐더러 그와 같이 시비를 따지는 것은 그 박해를 당한 신앙인들에 대한 모욕이기 때문입니다! 현 정권은 처음부터 지금까지 줄곧 잔학하고 우매했고, 그들에게는 법도 없고 하늘도 없었습니다. 여기에서 나는 분명히 말합니다. 여전히 반성하지 않고 폭력을 신봉하는 자들은 진실을 말하는 자에 대한 야만적인 박해를 되풀이해서는 안 되며, 이 민족에 대한 일체의 해악 행위를 중단해야 합니다! 이것이 당신들에게 남아 있는 마지막 출구입니다!

마지막으로 나는 후진타오와 원자바오 두 분께, 반세기 동안 동포를 괴롭혀 온 정부 기관의 모든 부서가 선량한 그들의 피와 눈물로 얼룩져 있다는 것을 인정할 수 있는 용기와 도덕이 남아 있기를 바랍니다. 수천 년 동안 줄곧 전제, 독재, 폭정에 억압받아 온 중국 민족의 비참한 운명을 인정할 수 있는 용기와 도덕이 남아 있기를 바랍니다. 민주, 자유, 법치 그리고 인권을 존중하는 정권이 역사상 단 한 번도 이 광대한 땅 위에 존재한 적이 없었다는 것을 인정할 수 있는 용기와 도덕이 남아 있기를 바랍니다. 민주, 자유, 법치 그리고 인권에 대한 우리 민족의 열정이 오늘처럼 치열했던 적은 없었다는 사실을 인정할 수 있는 용기와 도덕이 남아 있기를 바랍니다. 오늘날 중국에서는 인민의 그와 같은 민주, 자유 등의 열정을 꺾어버리기 위해 모든 역량이 집중되고 있다는 현실을 인정할 수 있는 용기와 도덕이 남아 있기를 바랍니다.

나의 직언을 용서하시기 바랍니다. 우리들은 이 모든 피의 역사가 인민의 마음속에 기억되어 있음을 부인할 수가 없습니다.

마지막으로 후진타오, 원자바오 두 분께 말씀드리고 싶습니다. 우리들이 이런 재난을 당하고 있는 동포들의 안전을 마음속으로 진정하게 기원할 때에야 비로소 그들의 진정한 안전이 확보될 수 있을 것입니다. 두 분께서 우리 민족의 앞날을 진정으로 염려해 주시기를 바랍니다! 두 분에게 우리 민족과 마찬가지로 아름다운 앞날이 있기를 기원합니다!

새해 후진타오, 원자바오 당신들의 평안과 건강을 기원합니다!

새해 우리 전 중국 동포들에게 새로운 세상이 열리기를!

중국 인민들에게 신의 가호가 있기를!

당신들의 동포, 가오즈성

2005년 12월 12일 지린성 창춘시에서

감 시

중공이 범죄 증거를 감추기 위해서 예로부터 지금까지 사용한 방법은 매우 단순하다. 바로 진실을 말하는 사람을 죽이는 것이다. 오늘날 중공은 불량배들을 고용하여 당신의 뒤를 쫓고 포위하고 감시한다. 오늘도 집 앞에서 수십명의 사복들과 차량들이 지키고 있다.

5. 감시

중국의 일부 저명인사는 내게 묻는다. 나를 감시하는 정부의 움직임에 대해 내가 시시콜콜 기록하는 것은 쓸데없는 일이 아니냐고. 말인즉 내 이미지만 더럽힐 뿐이라는 것이다. 그들에게 나처럼 하라고 요구할 생각은 없으나, 나는 이것을 기록으로 남기지 않는 것은 잘못이라고 생각한다. 당이 사람들을 미행하고 박해하고 가택연금하는 것은 불법이며 기본적인 윤리와 인권을 침해하는 것이다. 나는 이것을 기록하고 증언하고 폭로하는 것이 내 책임이라고 생각한다.

새벽형 인간

지방 정부가 신앙인들에게 자행한 잔혹한 박해를 후진타오 주석과 원자바오 총리에게 공개서한의 형식으로 알린 지 35일이 지났다.

그러자 정부는 나의 가족을 24시간 내내 은밀히 감시하기 시작했다. 감시는 오늘로 33일째가 된다.

오늘 아침 6시, 나는 딸을 학교에 데려다 주려고 밖으로 나갔다. 내가 나타나자 추운 밤을 밖에서 보낸 사복경찰들의 행동이 빨라졌다. 30초도 안 돼 6~7명이 세 방향에서 나를 둘러쌌다. 그들은 내가 자전거를 꺼내는 것을 보고 나를 따라오기 위해 주택 단지 입구에 주차한 승용차와 오토바이로 뛰어가 승차한 채 나를 기다렸다. 나와 딸이 문을 나서자 요원들은 우리를 따르기 시작했다. 오토바이와 우리의 거리는 3미터 정도였다.

딸이 나에게 말했다.

"아빠, 저 사람들 나쁜 짓을 하려나 봐요! 아빠가 나를 학교에 데려다 주는데 아빠를 따라오는 것이 수상해요."

"저들이 무슨 나쁜 짓을 하려는 것은 아니란다."

내가 대답했다.

"그들은 아무 생각도 없어."

"사람이 생각 없이 어떻게 살 수 있어요?"

"중국에서는 생각 없이 살아야 고생을 덜 한단다."

내 딸은 이해가 안 된다고 했다.

"우리 아빤 정말 착해. 아빠를 따라오는 저 사람들은 뻔뻔한 사기꾼 같아요."

우리 두 사람은 웃었다. 딸이 이야기를 이어갔다. 나쁜 여자를 둘러싸고 돌면서 놀려대는 노래를 아는 아이가 학교에 있다며 오늘 배워서 내일 저 사람들에게 들려주고 싶다고 했다.

"아빠는 저 사람들이 부럽구나. 네가 아빠한테 노래 불러 준 적이 없잖아!"

딸은 순진하게 대답했다.

"그건 놀리는 노랜데요."

계속 잡담하며 걷는 사이 우리는 학교 입구에 도착했다. 딸이 얼마 전에 발목을 삐었기 때문에 나는 딸을 교실까지 데려다 주어야 했다. 사복경찰 한 명이 우리를 학교 안까지 따라왔다.

집으로 돌아가는 길에 나는 위안다두(元大都)공원을 지나갔다. 지나는 김에 아침 조깅을 거기서 하기로 결정하고 뛰기 시작했다. 사복경찰들은 내가 달아나려 한다고 생각했는지 크게 당황했다. 그들은 오토바이를 옆으로 밀어 놓고 나를 따라 뛰어 왔다. 그들은 점차 내가 '도망치려는' 의도가 없다는 것을 깨달았다. 그들은 진정했지만 그래도 약간의 거리를 유지하면서 계속 나를 따라 왔다. 정말 재미있는 것은 어제와 마찬가지로 오늘도 한 사복경찰이 내 움직임을 시시각각 상관에게 보고하는 것이었다.

"네, 그는 모모 교차로에 있습니다..."

"동쪽으로 돌았고..."

"남쪽으로 돌았고..."

"네, 그는 왼손을 주머니에 넣고 있습니다!"

"넵, 그는 지금 손을 주머니에서 뺏습니다..."

"지금 신호등에 서 있습니다..."

그러고 보니, 어제 오후에 웃기는 일 하나가 있었다.

딸을 데리고 오기 위해 학교로 가는 것은 늘 있는 일이지만 어제
는 이 일로 인해 사복경찰과 그 상관이 완전히 공황상태에 빠졌었
다. 스케줄이 항상 꽉 차 있기 때문에 나는 늘 시간에 쫓긴다. 학교
에 딸을 데리러 가는 것도 마찬가지였다.

나는 어제 층계를 뛰어 내려갔다. 내가 자전거에 막 올라 타려고
했을 때 요원들이 나를 발견했다. 그들은 정신없이 뛰어가며 소리
질렀다.

"빨리! 서둘러! 서둘러!"

"빨리 차 시동 걸어! 빨리 오토바이도!"

"빨리 해! 몇 명은 먼저 걸어서 빨리 그를 따라가! 빨리!"

지난 며칠간 나를 따라 다니던 번호판 없는 소나타가 2분 뒤 내
자전거 앞에서 끼익 소리를 내며 멈췄다. 나를 따라 오던 다른 차들
도 곧 나타났다. 마지막으로 오토바이들이 왔다. 오토바이 한 대에
는 사복경찰 두 명이 탔고 다른 한 대에는 우두머리로 보이는 남자
가 앉아 있었다. 그는 내 모든 움직임을 다른 곳의 상관에게 계속해
서 보고하고 있었다. 그들이 느끼는 낭패감은 내겐 몹시 인상적이
었다. 그들은 마치 매 순간 나를 감시해야 체제가 유지된다는 듯이
행동했다. 사복경찰의 반응이 얼마나 빠른가에 나라의 운명이 달려

있는 것 같았다. 그들 중 몇 명은 나를 바싹 따라 붙다가 내가 저녁 식사 후에 일하러 사무실에 갔을 때에도 따라 들어왔다.

20일 째 되던 날, 나는 사복경찰의 상관에게 어떤 인간적 측면이 있음을 발견했다. 매일 밤 나의 '감시자들'에게는 예쁜 여성들이 따라 붙었다. 아마 그래서 사복경찰들이 그렇게 충성스러웠던 모양이다.

여기에 적은 모습 그대로 이 요원들은 아직도 내 가족들에게 불법적이고 숨 막히는 감시 업무를 수행하고 있다.

2005년 11월 23일

경찰차들

17일 간의 진상조사를 마친 후 집에 돌아왔다. [11월 29일 가오즈성은 경찰의 감시를 피해 베이징을 벗어나 랴오닝, 지린, 산동에서 파룬궁 박해 관련 조사를 한 후 17일만에 집으로 돌아왔다. 당시 산동에서는 백 년 만에 폭설이 쏟아졌고, 시내는 48시간 동안 정전이 됐다. 가오즈성은 그곳에서 떨리는 마음과 떨리는 손으로 후진타오와 원자바오 및 전체 중국 동포에게 보내는 제3차 공개 서신을 완성했다. _중문 편집자 주] 오늘 아침 6시 45분에 나는 운동을 하려고 아래층으로 내려갔다. 나를 감시하며 밖에 대기하고 있던 사복경찰들은 즉시 긴장했다. 밖에 배치된 차량은 거의 20대나 되었고 번호판을 보니 다른 성(省) 소속의 차량이었다. 이 차들은 내 가족을 따라 다니며 감시하는 전용 차량들이었다. 내가 아래층에 내려와서 조깅을 시작하자, 사복경찰들은 허둥거리며 즉시 나를 따라왔다. 하지만 내가 단지 조깅을 하는 것뿐임을 알고는 그 중 4명만이 나를 따라오고 나머지는 돌아갔다.

내가 아침 운동을 마치고 돌아올 때, 사복경찰 중 한 명이 불만스러운 목소리로 자기들 시야에서 사라지지 말아야한다고 말했다. 만약 내가 이 지시를 따르지 않으면 가만있지 않겠다고 했다.

나는 그에게 물었다.

"당신들 상관이 그런 명령을 내렸는가?"

그는 그렇지 않다고 말했다.

나는 그에게 말했다.

"당신이 이렇게 하는 것은 상관의 명령을 무시하는 것 아닌가?"

그러자 그는 말했다.

"허튼소리 그만하시오! 이렇게 추운 날씨에 온 밤을 밖에서 새워서 기분이 좋지 않으니까!"

나는 그에게 말했다.

"당신은 정말 가련한 생명이구먼."

그는 당황하는 기색이었다.

내가 집에 도착했을 때 아내는 우리 손님들도 도착했음을 알았다. 아내는 가정부에게 밖에 있는 그들에게 따뜻한 물을 가져다 주라고 말했다. 가정부는 그런 아내가 이해되지 않는지, 이 '쓰레기들'에게 관심을 보일 필요가 없다고 대답했다. 나는 이 젊은이들에게 우리의 선한 마음을 보여 주자고, 그리고 그들이 누구인지, 그들이 무슨 일을 하는지에 상관없이 우리는 그들을 선하게 대하자고 그녀에게 말했다. 우리도 사실은 그들이 지겹다고 나는 덧붙였다.

상황은 내가 베이징을 떠날 때와 비슷해졌다. 사복경찰들은 우리 집 출입구 주변에서 오가는 사람들을 빤히 쳐다보고 있다가, 내가 밖에 나가면 나를 바짝 따라왔다. 사복경찰은 지난번(11월 29일)에 당황했던 경험을 교훈으로 얻었는지 4명 이상은 따라오지 않았다. 그들은 예의 주시하면서 나를 가까이 따라다녔다. 내가 오늘 오후 딸을 데리러 갔을 때, 차량 4대가 다시 바짝 따라왔다. 내가 학교로 들어서자 사복경찰은 차에서 내려 나를 따라왔는데, 마치 이 방면의 전문가적 자질을 보여주는 듯했다.

2005년 12월 16일 베이징에서

탈당하라

오늘 베이징 날씨는 몹시 춥다. 추운 날씨에도 불구하고 사복경찰 형제들은 나 때문에 아직도 내 사무실 빌딩을 감시하며 건물 밖에 서 있어야만 한다. 살을 에는 바람은 분명 이들에게 조금의 연민도 없을 터이다.

차가운 겨울바람에도 불구하고 사복경찰들은 마냥 밖에서 나를 감시할 것이다. 그러나 사복경찰들을 지시하는 사람은 이 차가운 겨울바람을 맞지 않고 집 안 어딘가에서 따뜻함을 만끽하고 있을 것이다.

추위를 견뎌야 하는 사람은 사복경찰들만이 아니다. 비슷한 환경에 처해 있지만 완전히 다른 이유로 추위를 온몸으로 견뎌내야 하는 사람들이 있다. 당국에 청원하러 베이징에 온 십만이 넘는 동포들이 바로 그들이다! 이 사람들은 보통의 삶 혹은 따뜻함을 박탈당한 지 오래 되었다. 하지만 이 지독한 겨울에 그들은 베이징으로 나를 찾아와 오히려 나에게 따뜻함을 선사해 주었다.

오늘 대략 24명쯤 되는 여러 지역의 청원자들이 나를 찾아 사무실로 들어왔다. 그들은 당국이 나의 가족을 매우 심하게 박해하고 있어서 나를 만나고 싶었다고 말하는 것이었다. 우리는 즐거운 대화를 나눴다. 그리고 그들은 밖에 있는 사복경찰에게 내가 즉석연

설을 해주기를 바랐다. 그 말을 듣고 보니 좋은 생각이었다. 나는 청원자들에게, 그리고 동시에 사복경찰에게 다음과 같이 말했다.

『우선 나는 이처럼 혹독하게 추운 날 나와 내 가족에게 따뜻함과 사랑을 선사해 준 여러분께 감사드립니다. 하지만 나는 지금 당신들을 도울 방법이 없어서 마음이 아픕니다. 당신들은 너무 오랫동안 외롭게 고생했습니다. 나는 지금 여러분이 내게 주신 따스함에 보답하기로 마음먹었습니다. 나는 모든 힘을 모아, 당신들이 따뜻하고 안전하게 살 수 있도록 돕겠습니다. 당신들은 마땅히 그래야 합니다.

나는 여러분과 어려움을 함께하고자 합니다. 하지만 나는 '법률을 무기로 삼아' 싸우기를 제안합니다. 일부 사람들은 '법률'이라는 두 글자를 빼고 무기를 사용하여 중국 사회를 바꾸자고 주장하지만 나는 이에 동의하지 않습니다. 여러분과 마찬가지로 나도 중국 사회가 빨리 변화하기를 바라고 있습니다. 하지만 우리가 추구하는 사회는 여태껏 있어본 적이 없는 사회이며 그것을 이루기 위해 사용되는 수단도 전례가 없는 비폭력 저항입니다. 중국 역사는 너무도 많은 폭력적 변화를 겪어 왔고 그때마다 해방된 사람들은 환호성을 올렸지만, 이는 잠시뿐이었습니다. 잔혹한 폭정은 종식되지 못했으며 인민에 의한, 그리고 인민을 위한 정권은 세워지지 않았습니다. 억압받는 자들의 욕구를 충족시키는 선에서 끝나는 변화라면, 이는 완전한 변화라고 할 수 없습니다. 다시는 억압받는 사람들이라 불리는 계층이 나타나지 않는 사회가 되도록 하는 그런 변화만이 진짜 변화입니다. 어떻게 하면 비폭력적으로 변화를 가져올 수 있을지 말해 보라고 한다면, 나는 그 방법은 파룬궁 속에 있다고 말하겠습니다. 파룬궁은 단 한 방울의 피도 흘리지 않고 변화를 가져올 수 있는 방법을 사용하기 때문입니다. 그리고 그 첫 발걸음은 사람들을 설득하여 저 사악한 당, 이 세계가 상상할 수 있는 모든 형태의 악을 저지른 당을 탈퇴하는 것으로부터 시작됩니다. 내 제안은 당을 떠나 신에게 더 가까이 가자는 것입니다. 이렇게 해야 우리는 아름다운 변화를 이끌 수 있고 앞으로도 지속될 놀라운 체제를 얻을 수 있을 것입니다!

우리가 지금 이 시대에 중국에서 산다는 것은 불행입니다. 우리는 세계 어느 민족도 겪어 보지 못한 고난을 겪고 있기 때문입니다! 그러나 이 시대에 중국에서 산다는 것이 한편으로는 행운일 수도 있습니다. 왜냐하면 세계 역사상 가장 위대한 민족이 그 고난의 역사를 종결짓는 것을 목격하며 거기에 동참하게 될 것이기 때문입니다!

중국에 얼마나 빨리 변화가 찾아올지는 국민의 손에 달렸습니다. 그리고 여기 앉아 있는 여러분도 바로 그 국민에 속합니다.』

(흐르는 눈물, 박수……)

2005년 12월 21일 베이징에서

공개적인 감시

어제 그제 한 무리의 사복경찰이 몰려왔다. 30여 명이나 되는 사복경찰이 차량 열 대와 오토바이, 자전거 여러 대를 동원해 대낮에 누군가를 미행한다는 것은 어려운 일이다. 가오즈성과 그 가족을 감시하는 일이 마치 당과 국가의 존망과 관련되는 것인 양, 그들은 결코 감시를 멈추지 않는다.

오늘 그들은 더 많은 신경을 쓰며 내 뒤를 좇아오고 있다. 공원에서 아침 운동을 하는 동안 사복경찰 여러 명이 나를 감시했다. 그리고 그들은 집에 올 때도 나를 가까이서 따라 왔다. 아침 식사 후, 아내는 딸아이를 음악 학원에 데려다 주러 갔다. 물론 사복경찰 몇 명이 그들을 따라갔다. 딸이 한 시간 정도 레슨을 받는 동안, 사복경찰들은 그렇게 바깥에 서 있다가 귀가할 때도 집까지 따라왔다. 정말 이해할 수 없는 일이었다. 딸아이는 정오에 학교에서 영어 수업이 있었다. 그 애가 수업을 들으러 갈 때, 사복경찰 2명이 즉시 뒤좇았다. 키도 크고 덩치도 커다란 어른 2명이 한 가냘픈 꼬마 소녀 하나를 뒤따랐던 것이다. 나는 어린 딸아이가 하루 24시간 그런 끔찍한 일을 당한다는 데 화가 났다. 내가 무력하다는 것이 괴로웠다. 정부가 내 딸에게 가하는 잔인한 짓과, 그것이 딸에게 미칠 심리적 충격을 생각하니 더욱 괴로웠다.

딸을 보낸 후, 아내는 KFC에서 점심을 먹자고 했다. 이번에 나를 추적하는 차량들이 완전히 전투 대형을 이루었다. 구석구석에 주차돼 있던 차 6대가 따라왔다. 차 안에는 사복경찰이 최소 2명씩 타고 있었고, 조수석에 앉은 사람은 무전기를 들고 있었다. 일단 밖으로 나오자 나는 보이지 않는 누군가가 사복경찰에게 능숙하게 지시하고 있다는 것을 쉽게 알아차릴 수 있었다.

KFC에 도착해서 식사할 자리에 앉자, 안경을 쓰고 무표정한, 한 덩치 큰 사내가 우리에게 다가왔다. 그는 아내 앞 1.8미터 정도 되는 거리에서 아내를 마주보고 섰다. 그와 그 뒤에 있던 다른 사복경찰들의 얼굴이 무덤덤한 것으로 보아, 그들이 전에도 이런 일을 여러 번 했다는 것을 알 수 있었다. 우리는 점심 식사를 시작했다. 그들은 우리가 식사를 끝낼 때까지 줄곧 그 자리에서 목석처럼 서 있었다. 집으로 오는 길에 아내와 나는 다시 한 번 차량 여러 대의 호위를 받았다. 집에 돌아온 후 일할 준비를 마친 나와 아내는 사무실로 출발했다. 아까는 나를 뒤따르던 요원들이 지금은 우리 앞에서 우리를 이끌었다! 아내는 내가 입은 옷을 보고 그들이 내 목적지를 눈치 챈 것 같다고 농담했다.

그날 오후, 우리는 상하이에서 온 청원 대표자 약 50명과 만났다. 이들 사복경찰은 문 옆에서 기다리면서 열심히 그들이 임무를 수행했다.

2005년 12월 24일 베이징에서

새해 첫날

2005년의 마지막 날, 바로 어제까지 비열한 모습을 보여준 사복경찰의 배후 조종자는 2006년 첫 날인 오늘도 여전히 비열했다.

오늘 오전 나는 밖에 나가지 않았다. 오후 12시 45분에 일요일 예배에 참석하기 위해 한 가정교회로 차를 몰았다. 우리 이야기를 취재하려고 온 해외 기자들이 내 차에 합승했다. 그들 중 사진기자 한 사람이 있었다. 그는 기자로서 늘 하던 대로 이런저런 사진을 찍었는데, 그걸 본 사복경찰들이 당황해하는 모습에 우리들은 웃음을 멈출 수가 없었다. 그들은 마치 이 세상에 처음으로 나와 본 생쥐들처럼 어찌할 바를 모르고 허둥댔다. 우리는 차를 몰다가 일부러 몇 차례 급정거하면서 속도를 멈추어 보았다. 그러자 우리를 쫓아오던 차량들은 미행 사실을 들키면 큰일 날 것처럼 그때마다 방향을 바꾸어 사라졌다. 마치 우리가 그들의 미행을 모르고 있기나 한 것처럼. 그들 전체의 움직임은 일사불란했다. 그들은 정말 새로운 잔디를 밟는 소심한 생쥐들 같았다. 차를 타고 가는 내내 그들은 우리를 아주 즐겁게 해주었다.

오후에 집에 돌아갈 때도 사복경찰들의 비열한 행동은 계속되었다. 도중에 친구와 나는 이발소에 들렀다. 사복경찰들은 재빨리 이발소 근처에 차를 주차했다. 그들은 사진을 찍던 기자가 다른 데로

갔다는 것을 이미 알고 있었다. 그들은 다시 대담해져서 아무런 거리낌 없이 저급하게 행동했다. 그들은 이발소 내부를 마구 촬영했다. 이발사는 깜짝 놀랐다. 이발사는 직접 자기 눈으로 보지 않았다면 정부가 이렇게 비열하게 감시한다는 것을 믿지 않았을 것이라고 말했다. 정신이 이상한 사람만이 이처럼 행동할 거라고 그는 빈정댔다. 나는 웃으면서 나하고 하루만 지내보면 더 잘 알 수 있을 거라고 말했다. 우리는 모두 크게 웃었다.

2006년 1월 1일 일요일 베이징에서 사복경찰에게 미행당하며

신기록

예전에는 유명한 사람들이 우리 집을 방문할 일이 없었다. 하지만 신의 은총으로 지난 2년간 상황은 달라졌다. 최근 꽤 많은 저명인사들이 나를 찾았다. 인권변호사 궈페이슝(郭飛熊)도 그들 중 한 명이다.

2005년 10월 20일부터 정부는 폭력배들이나 사용할 것 같은 방법으로 24시간 내내 나와 가족을 감시하고 추적하기 시작했다. 베이징에 있는 동안 사복경찰들의 동향을 기록하여 전 세계에 알리는 것이 나의 일과가 되었다. 2006년 새해 둘째 날인 어제, 궈페이슝은 광둥성의 검은 세력에 붙들려 100일이 넘게 불법감금당한 뒤 풀려나 우리집을 방문했다. 우리는 광저우 대학교 부지 강제철거 사건 피해자들의 합법적 권리를 어떻게 지켜낼 것인지에 대해서 오랫동안 토론했다.

그래서 나는 사복경찰들의 감시 활동을 기록하고 보고할 시간이 없었다. 전 세계에서 문의 전화가 쇄도하기 시작하고서야 그 사실을 알았다. 내 보고를 기다리고 있던 해외 친구들에게 미안하다. 나는 매일 나의 보고를 읽고 있을 사복경찰 형제들에게도 미안한 마음에 양해를 구한다.

어제는 새해 두 번째 날이었다. 나는 사복경찰의 배후에서 그들을 조종하는 사람들은 정상이 아니라고 쓴 적이 있다. 예를 들면 사람들이 모두 쉬는 날에도 그들은 쉬지 않는다. 도리어 그들은 더 긴장하고 더 예민해진다. 이 점을 뒷받침하는 증거가 있다.

나는 어제 하루 종일 돌아다녔고, 집 근처에 있는 차량 중 총 12대가 나를 추적했다. 출발한 지 얼마 되지 않아 나는 내 차를 세우고는 쫓던 차로 걸어갔다. 그들은 매우 당황했다. 나는 그들의 차량번호를 적기 시작했다. 각 차량의 좌석에 앉아 있던 사복경찰들은 매춘업소에서 검거된 범죄자가 얼굴을 가리듯이 자신들의 얼굴을 가리려고 애썼다. 나는 차량이 12대나 되어서 놀라지 않을 수 없었다. 그들의 차량 번호는 津AX6865, 京EJ8520, 京H39710, 津AU3651, 京A11161, 京C12696, 京E92673, 京EP0030, 京FE6234 등이었다. 그 중 아우디 1대와 무스탕 2대는 번호판이 없었다. 사람들 수를 세는 데만 거의 10분이 걸렸다. 그들의 봉급을 지급하는 일만 해도 반나절은 걸릴 것이다. 12대의 차량 안에 모두 36명의 사복경찰들(남성 33명, 여성 3명)이 타고 있었다!

오후에는 독립작가협회 만찬장에 저녁을 먹으러 갔다. 다시 차량이 줄지어 따라 왔다. 그곳에서 사복경찰들은 적수를 만나게 되었다. 우리가 그 만찬장에 도착했을 때, 협회 회원 10여 명과 초대 손님들이 이미 모여 있었다. 그들은 하나하나 사복경찰의 감시를 받는 사람들이었다. 그들은 사복경찰을 두려워하지 않았고, 심지어 카메라로 사복경찰의 얼굴을 찍기도 했다. 사복경찰들은 어쩔 줄 몰라 하며 쥐들처럼 허둥댔다. 이곳저곳에서 웃음이 터져 나왔다. 사람들은 기대하지 않았던 연극에 즐거워했다. 우리는 식당에서 5시간을 보냈다. 먹고, 마시고, 이야기를 나누다가 집에 가려고 우리가 밖으로 나갔을 때, 주차장에서 사복경찰들은 여전히 충실하게 기다리고 있었다.

집으로 돌아오자 아내는 아침에 사진관에 다녀오는데, 사복경찰이 4명이나 그녀를 바짝 뒤따라 왔다고 내게 말했다. 지금은 아내도 미행당하는데 완전히 익숙해졌다!

2006년 1월 2일 사복경찰에게 감시당하는 베이징에서

계속되는 인권옹호

2005년 11월 이후 성즈(晟智)변호사사무소는 매일 방문자들로 붐볐다. 이들은 주로 세 부류의 사람들이다. 청원자를 대표해서 전국에서 온 사람들, 중국 전역(주로 베이징)에 거주하고 있는 지식인들, 전 세계 언론에 몸담고 있는 우리 친구들이다.

이 사복경찰들은 그들이 맡은 임무를 충실히 수행하고 있다. 작년 10월 20일부터 거의 20명이나 되는 그들은 나의 개인 경호원처럼 행동했다. 내가 집에 있을 때 그들은 집 주변을 서성거린다. 내가 사무실로 향할 때, 그들은 나를 따라온다. 내가 사무실에 있을 때 그들은 사무실 입구 근처에서 서성인다. 하루 종일, 매일, 그들은 무표정한 얼굴로 손에 카메라를 들고 나를 방문하는 사람들 사진을 찍을 준비를 하고 있다. 이것은 분명 방문자들을 겁주려는 것이다. 그런데 아이러니하게도 방문자 수는 계속 증가했다! 사복경찰들은 왜 아무도 그들을 두려워하지 않는지 당혹스러워하는 것 같다.

오늘 아침 출근하려고 할 때였다. 번호판 없는 차량 9대와 각각 津AX6865, 京FE6234 번호판을 단 차량 2대가 나를 따라 오려고 했다. 그 중 京FE6234 차량에 타고 있던 여자 사복경찰이 차에서 내려 내가 타고 있는 차 앞으로 다가와 아내를 기다리고 있는 나를 노려보았다. 그 의미는 너무나도 분명했다. 달아나려 해도 소용없다는 것을 명심하라는 것이다! 그 여자 사복경찰은 아내가 차에 올라타는 것을 지켜보고 나서 자신의 차로 돌아갔다.

오전에 나는 여느 때처럼 사복경찰들의 감시하에 베이징에서 온 청원자 대표들, 학자들, 인권 운동가들 10여 명 정도를 사무실에서 만났다. 우리는 올해 진행할 인권옹호 문제를 논의했다. 우리는 전국적으로 새로운 행사를 벌이기로 합의했고 이 행사는 기존 인권옹호행사의 연장선상에서 진행하기로 했다. 이에 따라 우리는 먼저 전국의 모든 청원자들과 인권 운동가들에게 인민 대표자를 선출하는 지방 선거에 적극 참가하기를 권장하기로 했다. 우리는 베이징에서 우선 모든 자원을 집중하여 모범을 보이기로 했다. 열띤 토론 속에서 우리는 선거 절차, 입후보 가능자들, 지지단체 조직 전략과 다른 세부 사항들에 관해서 논의했다. 우리는 주위에 사복경찰들이 있는지조차 잊어버렸다.

나의 동료인 궈페이숑은 오늘 오후 번호판 없는 차량 2~3대가 그를 미행했다고 나에게 말했다. 나를 쫓던 경찰 병력 일부가 그에게로 이동했을 것이기에 나는 그에게 감사해야 할 것이다.

2006년 1월 5일 사복경찰에게 감시당하고 있는 베이징에서

파룬궁이다

매일같이 30여명의 사복경찰이 12대의 차를 타고 나를 따라다닌다. 그들 중 일부는 끔찍하게 거만하다. 나는 아래에 그 중 가장 악질적인 사복경찰 1명의 사진을 공개한다. 중국인들이 그의 얼굴을 영원히 기억하기를 바란다.

오늘 우리 집에 왔던 한 친구는 집 밖에 있던 사복경찰들의 거만하고 비열한 행동을 보고 이 사람들을 카메라로 찍겠다고 했다. 우리는 가까스로 3명의 얼굴을 카메라에 담았다. 그 후, 우리는 그들의 사진을 공개하면 그들에게 어떤 영향이 미칠까를 곰곰이 생각해 보고 그들 중 둘의 사진은 공개하지 않기로 했다. 우리는 그들이 너무 어려서 자신들의 행동이 얼마나 추악한 것인가를 아직 깨닫지 못할 나이라고 생각했다. 그래서 우리는 그들 중 우리에게 다가와 계속 위협했던 1명의 얼굴만 공개하기로 했다. 그는 신체에 공격을 가하겠다고 협박한 자이다.

우리는 정말이지 다른 세계에 사는 사람들을 보고 있는 느낌이다. 그들은 정상적인 상태가 아닌 것 같았다. 우리는 그 사진을 4장 출력해서 각자 보관했다.

오후 4시경 나는 2명의 친구들과 집으로 가고 있었다. 사람들로 붐비는 시끄러운 시장을 지나오면서 우리는 4, 5명의 사복경찰이 우리를 따라오고 있는 것을 알았다. 시장의 길이는 수백 미터 정도였고 다른 도로들이 폐쇄되어 출구가 하나밖에 없었다. 사복경찰이 우리에게 바짝 접근했는데, 이것은 이미 통상적인 미행이 아니었다. 그들은 공공연히 협박을 하면서 소동을 피우는 것이었다. 우리는 캠코더를 꺼내 들어 그 장면을 찍었다. 사복경찰 중 하나가 나를 바라보더니, 주변의 사람들에게 손가락으로 나를 가리키며 소리쳤다.

"그는 파룬궁이다, 파룬궁!"

순식간에 백여 명의 사람들이 구경하러 모여들었다. 여러분은 나중에 어떤 사복경찰이 그와 같은 만행을 저질렀는지 화면으로 확인할 수 있을 것이다. 나는 내 딸아이에 대한 사복경찰의 불법적인 감시와 미행을 모여든 사람들에게 설명했다. 그러자 그 사복경찰은 나를 마구 밀치면서 소리 질렀다.

"또 한 번 찍어봐, 그러면 체포해서 보름간 가둬놓을 테다. 못 믿겠으면, 두고 봐! 너희 같은 놈들이 세상에서 제일 더럽고 재수 없는 것들이야!"

사람들의 시선에도 아랑곳하지 않고 그는 계속해서 소리치면서 주변을 서성댔다.

오늘 오후에 사복경찰이 그렇게 미친 듯이 행동한 것은 우연이 아니었다. 이웃들은 그들의 모습을 잘 알고 있었다. 73일 동안 그들은 우리집 반경 200미터 이내에서 맴돌았다. 시장에서 그들이 펼

친 작전 특히 '그는 파룬궁이다'라고 소리친 것은 주민들에게 그들이 미행하는 이유를 보여주려는 것이었다. 그렇게 파룬궁 일원으로 몰아붙인 후 우리를 체포하는 것은 자연스럽게 보일 것이었다. 그들은 또 우리를 자극해서 체포할 핑계를 만들려고 했다. 그들은 먼저 캠코더를 우리에게 들이대면서, 우리가 그들에게 주먹을 날리는 장면을 찍으려 했다. 그러나 그들의 계획은 실패했다. 경찰 2명이 정말로 내 얼굴을 때리고 밀어댔지만, 나는 그들을 공격하지 않고 가까스로 그들을 제지했다. 그리고 그들을 타이르면서 조용히 있었다. 그들이 어떤 계략을 쓰든 우리에게는 소용이 없었다. 그렇게 길길이 날뛰던 요원은 파룬궁이라고 소리치며 체포하겠다고 위협한 후 사라졌다.

이것은 내가 국가에 의해 감시받던 73일 중 안전에 위협을 받은 세 번째 날이었다. 참으로 저속하고 조직폭력배 같은 짓이었다. 이전의 두 번은 사복경찰이 내 차를 들이받으려 한 사건을 말하는 것이다. 그런데 독재정부는 귀페이숑이 마을을 떠날 때 그를 '처리'할 것이라고 친구를 통해 우리에게 알려왔다.

중국의 독재체제를 떠받치고 있는 배후의 사람들에게 나는 다음과 같은 말을 해주고 싶다. 당신은 우리 인권운동가들이 하나의 일체를 형성하고 있다는 것을 알아야 한다. 당신은 오늘 귀페이숑을, 다음번에는 나 가오즈성을 '처리'할 수 있겠지만, 당신이 우리 모두를 '처리'할 수 있을까? 당신이 감히 불장난을 하겠다면, 당신이 이

지구상에 있는 한 우리는 당신을 뒤쫓을 것이다. 무슨 일이 일어날지는 상상할 수 있어도 얼마나 빨리 일어날 것인지는 추측할 수 없을 것이다. 당신은 우리에게 선을 넘지 말라고 경고했다. 자, 그 답례로 우리도 당신에게 우리의 선을 넘지 말라고 경고한다.

이 글을 읽는 당신들 중에서 조금이라도 생각이 있는 사람은 당신의 상사에게 이 글을 읽도록 권해주기 바란다.

2006년 1월 7일 만행을 당하고 있는 베이징에서 !!

귀페이송을 보내며

오늘 귀페이송이 떠나갔다. 경찰차들이 벌떼처럼 그를 쫓았다. 이 정권이 얼마나 강대하고 동시에 얼마나 허약한지를 보여주는 장면 이 아닐 수 없다!

오전에는 베이징의 한 프리랜서 작가가 내게 와서 경찰차와 내 가족을 감시하는 사복경찰의 사진을 몇 장 찍고 싶다고 했다. 나는 동의하며 이 친구에게 말했다.

"60억이 살고 있는 이 지구상에서 사복경찰이나 스파이가 중국 처럼 많은 곳은 없을 겁니다. 당신은 오늘 가장 많은 사복경찰과 스 파이에게 감시당하는 사람을 만난 겁니다."

그는 번호판이 없는 감시 차량이 그토록 많은 것을 보고는 어리 둥절해졌다. 그런데 오늘은 경찰등과 '안전' 표지를 다는 등 공개적 으로 경찰 신분을 드러낸 차량이 등장했다. 우리가 그들의 사진을 찍자 경찰차들이 고양이를 만난 쥐처럼 허둥대며 피하려는 소동이 벌어졌다. 지나가는 사람들이 모두 멈춰 서서 이 기이한 장면을 구 경했다.

오전에 그 친구가 떠난 후, 나는 한 경찰 차량에 다가가 창문을 두드렸다. 차 안에 있던 4명의 경찰은 겁을 먹고 누구도 대답하려 하지 않았다. 그래도 나는 계속 창문을 두드렸다. 4명 중 한 명이 마침내 조심스럽게 창문을 열었다. 나는 그들에게 긴장을 풀라고 말했다. 나는 내 차가 고장나서 그런다며, 어차피 당신들이 나를 따라올테니 당신들 차로 나와 궈페이숑을 기차역까지 태워다 줄 수 있냐고 물었다. 그들은 이런 결정을 할 권한이 없다고 대답했다. 그들 중 하나는 나머지 사복경찰들처럼 불안해하지 않으면서 내게 물었다.

"얘기 좀 할까요?"

나는 대답했다.

"좋소, 나는 대화를 거부하지 않소"

그는 다시 내게 물었다.

"궈페이숑과 함께 떠나지 않나요?"

내가 아니라고 하자 그는 다시 물었다.

"우리가 매표소에 알아보니 당신이 후베이(湖北)로 가는 기차표 4장을 구입했다고 하던데, 그러면 누가 궈페이숑과 같이 가는 겁니까?"

"나는 한 장만 샀소. 궈페이숑은 혼자 갈 거요."

"우리는 당신이 4장을 샀고, 파룬궁 관련 문제를 조사하기 위해 후베이로 갈 거라고 보는데요. 우리는 최근 이틀 동안 많이 긴장해서 지쳤어요. 궈페이숑이 떠나면 며칠 쉴 수 있겠지요."

"아, 나도 당신들이 좀 쉬기를 바라오!"

그때 다른 경찰이 갑자기 물었다.

"당신은 매일 많은 사람들과 식사를 합니다. 그 돈은 어디서 나옵니까? 누가 식사비를 내나요?"

"미안합니다만 말해 줄 수 없군요. 그걸 알아내는 게 당신 일인데, 내가 당신 일을 대신 해줄 수는 없지 않겠소."

이것으로 우리의 이상한 대화는 끝났다.

귀페이숑은 한 무리 사복경찰의 호위를 받으며 기차를 탔다. 미소와 자신감 그리고 견정함을 보여주면서.

2006년 1월 11일 감시를 받고 있는 베이징에서

연행

중공에게 미행당한 지 78일째, 나와 내 가족은 중국의 사복경찰이 세계에서 가장 비열한 집단이라고 결론지었다. 아마 다른 사람들도 대부분 이에 동의할 것이라고 생각한다. 오늘 대낮에도 그들은 혐오스럽고 경멸스러운 모습을 다시 보여주었다.

오늘 정오 아내와 나는 변호사 친구들과 점심을 먹으러 막 외출하려던 참이었다. 우리가 사무실을 나가려 할 때 사복경찰들이 우리를 둘러쌌다. 우리가 아래층에 도착해 엘리베이터에서 나갈 때 경찰들은 로비에서 우리를 기다리고 있었다. 그들은 우리를 따라 건물 밖으로 나왔다. 우리가 밖으로 나오자, 한 사복경찰은 경찰 수사차량에 앉아 우리를 캠코더로 찍었다. 이런 식의 감시는 70일 동안이나 계속됐다!

마침 나 역시 캠코더를 갖고 있어서, 차에 있는 사복경찰을 촬영했다. 그러자 그는 차에서 튀어나와 내게 덤벼들며 소리쳤다.

"너 이 자식, 비디오로 찍는 게 심각한 인권침해인 거 몰라? 그만두지 않으면 두들겨 맞을 줄 알아!"

1미터 80센티미터의 사나이가 자제력을 잃은 모습은 대단했다. 그는 연이어 욕을 했다. 나는 침착하게 그에게 말했다.

"이제 그만하시오. 나는 기독교인이니 당신한테 욕하지 않을 거요. 게다가 우린 마흔 살도 넘었으니 누굴 욕하고 그러진 않소."

그러나 그는 계속 소리치며 욕하기를 멈추지 않았다. 그는 욕을 하면서 나를 폭력적으로 밀치더니, 내 옆에 있던 장톈용(江天勇) 변호사를 끌어당기기 시작했다. 장 변호사는 그를 진정시키려 했지만 소용이 없었다. 그는 장 변호사에게 손가락질하며 소리 질렀다. 점점 더 구경꾼들이 모여들었고, 이 사복경찰은 점점 더 자제력을 잃어갔다. 20분가량 소란을 피운 후 그는 나를 가리키며 소리쳤다.

"너는 나를 촬영해서 내 인권을 침해했어. 당장 경찰에 연락해서 너를 체포하라고 할 거야."

그가 전화하자 곧이어 경찰이 현장에 들이닥쳐 우리를 연행했다. 경찰서에서 우리는 어떤 사무실로 호송됐는데, 그 사무실에서 그 사복경찰이 이성을 잃고 앞으로 뛰어 나오더니 우리에게 주먹을 휘둘렀다. 현장에 있던 다른 경찰이 끼어들어 그를 제지했다. 그런 후, 그 경찰은 내가 말하는 것을 기록하기 시작했다. 나는 그에게 이 사람과 다른 수십 명의 경찰들이 지금까지 78일 동안 비열한 방법으로 우리 일가족을 미행하고 있는데, 그만두라고 말할 용기가 있냐고 물었다. 그 경찰이 대답했다.

"할 수 없습니다."

나는 이어 물었다.

"당신이 그의 불법행위를 중지시킬 수 없다면, 무슨 자격으로 나를 여기로 데려왔소?"

그 사복경찰과 우리들은 1시간 동안 경찰서에 있었다. 경찰서에 있는 동안, 그 사복경찰이 협박조로 말했다.

"여기서 나가기만 하면 내가 어떻게 하는지 두고 봐."

그러자 장 변호사는 그곳에 있던 다른 경찰에게 말했다.

"저 말 들었죠. 당신이 경찰차로 집까지 데려다 줘야겠소."

나는 장 변호사에게 말했다.

"그러지 맙시다. 우리가 여기서 걸어 나간 후 그가 어떻게 하는지 봅시다."

우리가 밖으로 나오자 그는 벌써 어디론가 가버렸다. 오늘 벌어진 사건은 결코 우발적인 사건이 아니다. 오후에 나는 아내와 함께 슈퍼마켓에 가서 옷을 샀다. 역시 그곳에서도 사복경찰이 우리를 가까이서 미행했다.

저녁 식사 후 나와 아내는 야근을 하러 사무실로 갔다. 사복경찰 1명이 입구에서 험상궂게 담배를 피우고 있었다. 심지어 길을 비켜 주지도 않았다. 아내는 내가 그와 다툼이라도 벌일까봐 두려워 내 소매를 잡고 사무실로 들어갔다.

그와 같은 사복경찰의 태도는 결코 우연한 것이 아니다. 그를 지휘하는 자의 철저한 계획에 의한 것이다.

2006년 1월 13일 미행당하고 있는 베이징에서

배후

최근 사복경찰이 자꾸만 비이성적으로 행동하는 것은 80여 일 동안 내 가족을 포위하고 감시했어도 그들이 원하던 효과를 거두지 못했음을 암시한다. 그들의 인내심이 바닥을 드러냈다는 신호가 왔다. 그러나 더 중요한 것은 그들이 더는 나를 속일 수 있다는 자신감을 유지할 수 없었다는 것이다.

오늘 아침 나는 독일 주간지 슈피겔과의 인터뷰로 바빴다. 그래서 나는 친구에게 내 아내와 딸을 차로 쇼핑몰에 데려다달라고 부탁했다. 그들이 타고 간 것이 내 차였기 때문에, 사복경찰들은 내가 나갈 때만큼이나 긴장했다. 그래서 경찰 차량들 중 7대가 내 차를 바짝 뒤쫓았다. 후에 내 친구는 그 7대의 차가 온종일 따라다녔다고 말했다. 친구 말에 따르면, 내 아내와 딸이 2시간가량 쇼핑하러 간 동안 그 7대의 차가 내 빈 차 근처에 줄지어 서 있었는데 사복경찰 수십 명이 지루하게 빈차를 포위하고 있었다고 한다.

나는 오늘 아침 사무실에서 즐겁게 출발했다. 내가 옆집을 지나가기도 전에 약 20명의 수행원이 모였다. 우리가 가까운 시장을 지날 때, 이 광경을 매일 지켜보는 좌판 상인들이 내게 윙크했다. 자동차 수리점의 젊은이 여러 명이 구경하러 나왔다. 그들 대부분은 나를 알고 있다. 그들 중 한 명이 물었다.

"매일 사복경찰이 따라다니네요. 무섭지 않으세요?"

나는 그들에게 손에 든 캠코더를 보이면서 대답했다.

"비장의 무기가 있습니다. 그들은 이걸 두려워합니다."

그러면서 나는 몸을 돌려 팔을 들고 카메라를 사복경찰에게 돌리자 그들은 어쩔 줄을 몰라 했다. 많은 사람들이 구경하기 시작했다. 사복경찰은 그러면서도 나를 계속 따라왔다. 그러다가 내가 카메라를 그들 방향으로 돌리기만 하면 그들은 어쩔 줄 몰라 하며 허둥댔다. 수십 명의 구경꾼들이 모여 웃고 환호했다. 내가 4번째로 그들에게 카메라를 비췄을 때, 그 20여 명의 경찰들은 여성용 스카프로 얼굴을 가렸다. 눈으로 볼 수 있게 좁은 틈만 내놓고 스카프로 얼굴을 가리는 것이었다. 구경꾼은 이제 200명 가까이로 불어났다. 재미있는 장면에 사람들은 웃고, 휘파람 불고, 환호하고, 야유했다. 사복경찰들이 나를 미행하던 지난 3개월 동안 처음으로 웃음을 준 사건이다. 한 구경꾼은 소리쳤다.

"사복경찰 형제들, 내일 또 오시오!"

시민들은 정말 즐거운 시간을 가졌다.

점심을 먹은 직후, 교토통신 기자 친구들이 왔다. 내가 아래층으로 내려가 그들과 인사하면서 보니 상황이 완전히 딴판이었다. 모든 사복경찰들이 사라졌다. 일종의 슬픔이 덮쳐왔다. 그들은 79일간 나와 함께했는데, 이처럼 그들은 떠나버렸다. 허전함을 달래는 동안 비슷한 숫자의 젊은 아가씨들이 보였다. 수개월간 그들과 24

시간 부대끼다 보니 나는 일종의 직감을 얻게 되었다. 나는 한눈에 나를 따라다니는 사복경찰을, 그들이 어디에 있든지 간에, 그들의 숫자가 얼마이든지 간에 분별할 수 있게 되었다. 그가 신참이라도 내 눈을 피해갈 수 없다. 무슨 일이 벌어질까 궁금해하면서 나는 내 캠코더를 그 아가씨들에게 돌렸다. 그 캠코더가 이끌어낸 연극 같은 반응은 이전의 남자 경찰들의 반응을 압도했다. 그들은 마치 몸짓으로, 얼굴만 빼고 다 괜찮다고 말하는 것 같았다. 여자 비밀경찰들이 도착해 감시활동을 함으로써 새로운 생기가 느껴지긴 했지만, 그 외에는 달라진 것은 아무것도 없었다.

이 정부는 조직폭력배들이나 사용할 만한 비열한 수단을 사용하지 않고서는 살아남을 수 없을 정도로 타락했다. 이와 같은 천박함은 지금의 인류 문명사회에서는 보기 힘든 것이다. 지난 79일 동안 그들은 계속하여 방법을 바꾸어 가며 감시를 하고 있지만, 그들의 행동은 점점 비겁하고 우스꽝스럽게 변해갔다. 유일하게 변하지 않는 것은 그들이 나를 불법적으로 뒤쫓는다는 것이다. 이 모든 것들을 배후에서 꾸미고 계획한 사람들에게 나는 이런 말을 해주고 싶다. 당신들은 나와 내 가족의 뒤를 쫓는 데 능숙하겠지만, 당신들은 여전히 모든 면에서 사악하다. 당신들은 불장난하듯 막다른 골목으로 가고 있다. 당신들이 인민 문명 도덕 인간성 내지 인류의 근본적인 존엄성에 대한 적대감을 버릴 때, 바로 그 때 비로소 당신들은 중국인들과 화해할 수 있을 것이다. 그렇게 하지 못한다면 당신들은 가장 불행한 결말을 보게 될 것이다. 믿어지지 않는다면 지켜보라!

2006년 1월 14일 감시당하는 베이징에서

뜨거운 동포애

2006년 1월 13일은 마피아 같은 정권의 하수인인 경찰이 내 가족을 불법으로 감시한 지 78일째 날이었다. 그날 일부 사복경찰들은 그들이 마음만 먹으면 아무리 사소한 문제로도 나를 체포할 수 있다고 으스댔다. 그리고 그 말을 하고난 직후에 정말로 경찰이 나를 데려갔다. 나는 한 시간 동안 갇혀있었다.

나는 13일 그날을 영원히 잊지 못할 것이다. 그날 나는 1시간 동안 자유를 잃어버렸는데, 그 직후 나는 중국 내외의 동포들로부터 커다란 지지와 격려를 받았다. 경찰이 나를 구금했다는 소식은 잔잔한 연못에 돌을 던진 것처럼 파문을 일으켰다. 내가 구금돼 있는 동안 인터넷은 관련 소식을 보도했다.

텅뱌오(滕彪) 박사와 다른 법조계 인사들이 신속하게 내 집 앞에 모였고, 그 사이 전 세계 수백 개 단체가 빠르게 반응했다. 나는 경찰서에서 석방되는 나를 환영하는 성원의 모습에 기절할 지경이었다. 자정까지 나는 전 세계 중국인들로부터 걸려온 전화를 받았다. 마침내 기진맥진이 된 나는 전화기 두 대를 한 시간 반 동안 꺼놓아야 했다.

경찰서에서 석방되자 로이터, AFP, 미국의 소리(VOA), 독일 DPA 통신, 뉴욕타임스, 워싱턴포스트 그리고 BBC 등에서 모두 전화로 나를 인터뷰했다. 수많은 중국인들도 지지 전화를 보내줬다. 내가 받은 전화 중 3분의 1은 해외 중국인들로부터 온 것이고, 나머지는 대부분 내륙 중국인들로부터 온 것이었다.

1시간 이내에 허난성(河南省)과 후베이성(湖北省)의 600여 명의 기독교인들은 다음과 같은 문자메시지를 보내왔다.

"우리는 온몸으로 가오즈성을 보호할 준비가 되어 있다."

베이징에서 수천 명의 기독교인들이 단식기도를 했을 뿐만 아니라, 내가 석방될 때까지 전국 릴레이 단식기도를 하고 이를 전 세계에 공개하기로 했다. 그 이후에 전국 각지의 노동자, 농민, 지식인, 군인, 사업가들도 내게 전화를 했다.

한 사업가는 허베이성 랑팡(廊坊)에서 내게 전화를 걸어 말했다.

"가오 변호사님, 이 사건이 없었다면 아마도 당신과 내가 이렇게 연락할 일은 없었을 겁니다. 이번 사건은 우리 모두에게 커다란 영향을 미쳤습니다. 우리는 당신의 곤경을 좌시하지 않을 것입니다. 우리 직원들은 매일 당신이 올린 글을 읽습니다. 처음에 당신의 글을 읽자고 제안한 것은 저입니다. 나는 사장이고 직원들에게 당신 글을 읽으라고 제안하기는 했지만, 직원들에게 강요하거나 지시한 것이 아닙니다. 사람이라면 사리분별할 수 있는 이성을 가지고 있는 것이지요. 당을 탈퇴하기를 원하는 사람들은 그렇게 했습니다. 우리는 물론 사업을 계속해 나갈 것이지만, 그보다 더 중요한 것은 바로 가오즈성 당신의 안전입니다."

나는 또 안훼이(安徽), 윈난(雲南), 산시(山西), 쓰촨(四川) 및 다른 성의 여러 사람들로부터도 전화를 받았다. 많은 사람들은 내게 말했다.

"가오 변호사님, 우리는 행동하지 않으면서 그저 말만 하고 있는 것이 아닙니다. 우리는 국가안전부, 공안부, 사법부에 편지를 보냈습니다. 우리는 그들에게 만약 가오 변호사에게 무슨 일이 생긴다면 우리는 온몸으로 그를 보호할 것이다, 당신들이 무법천지에 있는 것처럼 멋대로 행동하도록 놔두지 않겠다고 말했습니다."

이번 사건이 발생한 후 여러 가지 변화가 생겼다. 예를 들면 많은 교수와 대학생들이 나와 접촉하기 시작했다. 일부 교수들은 나 자신을 보호할 수 있는 방법에 대해 조언했다. 칭화대(清華大), 중국 인민대, 베이징대, 그리고 허난대(河南大) 교수들은 내 안전을 확보할 수 있는 방법에 대해 논의했다. 실제로 칭화대 교수 그룹은 내 아내에게 전화해서 내 안전에 대한 제안을 했다. 베이징시의 많은 사람들이 내 법률사무소를 방문해 지지를 보였다.

지지자들은 자원봉사자들을 조직해 내가 최근 돌아가신 내 어머니를 추도하는 동안 나를 보호하기로 했다. 더욱이 한 자원봉사자는 거기서 나를 도와 타이핑을 했고, 전문 카메라맨도 배치됐다. 오늘 아침 베이징대, 중국 인민대, 중국 지질대(地質大) 교수들이 내 사무실을 방문했다. 이 나이 지긋한 분들은 내 손을 붙잡고 눈물을 보였다. 베이징대의 완(萬) 교수는 21년간 노동교양소에 감금되었던 분이다. 그는 28세부터 49세까지 인생의 황금기에 적법한 이유도 없이 강제 노동을 당했다. 이 노년의 방문자들은 정부 때문에 겪은 그들의 곤경을 말했다. 사무실 분위기가 침울해졌다. 심리적인 고통이 그들의 얼굴에 역력히 드러나 있었다. 그러나 그들은 자신의 고통과 고령에도 불구하고 내 안전을 염려하여 일부러 나를 방문한 것이다.

지난 몇 년간 나는 내가 맡은 사건에 온 힘을 쏟았다. 이 엄중한 시기에 동포들이 내게 보내준 사랑과 지지는 마치 장대한 양쯔강보다도 더 큰 것이었다. 내 영혼 깊은 곳으로부터 커다란 울림이 있었다. 동포들이 내게 준 그 커다란 사랑과 지지를 내가 어찌 다 갚을 수 있겠는가.

중국 정부가 비열한 방법으로 우리 가족을 감시한 지 81일째다. 이 글로 동포들이 보내준 사랑과 지지에 보답하고자 한다.

2006년 1월 16일 감시당하고 있는 베이징에서

증원군 보내

어제 저녁 나는 친구인 쟈오귀뱌오(焦國標) 교수와 집에서 저녁 식사를 했다. 우리는 식사하는 동안 얘기를 나눴고, 식사가 끝나자 그를 배웅하기 위해 나는 아래층으로 내려갔다. 작별 인사만 하고 들어오려는 생각이었다. 막 몸을 돌리자 한 건물 모퉁이에서 사복경찰 2명이 보였다. 그들 중 한 명이 휴대폰에 대고 소리쳤다.

"빨리 증원군 보내. 그와 쟈오귀뱌오가 함께 떠났다."

쟈오와 내가 헤어진 곳은 내 집에서 걸어서 6분 거리였다. 내가 집으로 걸어오는 사이에 파견된 경찰 차량들과 사복경찰들이 이미 내 아파트 주위에 모여 있었다. 무슨 큰일이 생긴 것 같았다. 마치 테러리스트 용의자 주위에 수많은 경찰차들이 몰려드는 액션영화의 한 장면 같았다.

쟈오귀뱌오는 그렇게 친당적인 인물은 아닌 것 같다. 그와 얘기를 나눌 때 나는 그가 당에 대해 '위대하고, 영광스럽고, 정확하다'거나 혹은 '영원히 승리하기를'이라고 말하는 것을 들어본 적이 없다. (내가 없는 곳에서는 그렇게 말하는지 나도 잘 모르겠다.) 당 또한 쟈오귀뱌오를 달가워하지는 않을 것이라고 생각한다.

정부요원들이 내 가족을 마피아처럼 포위했던 이 80여 일 동안 나는 매일같이 손님들을 맞이하고 배웅했다. 그러나 쟈오귀뱌오의 방문은 특별한 것이었고, 나를 감시하는 정부요원들을 예외적으로 긴장시켰다. 이유는 다음과 같다.

2005년 11월 29일부터 그 해 12월 12일 사이, 나 가오즈성과 쟈오궈뱌오는 동북쪽 도시인 창춘으로 슬그머니 떠났고, 그곳에서 당 기관원들에 의해 저질러지고 있던 파룬궁 신앙인들에 대한 야만적인 박해를 조사했다. 이후 나는 2만 자로 된 공개편지에서, 무고한 신앙인 동포들을 당 기관원들이 역사에 유래가 없을 만큼 잔혹하고 무자비하게 살해한 참상을 폭로했다. 그 편지는 중국 전역에서 끝없는 반향을 일으켰다. 사악한 중국 공산당은 그 당원 무리들이 저지른 극악한 범죄가 무엇이든지 간에 그것을 그저 일상적인 일로 간주하려 할 것이고, 도리어 그들의 죄를 폭로한 사람들을 서둘러 제거해야 할 적으로 낙인찍을 것이다. 나와 쟈오궈뱌오 같은 사람들은 그들의 피를 끓게 할 것이고, 우리가 연대하면 더욱 그러할 것이다. 그들은 우리의 지난 번 동북지방 여행에 대한 복수를 마무리하지 않았고, 만일 우리 두 비협조적인 사람들이 다시 슬그머니 사라져서 정부의 치부를 드러내면, 영원히 '위대하고 정확한' 공산주의 통치자들의 빛나는 이미지는 더 손상될 것이다.

과거 중국 공산당은 잔혹행위를 은폐하는 것은 물론 그런 행위를 저지를 만큼 충분한 힘을 가졌었다. 지금 중국 공산당은 사악한 범죄를 저지르려고 해도 우물쭈물 하다 말 정도로 힘이 없고, 그 사악함을 확실하게 감출 수 있는 능력도 없다. 중국 공산당은 종말에

다가가고 있다. 동북지방에서 쟈오궈뱌오와 함께한 15일간의 여행은 그 애처로운 상태를 보여줬다.

사람들은 피에 굶주린 당을 견뎌내느라 힘든 세월을 보내고 있다. 만일 누군가 참상을 저지르고 그것이 폭로될까봐 전전긍긍하고 있다면, 그는 다시는 그런 비인간적이고 사악한 짓을 저지르지 말자고 스스로 교훈을 되새기게 마련이다. 그러나 중국 공산 정권의 본성을 보면 이런 상식이 전혀 통하지 않음을 알 수 있다. 인간이 음식으로 살아가는 것처럼 중국 공산정권은 공포의 피비린내를 맡으며 생존을 유지한다.

내 공개편지가 3차례 발표된 이후에도 당국이 무고한 동포들을 계속해서 잔인하게 억압하고 있음을 모르는 사람은 없다. 이는 이 정권의 사악함과 반인류적 반문명적 반도덕적 본질을 보여주는 것이다. 지난 6년 동안 순수한 신앙인들을 잔인하게 살해한 죄상이 명백히 드러난 시점에서조차 그들은 잔혹한 박해를 중단하지 않고 있다. 그러니 아무도 헛된 희망을 품어서는 안 된다. 사람들에게 먹지 말고 살아가라고 하는 것보다 이 정권에게 사악한 짓을 하지 말라고 설득하는 것이 더 어렵다.

최근 산둥성 정부는 파룬궁을 변호했다는 이유로 류루핑(劉如平) 변호사를 불법적인 노동교양에 처했고, 류루핑 변호사를 변호한 양짜이신(楊在新) 인권변호사를 조직폭력배들이 하듯이 두들겨 팼다. 이와 같은 사건은 공산 통치하에서의 암울함을 다시 한 번 일깨워

준다.

공산 정권의 인간과 법치에 대한 내재적인 적개심은 전혀 변하지 않을 것이다. 아직도 정권에 대한 환상을 갖고 있는 사람들은 늑대가 두 발로 서서 걷거나 버려진 어린 양들을 따뜻하게 거두어 주기를 바라는 것과 같을 것이다.

중공이 범죄 증거를 감추기 위해서 예로부터 지금까지 사용한 방법은 매우 단순하다. 바로 진실을 말하는 사람을 죽이는 것이다. 오늘날 중공은 불량배들을 고용하여 당신의 뒤를 쫓고 포위하고 감시한다. 오늘도 집 앞에서 수십 명의 사복경찰들과 차량들이 나를 지키고 있다. 이제 이웃 주민들도 이와 같은 정황을 알게 되었다. 시장을 지나갈 때 내가 캠코더를 들이대면 나를 쫓던 사복경찰들은 숨기 바쁘다. 오늘 나이 지긋한 주민 한 분이 말했다.

"오늘날 정부는 어찌면 저리도 철면피같이 부끄러움을 모르는가?"

정오에는 타이위엔(太原)에 사는 자형의 누이가 방문했다. 집으로 돌아가는 길에 기차역까지 배웅해주려고 했지만, 그녀는 굳이 혼자 가겠다고 했다. 그녀는 혼자 기차역으로 가다가 4명의 남자 사복경찰과 1명의 여자 사복경찰이 가까이서 따라오는 것을 알고는 놀라서 내게 전화했다. 그녀는 젊은 사복경찰들이 마치 미치광이 불량배처럼 따라오는데 어떻게 하냐고 물었다. 나는 그들을 퇴치하는 방법은 그들을 그냥 무시하는 것이라고 알려주었다. 그녀가 그들을 그냥 무시하자 그들은 재미없다는 듯이 사라졌다.

2006년 1월 17일 미행당하고 있는 베이징에서

차량 테러

어젯밤 캐나다에 있는 중국인 친구가 나를 방문했다. 찻집에서 헤어진 후 나는 차를 운전해 집으로 향했다. 시간은 밤 10시 20분경이었다. 거리에는 차량도 별로 없었다. 내 앞의 차는 신문지로 번호판을 가리고 있었다. 내 뒤를 따르는 차량도 신문지로 번호판을 가리고 있었다. 나는 내 차를 앞뒤에서 따라오고 있는 차량이 한 팀이라고 생각했다. 그 두 대는 군 차량이었다. 또 다른 이상한 점은, 전에 내 뒤를 밟던 차량들은 한 무리의 부대였는데 어젯밤에는 그 두 대뿐이라는 것이었다.

그 시간에는 도로가 한산해 차량 흐름이 상당히 빨랐다. 갑자기 내 앞에서 가던 차량이 길 한 중간에서 급정거했다! 나는 거의 순간적으로 브레이크를 밟았다. 내 차는 앞차와 거의 1센티미터도 안 되는 거리를 두고 멈췄다. 그 속도에서 갑자기 브레이크를 밟는 것은 극히 위험하다. 뒤따르는 차량이 제때에 멈춰 서기가 거의 불가능하기 때문이다. 나는 차에서 나와 살펴보았다. 차 뒤 번호판이 가려있었기 때문에, 앞 번호판을 슬쩍 보려고 앞으로 뛰어갔다. 그때 놀랍게도 그 차가 갑자기 내게로 돌진했다! 나는 순간적으로 점프해서 길에서 벗어났다. 나는 재빨리 움직이는 바람에 균형을 잃었지만 오른손이 차의 후드에 닿았고, 그 탄력으로 길 밖으로 몸을 날려 찻길 가장자리로 나왔다. 내가 조금만 늦었더라면 군 차량이 나를 덮쳤을 것이다. 나를 치려고 했던 차가 현장에서 사라지면서 뒤 번호판을 덮었던 신문조각이 떨어졌다. 노출된 번호는 京EB8233이었다.

두 차량이 사라진 후에야 공포가 밀려왔다. 이것은 내 의지와 무관한 공포였다. 이것은 본능적인 공포였고 내 심장을 뛰게 했다. 나는 거기서 5분 정도 쪼그리고 앉아있었다. 그런 후 내 차로 돌아와 차에 혼자 6, 7분 정도 앉아 있었다.

갑자기 그 두 차량이 유령처럼 다시 나타났다. 이번에는 둘 다 내 앞에 있었다. 나는 차에서 내려서 나를 들이받으려 했던 군 차량에 바싹 다가가서 번호판을 가린 신문지를 잡아당기려 했다. 그러자 그 차량은 재빨리 물러났다. 두 대의 차량은 400미터 정도 물러났다가 천천히 멀어져갔다. 나는 내 차를 타고 집으로 갔다.

집에 도착한 후 아내는 京EB8233 번호판을 단 차가 기억난다고 말했다. 우리는 곰곰이 생각해 보고, 이 차가 2005년 12월 30일 우리를 뒤따라왔던 바로 그 차라고 결론지었다.

2006년 1월 18일 미행당하고 있는 베이징에서

문혁에 대한 회고

어떤 사람은 경제가 발전하고 시민들의 권리 의식이 향상함에 따라 중국 공산당은 분명 좋아질 것이라고 말한다! 그러나 이는 중공의 본질을 모르고 하는 말이다. 중국 공산당이 최근 우리 가족에게 행한 비열한 탄압은 문혁(文革) 당시의 야만에 비하여 더하면 더했지 못하지는 않다. 문혁 당시 중국 공산당은 사람이 우물에 빠지면 돌을 던졌고, 한 사람의 잘못을 캐내기 위해 그 사람의 증조할아버지까지 조사했다.

어젯밤 신장성 카슈가르(喀什市)의 철사 제조공장에서 20년 전 내 동료였던 한 남성이 내게 전화를 걸어 카슈가르시 법원의 두 판사가 그에게 접근했다고 알려주었다. 판사들은 내가 20년 전 그 공장에서 일했을 때 내 행동이 어떠했나를 조사하려고 했다는 것이다. 내 동료는 그들에게 말했다.

"가오즈성에 대해 말하라면, 우리 공장은 두 가지를 말씀드릴 수 있습니다. 첫 번째는 좋은 사람이라는 것입니다. 두 번째는 독학한 놀라운 사람이라는 것인데, 우리는 그가 베이징에서 저명한 변호사가 됐다고 들었습니다."

일은 한꺼번에 일어나는 것 같다. 오늘 아침 20년 전의 또 다른 동료가 내게 전화했다. 그는 카슈가르의 한 작업장으로 불려가 20

년 전 내가 어땠는지에 대해 질문을 받았다고 내게 알려 주었다. 그는 이렇게 말했다.

"그들은 비밀리에 행동했어. 우리는 당신이 큰 사건에 말려들었을 것으로 생각했지. 우리 모두는 당신이 걱정돼 전화한 것이야."

당은 20년 전의 내 문제점을 찾아내기 위해 수천 킬로미터 떨어진 먼 곳까지도 찾아가는 것이다. 20년 전에 내가 어떤 범죄를 저질렀다고 가정하더라도 20년이 지난 지금은 이미 공소시효가 만료됐다. 그러나 당은 수 천킬로미터 떨어진 곳까지 가서 20년 전의 어떤 범죄를 캐고 있다. 그것이 어떤 값어치를 가질 수 있을까? 더군다나 사법부가 나에 대한 조사에 개입한다는 사실 자체가 《헌법》과 법원조직법 위반이다. 그렇다면 이는 얼마나 역겨운 뉴스인가!

얼마 전 일부 중앙정부 부서가 십수 년 전의 내 생활에서 문제점을 찾기 위해 신장 우루무치시에서 대대적인 조사를 시작했다. 그들의 조사에서 밝혀진 사실은 그들을 당황케 했다. 예를 들어 1999년 정법위원회, 인민대표대회, 공안, 검찰원 및 신장성 법원을 포함한 13개 정부 조직은 내게 '10개 훈장을 받은 신장성 제1명예 수호자'(정확한 내용은 기억하지 못하지만 명예인증서에 13개의 커다란 인장이 있었고, 그 인증서를 집에 돌아온 후 쓰레기통에 던져버린 것은 기억한다) 칭호를 수여했다. 또한 그들은 1998년 말 우루무치시 사법국이 내게 '3위 공로장'을 수여한 것도 알게 됐다. 그

시상식에 참석한 관리들은 신장 정법위원회와 사법국 사람들이었다. 신장 관영신문《신장일보》와 신문〈정의만리행(正義萬里行)〉은 나의 그 업적들을 보도했다. 들리는 말에 의하면 베이징 조사관들은 이 모든 조사 결과에 낙담했다고 한다. 결과는 그들이 찾아내려는 것과는 정반대의 것이었기 때문이다.

다른 지역들로부터 들려온 소식을 모아보니 몇 가지 사실이 분명해졌다. 첫째, 나에 대한 박해는 아주 체계적이다. 둘째, 박해의 배후는 평범한 인물이 아니다. 다음의 증거가 이를 증명한다. 저장성의 한 간부는 내 집에 두 번 전화했다는 이유로 즉시 공안국에 소환됐다. 그는 경고와 함께 질책을 받았다. 허난성의 한 교사는 단지 내게 전화해 지원을 제안했다는 이유로 지방 경찰서에 소환돼 6시간 동안 조사를 받았다. 광시성의 한 공산당 간부는 나에 대한 지지를 표시한 이유로 심문을 받았다! 나를 걱정해 수차례 내게 전화를 한 신장성 친구는 그 후 밤에 경찰의 급습을 받았고 그의 가족이 협박을 받았다. 매일 나는 이런 취지의 전화를 받는다.

그 모든 것들은 당이 나를 박해하기 위해 국가의 모든 자원을 동원하고 있다는 것을 알려주기에 충분했다. 그리고 배후 인물은 어떤 중앙부서의 그저 평범한 위원회 위원이 아님을 시사한다. 그는 적어도 중앙 정부의 정치국 상무위원 서열을 갖고 있는 인물이다.

이 끔찍한 박해의 목적은 분명 나날이 성장해가는 시민들의 인권운동을 억압하기 위한 것이다. 그들이 나 개인을 두려워한다기

보다는, 시민들의 인권운동이 중국인의 인권의식을 일깨우는 것을 두려워하는 것이다. 특히, 당은 의견 차이를 좁히기 위해 중국인들과 합리적인 대화를 시작할 의사가 전혀 없다. 오히려 당은 이미 '어떠한 대가를 치르더라도' 살인과 억압을 계속하겠다는 사악한 결정을 했다.

그와 같은 결정은 국가, 국민 그리고 당 자신에게도 독이 될 뿐이다. 권력과 이익에 대한 욕망은 사람들을 악마로 변질시킨다! 그들은 문명을 적대시하면서 막다른 길로 가고 있을 뿐이다.

2006년 1월 18일 미행당하고 있는 베이징에서

폭력과 증오의 종식

아무도 미워하지 않는 사람을 적으로 간주하여 증오하는 한 무리의 사람들이 있다. 지난 100일 동안 그와 같이 이해할 수 없는 일이 계속되고 있다.

중국인들은 5, 10, 50, 100 같은 숫자들을 특별히 좋아한다. 사람들은 결혼 등 개인적인 기념일에서부터 국가적인 행사에 이르기까지 이 숫자가 되는 날 이벤트를 벌인다.

중국 공산 정권은 적나라하게 비열한 방법으로 100일 동안 내 가족을 포위하고 괴롭혔다. 언론에 종사하는 친구들이 오늘이 100일째라는 것을 내게 알려주었다. 가족들이 미행당한 지 100일째 되는 이 시점에서 나는 뭔가를 기록해야겠다고 느꼈다.

보통 사람은 내 가족과 다른 중국인 가정과의 차이를 발견하지 못할 것이다. 물론 한 가지 차이는 알 것이다. 지난 100일 동안 밤낮으로 경찰은 우리 가족에게 모든 권력을 동원해 감시하고 압력을 가했는데, 이것은 정말이지 상상을 초월하는 것이었다.

이 100일 동안 경찰은 긴급상황에서 적군을 대하듯 행동했다. 그러나 내가 한 행동이라고는 진실한 몇 마디 말을 한 것뿐이다. 그 몇 마디 말들은 중국 동포의 생명, 정신 그리고 자유에 대한 중국 지방 관리들의 야만적인 학살에 대한 것이었다. 그리고 그 야만적인 학살의 극히 일부분에 대한 말들이었다. 이 정권의 부하들은 양복으로 치장하고 하루 종일 '조화사회 건설'에 대해 말한다. 그러나 내 공개편지에 대해서는 비합리적이며 파렴치한 분노의 반응만을 보일 뿐이었다.

정권은 자기들의 권력이 절대적이며 어디에나 있음을 내게 인식시키기 위해 지난 100일 동안 모든 노력을 다 기울였다. 정권은 특별한 날에는 나를 뒤쫓기 위해 무려 40대의 차량을 동원했다. 처음에는 12명이 나를 감시하더니 어느새 하루 100명 이상이 나를 따라다녔다. 매일 벌어지는 사람 괴롭히기가 점점 심해지더니 요즘은 내 가족에게서 생활필수품까지 빼앗는 지경에 이르렀다.

두 가지 예를 들면 이해가 쉬울 것이다. 첫째, 그들은 내 집 일부를 임대해 주고 월세 받는 것을 금지했다. 이는 많지는 않지만 내 가족의 수입원이었던 것이다. 둘째, 2월 15일부터 베이징 공안국 차오양(朝陽)지부의 경찰 15명은 온갖 수단을 동원하여 내 가족으로부터 생존수단을 빼앗아 가려 했다. 이 100일 동안 내 가족은 우리의 방문자들로부터 한 푼도 못 받았지만, 당국은 그들이 재정적으로 우리를 지원했다고 우겨댔다. 그러더니 경찰은 나를 방문하거나 나를 보고자 하는 사람은 누구나 체포했다. 이런 종류의 괴롭힘은 뻔뻔힘을 넘어서서 아에 불법이나.

그들은 내 변호인인 쉬즈용(許志永) 박사조차 체포했다. 그들은 그를 납치해 경찰서로 데려가 3시간 동안 감금했다. 그들은 누구를 체포하든 묻는다.

"가오즈성에게 재정적 지원을 한 적이 있는가?"

그들은 누구든지 일단 납치한 다음 협박하면서 내 가족을 재정적으로 지원해서는 안 된다고 약속하는 보증서를 강제로 쓰게 한다. 정정당당해야 할 정부가 공개적으로 이렇게 비열하게 행동하는 것은 얼마나 수치스러운 일인가?

경찰은 이 100일 동안 나에게 한 행동에 대하여 그들 스스로 차분하게 생각해보고 그만 두기를 바란다. 지난 100일 동안 나는 경찰의 괴롭힘뿐만 아니라 스스로 '분별력 있다'고 생각하는 사람들의 비판도 받아야 했고, 그래서 그저 조용히 있을 수 없었다. 나를 가장 놀라게 한 것은 이 '분별력 있는' 사람들이 단식투쟁을 하는 인권운동가들에 대한 잔인한 탄압을 지켜보면서는 잘 참아나갔지만, 우리의 비폭력 저항에 대해서는 몹시 화를 낸다는 것이다. 여기서 나는 독재 정부의 탄압에 대한 그들의 침묵을 비판하고 싶지 않다. 그러나 나는 그들이 자신들의 분별력을 과시할 수 있는 절호의 기회를 우리를 공격하는 데서 찾는 것 같다는 생각이 든다.

그러나 이 '분별력 있는' 사람들은 비뚤어진 생각을 가지고 있다. 그런 사람 중 하나가 칭다오 출신 류루(劉路)다. 그는 화를 내면서 필요하다면 릴레이 단식투쟁에 반대하는 사람들 리스트를 자신이 얼마든지 만들겠다고 주장했다. 그가 한 이 말은 허튼 소리였을까? 만일 당신이 독재에 항거하는 중국 지식인의 명단을 만들어 낸

다면 이는 정말로 당신이 대단한 사람이라는 증거일 것이다. 독재
에 감히 항거하지 못하는 지식인을 찾아내기란 정말로 쉬운 일이
다. 당신은 그 리스트를 얼마든지 만들 수 있을 것이다. 그와 같은
일은 초등학생이라도 할 수 있는 일이다.

다른 예로 베이징의 류디(劉荻) 여사가 있다. 류 여사는 중국이
마하트마 간디와 마틴 루터 킹 주니어 시대와는 다르게 언론이 개
방되지 않았고 시민사회가 성숙되지 않았기 때문에 중국에서는 비
폭력 운동이 부적절하다고 주장했다. 이런 논리에 딩쯔린(丁子霖)
여사도 동조하면서, 단식투쟁에 대한 국제적 지원의 가치를 완전히
폄하했다. 한편 류 여사는 인터넷과 국제 언론의 영향을 간과해, 전
국에서 단 48시간 이내에 대규모 호응이 벌어진 것을 말하지 않고
있다. 대중 언론이 없었더라면 그런 일이 일어날 수 있었을까? 독
립 언론들은 간디와 킹이 더 빨리 그들의 목적을 성취하는 데 도움
을 주었다. 그러나 독립 언론이 없다고 해서 중국인들이 독재에 대
항해 그들의 권리를 방어할 수 없다는 의미는 아니다.

나는 내 앞에 놓인 길이 권력과 특권으로 이어지는 것이 아니며
도리어 위험한 길이라는 것을 잘 알고 있다. 내 길은 올가미가 널려
있고 가시로 포장돼 있다. 그 길은 앞서 걸었던 사람들의 피와 눈물
로 얼룩져 있다. 수천만 명이 고통을 당하고 있는 오늘날 이 땅에서
나 같은 사람은 누구든지 그 앞길이 고달플 것이다.

지난 100일은 내 시련의 시작일 뿐이다. 그러나 이 긴 날들을 통

해 예수님에 대한 내 믿음은 진실했고, 그래서 혼자가 아니었다. 성경에는 다음과 같은 말씀이 있다.

"이처럼 하나님께서 우리 편인데, 누가 감히 우리를 대적할 수 있단 말입니까?"(로마서 8:31)

"누가 감히 우리를 그리스도의 사랑에서 떼어놓을 수 있겠습니까? 고통입니까, 역경입니까, 핍박입니까, 굶주림입니까. 헐벗음입니까, 위험입니까, 아니면 칼입니까?"(로마서 8:35)

"그분의 능력을 힘입어 넉넉히 이길 수 있습니다."(로마서 8:37)

"어두운 밤은 거의 끝나가고, 밝은 낮이 가까웠습니다. 그러므로 밤의 어둠에 속하는 악한 행실일랑 모두 벗어버리고, 낮에 합당한 빛의 갑옷을 입으십시오."(로마서 13:12)

우리가 이 땅 중국에서 고난을 겪으면서 찾고자 하는 것은 광명의 길이요, 하늘의 뜻이 이루어질 영광의 길이다. 지난 100일 동안 나와 내 가족을 탄압한 자들에게 다음과 같은 성경 말씀을 전해주고 싶다.

"원수 갚는 일은 내가 할 일이니, 내게 다 맡기라."(로마서 12:19)

2006년 2월 27일 사복경찰과 스파이 등 폭력배들에 의해 포위되어 지내고 있는 베이징에서

단 식

중공이 중국사회에 초래한 가장 중요한 문제는 도덕의 타락과 인성의 상실이다. 폭정을 종식시키는 것은 단지 시작일 뿐이다. 폭정이 종식된다고 해서 중국이 일순간에 도약하여 문명국가가 되는 것은 아니다. 그런 일이 아니다. 중공이 중국인의 도덕, 인성, 정신 문명에 끼친 악영향이 향후 몇 세대 동안 우리를 괴롭힐 것이기 때문이다. 이것이 가장 심각하고 위협적이며 걱정스러운 문제이다.

6. 단식

공산당 탈당 성명

자유 신앙인들에 대한 정부의 야만적 박해를 조사한 지 10여 일이 지났다. 나는 오늘 그 조사를 일단락하고자 한다. 왜냐하면 아내와 아이들만 집에 남아, 이 세상에서 가장 악명높고 부도덕한 경찰들에 의해 하루 24시간 내내 감시를 받고 있기 때문이다. 매 순간 가족들이 걱정된다. 주님, 그들을 지켜주소서!

지난 십여 일, 파룬궁 신앙인들과 함께한 날들은 내 영혼을 뿌리부터 흔들어 놓았다. 나와 쟈오궈뱌오(焦國標) 교수는 극한적인 박해 과정에서 영원한 생명을 얻은 파룬궁 신앙인들과 24시간 함께 생활했다. 쟈오 교수는 말했다.

"나는 유령을 상대하는 것 같은 느낌을 받았어. 이 사람들은 몇 번씩 죽었다 살아났으니까."

이에 나는 대답했다.

"우리는 성자들을 상대하고 있는거야. 그들의 불굴의 정신, 고귀한 기질, 그리고 그들에게 폭력을 사용한 사람들을 용서하는 마음은 중국에 희망이 있음을 우리에게 말해주고 있네. 이것이 또한 우리들이 견정하게 나아가야 하는 이유지."

지난 15일 동안 나는 선량한 인민들에게 가해진 형언할 수 없는 폭력에 대해 알게 됐다. 경찰과 당 간부들은 6년 동안 노인 왕위환(王玉環)을 수백 차례 극악하고 잔인한 방법으로 폭행했다. 매번 20여 명의 경찰이 24시간 이상 고문을 자행했으며, 그와 같은 고문 끝에는 경찰들 스스로도 기진맥진해지기 일쑤였다. 온갖 고문도구들을 동원해 17일 동안 고문한 적도 있다. 2박 3일동안 계속해서 호랑이의자라고 불리는 고문 도구에 묶어 놓고 고문하기도 했다.

10여 일간의 조사는 이제 끝났다! 나는 중국 공산당에 대한 모든 희망을 잃었다. 이 당은 가장 야만적이고 가장 부도덕하고 가장 불법적인 수단을 동원해 우리의 어머니들 아내들 아이들 그리고 형제자매들을 고문했다. 당은 고문을 당원의 일상 업무로 만들어 버렸다. 당은 한순간도 쉬지 않고 우리의 양심과 인격의 선량함을 핍박한다.

오늘 오랫동안 당비를 내지 않았고, 수년 동안 당 활동을 하지 않은 '당원'인 나 가오즈성은 정식으로 이 비인간적이고 정의롭지 못하며 사악한 당에서 탈퇴한다.

오늘은 내 생애에서 가장 자랑스러운 날이다.

가오즈성

2005년 12월 13일

단식투쟁의 시작

최근 몇 년간 중공 정권은 평화적, 합법적으로 기본권을 지키고자
하는 국민들에게 매우 비열한 범죄를 저질러왔다. 그 수단은 구타,
납치, 투옥, 심지어 살인까지 포함된 불법적이고 잔인한 것이었다.
이 모든 것들을 보고 있자니, 인간을 능멸하고 예의와 도덕을 무시
하는 잔혹한 독재정권의 종말이 눈앞에 선하다.

　이 사악한 체제의 일등 수호자는 부패한 사법기관이다. 참으로
이해하기 힘든 일이지만, 공안당국, 인민검찰원, 그리고 법원은 실
제적으로는 정부에 대한 국민들의 청원을 막는 폭력 도구로 변질
되었다. 지난 반년 동안 국민들이 자기 권리를 지킬 수 있는 길은
급격히 막혀버렸다.

　타이춘(太石村)의 경우에서 보듯이 사악한 광둥성 당국은 평화로
운 시민들을 몹시 사악하게 공격했다. 이에 대해 중앙정부가 침묵
하자, 광둥성 당국은 다른 지역에서도 악행을 서슴지 않았다. 그리
하여 아이샤오밍(艾曉明) 교수, 탕징링(唐荊陵) 변호사, 궈이엔(郭豔)
변호사 등이 폭행당하고, 궈페이슝(郭飛熊) 변호사와 마을 주민 10
명은 구금당했다. 자오신(趙昕), 치즈용(齊志勇), 쉬즈용(許志永), 후쟈
(胡佳), 리팡핑(李方平) 등 베이징 저명 인권운동가들은 협박받고 폭
행당했으며, 산둥성의 천광청(陳光誠)조차 폭행당했다. 최근에도 비

밀경찰이 귀페이송의 가족을 미행 감시하고 사진과 동영상을 촬영했으며, 탕징링과 귀페이송을 폭행했다. 산둥성 시민 천화(陳華)도 천광청을 방문했다는 이유만으로 폭행을 당했다. 산둥 비밀경찰은 이 맹인 천광청을 수개월 동안 감시하고 있었다.

국민이 기본권을 지키려 할 때마다 사법제도 자체가 잔혹한 폭력을 휘두르기 때문에 인권 상황은 계속 악화되고 있다. 권리를 침해당한 국민들은 현재 속수무책이다. 우리가 지금 인권수호를 위한 단식투쟁연대를 설립하는 것은 위에서 예를 든 정황들 그리고 더 넓은 범위에서 중국 국민들에게 가해진 무자비한 불법 폭력에 대항하기 위해서다.

이 연대는 박해와 폭력에 반대하는 단체다. 일단 충분히 기반이 잡히면 폭력과 부당한 박해에 봉착한 국민을 지지하기 위한 상징적인 단식투쟁을 중국 안팎에서 수행할 것이다. 노동자나 농부, 지식인, 신앙인, 정치인, 청원자, 민주운동가, 군인, 또는 당원과 공안요원 등을 막론하고 모든 피해자를 지지할 것이다. 예를 들어 중국 정부에 의해 학대당하고 있는 탈북 난민처럼, 해외에서 유사한 박해를 받는 모든 사람들도 포함된다.

우리는 단식투쟁의 형태로 지원을 제공할 것이다. 우리의 단식투쟁은 국적, 인종, 지역, 종교, 교육, 사회적 지위나 재산에 따른 차별을 두지 않는다. 형식은 한 사람에서 다음 사람으로, 또는 한 장소에서 다음 장소로 계속 넘겨가는 릴레이 단식 형식이 될 것이다.

연대의 구성원은 각각의 지역, 예를 들면 베이징에서는 성즈법률사무소 등 적당한 장소에 함께 모여 단식투쟁을 시작할 수 있다.

연대의 각 구성원은 각자의 장소에서 하루 동안 참여한다. 단식은 한 구역에서 총 5일간 계속된 후 다른 지역으로 넘어간다. 즉 베이징(北京)에서 5일간 계속된 후 산시(陝西)성으로 옮겨갈 수 있다. 전 세계에서 알 수 있도록 단식투쟁에 대한 일간지가 계속해서 출판될 것이다. 지원단체가 단식투쟁을 지도해 줄 것이다. 지정된 피해자를 지원하기 위해 단식을 진행한 곳에서는 단식 릴레이를 한꺼번에 여러 지역으로 해줄 수 있다. 단식투쟁은 부당한 박해가 종식될 때까지 전국에 걸쳐 끊임없이 순환될 것이다. 지지단체가 어느 정도 규모로 커지면, 최근 산웨이(汕尾)에서 있었던 박해 및 학살 사건 같은 큰 규모의 사건에 대응하기 위해 단체의 형식과 소재지를 조정할 수 있다. 지원단체에 참여하고 싶은 사람은 누구나 아래에 서명하면 된다.

가오즈성(高智誠), 마원두(馬文都), 궈페이슝(郭飛熊), 자오신(趙昕), 후쟈(胡佳), 치즈용(齊志勇), 왕궈치(王國齊), 치앤위민(錢玉民), 런완팅(任畹町), 자젠잉(賈建英), 양징(楊靜), 리하이(李海), 일본의 가오제(高潔), 텅뱌오(滕彪), 리허핑(李和平), 내몽고의 톈융더(田永德), 우한(武漢)의 두다오빈(杜導斌).

[위는 이 계획을 처음 시작한 서명인 명단이다. 이어서 아주 많은 사람들이 참여했다.]

대기원시보 웹사이트에서도 서명에 참여할 수 있다.

http://luntan.epochtimes.com/luntan/phpgb/index.php?topic=43

또 이메일이나 팩스로도 서명에 참여하거나 의견을 보낼 수 있다.

talkdjy@gmail.com (중국)

news@epochtimes.com (해외)

팩스번호: 1-917-591-2423

2006년 2월 4일

누구나 할 수 있는 일

중국공산당이 정권을 잡은 지 반 세기가 지난 지금, 억압받는 중국인들이 압제에 대항해 유일하게 선택할 수 있는 수단은 서글프게도 온몸으로 거부의사를 표시하는 것뿐이다.

1989년에 우리 중국인민들은 민주적 개혁을 요구하며 맨몸으로 평화롭고 합법적인 행진을 벌였다. 정부는 대규모 학살과 검거를 진행했다. 그 소름 끼치는 대학살은 세계에 중공의 본질을 보여주었다. 이후 수년간 정권은 수치심이나 도덕성을 전혀 갖지 않은 것처럼 행동했다. 그들은 자신들이 보호해야 할 국민들을 오히려 더욱 야만적이고 무자비하게 탄압했다.

2006년 2월 4일 우리는 중국인들에 대한 중공 정권의 압제와 박해에 항의하는 단식투쟁을 시작했다. 본토뿐 아니라 해외의 중국인도 단식투쟁에 가담했기 때문에 우리의 제안은 재빨리 반란의 시작으로 해석되었다.

단식투쟁의 큰 물결과 그 속에 담긴 저항력은 진정 흥분되는 것이었지만, 단식투쟁을 통해 항의하기로 결심하는 데에는 마음이 편치 않았다.

현 정권은 국민이 제기한 문제를 적절히 처리해 나갈 수 있는 능력을 전혀 갖추고 있지 않다. 그러나 국민들은 이 점을 잘 모르고 있는 듯하다. 이러한 무능의 원인은 간단하다. 약 50년 전 권력을 잡았을 때부터 오늘날에 이르기까지 이 정권은 단 한 번도 인간의 기본적 존엄과 사회 공통의 근본 가치들을 보호한 적이 없었다. 정권은 문제해결능력을 잃은 것이 아니라, 원래 문제해결능력이 없다. 정권은 악질 공무원들에게 권력을 부여해서 문명, 도덕적 가치, 인성, 그리고 기본적인 법적 권리들을 악랄하게 파괴했다. 참으로 기괴한 일이다.

지방 정부들은 국민들에게 자주 최악의 피해를 입힌다. 그래서 많은 수의 희생자들이 기본권이나 정의를 회복하기 위해 중앙정부를 찾는다. 이 청원자들에게는 슬픈 일이지만, 중앙정부는 국민들의 청원을 처리해 줄 능력이 없다. 결국 우리에게 돌아오는 것은 문제 해결에 대한 중앙정부의 무능력, 문제 해결에 대한 지방 정부의 미온적 태도, '사회 안정'에 대한 유별난 강조, 그리고 '번영하는 사회의 조화'라는 허울 좋은 구호들뿐이다. 정부의 해결 방법은 시위대와 청원자들에 대한 유혈 진압과 불법적인 체포뿐이다. 1989년 후반기 청원자들에 대한 그 잔인한 박해는 그야말로 전례가 없었다.

중공 정권은 노동교양소를 오랜 시간 운영해 왔는데, 이는 철저히 《헌법》에 위배된다. 대표적인 예가 인권운동을 하는 시민들이나 또는 종교적 신념을 가진 사람들을 불법적으로 구금하는 것이다. 최근 몇 년 동안 수백만 시민들이 단지 종교적인 신념을 가졌거나 그들의 종교적 자유를 실천했다는 이유로 부당하게 억류됐다. 현재 수백만의 중국 동포들이 '노동을 통한 재교육'이란 미명 아래 불법적으로 감금돼 있다. 대다수는 시위자들, 종교신자들, 그리고 변화를 추구하여 비폭력적인 방법으로 정부에 청원했던 사람들이다. 노동교양소 체계는 무고한 사람들이 한번 갇히면 쉽게 빠져 나오기 힘든 모래늪 같다. 불법적으로 감금당한 동안 시민들은 어떤 법적인 조력도 받을 수 없고, 이에 대항할 어떤 수단도 가질 수 없다. 시민들은 그야말로 모든 권리를 빼앗긴다.

지금까지 민주운동가들에 대한 불법적이고 음험한 박해는 그 수를 헤아리기 어렵다. 전 중국에서 수천 명의 인민들이 불법적으로 감금되고, 감시당하고, 미행당했으며 괴롭힘을 당했다. 베이징, 상하이 그리고 광저우가 가장 악명 높다. 이런 극악한 박해는 어떤 사악한 힘이 들씌워져서 행해지는 것이라고 볼 수밖에 없다. 이런 박해에 직면하면 희생자들은 합법적 도움을 받을 방법이 전혀 없게 된다.

이 경우 무자비한 정부공무원들은 음험하고 악랄한 방법으로 사람들을 박해하면서 사람들에게 명확한 메시지를 보낸다.

"우리는 악당이고, 법을 따를 필요가 없지만 너희들 중국인은 치욕과 죽음 둘 중 하나를 선택해야 한다."

그러나 죽음도 치욕도 원치 않는 사람이 선택할 수 있는 길 하나가 남아있다. 모든 존엄성이 말살당하는 이런 곤경을 타개하려면 우리 몸을 사용하는 단식투쟁으로 저항할 수밖에 없는 것이다. 모든 노동자들, 농민들, 신앙인들, 지식인들, 반체제인사들, 당원들, 정부공무원들, 군인들, 교사들 그리고 외국인들은 홀로 아니면 여럿이 함께 권리수호를 위한 이 운동에 참여할 수 있다. 모든 사람은 부당한 박해를 받으면 이렇게 지원받을 수 있다. 그러므로 우리가 이성적이고 비폭력적인 방법들로 이 열망을 실천해 나갈 수 있도록 나는 지금 우리의 단식투쟁에 관하여 몇 가지를 제안한다.

I. 인권과 민주주의의 고취를 위한 이 단식투쟁에 양심 있는 사람이라면 누구든지 동참함을 환영한다. 누구든지 국적, 인종, 성별, 종교, 거주지, 수입, 교육수준에 상관없이 이 운동에 참여할 수 있다. 모든 사람은 이 운동을 지지할 수 있다. 이는 역으로 모든 사람이 이 운동에 의해 보호를 받을 수 있다는 말이기도 하다.

II. 단식투쟁 운동의 목표는 다음과 같다. 중국 정부와 공무원들이 인권, 문명, 인간의 기본적 존엄, 도덕성, 그리고 다른 공통의 가치들에 부합되는 보편적 원칙과 《헌법》 및 기타 법률을 준수하도록 촉구한다. 위에 언급한 원칙들을 어긴 정부나 공무원들에 의해 부당한 박해를 받은 모든 중국인과 외국인을 이 운동으로 돕는다.

III. 권리수호를 위한 단식투쟁 운동은 중국 안팎에서 동시에 시직되었다. 긱 지역의 자원봉사자들은 지역에서 연릭과 계획을 밑고 있다. 중국 내 자원봉사에 관해 문의하고자 하면, 각 성시 출신의 여러 자원봉사자에게 묻든지 후자(胡佳), 치즈용(齊志勇), 또는 나에게 물으면 된다.

문의전화는 010-51630281, 010-86000663, 그리고 010-86268964이며, 당분간 이메일 mwd111@gmail.com으로도 문의할 수 있다. 이 운동에 동참하고자 하는 사람은 전화나 이메일로 연락하여 당신의 이름, 성별, 국적, 전화번호, 이메일 주소, 그리고 관련된 정보를 제공해주면 된다. 만약 가능하다면 간단한 자기소개도 함께 제공해 주기 바란다.

IV. 단식투쟁의 계획은 다음과 같다. 중국 내부에서는 우선 이 운동에 자원한 사람들이 참가자가 될 것이고, 활동은 릴레이 형태로 이곳저곳에서 이루어질 것이다. 단식투쟁 릴레이는 하루에 두 명씩으로 구성될 것이다. 어느 장소이든 최대 기간은 3일이고, 이후에 투쟁은 다른 장소로 이어진다. 단식투쟁의 장소는 참여자들의 집 혹은 그들이 적당하다고 간주하는 곳이면 된다. 만약 가능하다면 해당 지역의 두 명의 참가자들은 같은 장소에서 함께 투쟁하길 권한다. 24시간이 지나면 다른 두 명이 교대한다.

해외에서의 운동들이 중국 내 단식투쟁 운동과 일체로 인식될 수 있도록 해외 참여자들은 중국 내 연락인들과 긴밀하게 대화해 나가기를 권한다. 전 세계로 뻗어가면서 더욱 크게 진행되는 시민권 수호 단식투쟁의 선례와 모범을 만드는 것이 이 활동의 궁극적 목표다. 이것은 비폭력 인권 수호 운동을 더 넓은 곳에 더 오랫 동안 전파할 것이다.

특단의 사정이 발생할 경우, 예를 들어 사람들이 보기에 심각하다고 판단되는 대학살, 대규모 폭력, 공공연한 사법 박해, 국내외 감옥과 기타 장소에서의 폭력 사태가 벌어질 경우에, 그 단식투쟁은 릴레이 형식 대신 중국 전역에 걸쳐 여러 곳에서 동시에 시작하는 형식이 될 수 있다. 이럴 경우 국내외 모든 곳에서의 동시다발 참여도 가능하다.

정규 릴레이 단식투쟁 과정 중에 운동에 참여한 어떠한 개인이나 기관도 그날 또는 다음 날 게시판에 성명을 명확히 공개할 것이다. 성명이 공개되는 것을 원치 않는 사람은 예외다.

V. 2월 15일부터 릴레이 단식투쟁 운동에 대해 '권리 보호를 위한 단식투쟁 게시판'을 매일 발행할 예정이다. 이 게시판에는 다음의 내용이 발표될 것이다.

1. 누구(성명 명시)를 위한 단식투쟁인가와, 그가 받은 불법적인 박해 사실에 대한 간단한 요약.

2. 그날 단식투쟁에 참여한 사람들의 성명, 단식투쟁 장소, 공개에 동의한 사람들의 전화번호, 그 다음날 릴레이 단식투쟁에 참여하길 바라는 사람들의 성명, 지역, 전화번호.

3. 다른 지역에서 단식투쟁에 자원봉사하고 있는 사람들의 일반적인 정보와 성명.

VI. 만약 가능하다면, 단식투쟁 참가자들은 '단식투쟁 일지'를 기록하고 개개인의 단식투쟁이 끝나기 전 어느 시점에서 공개해야 한다. 일지 기록의 형식은 유동적이다. 일지를 통해 운동 추이에 대한 견해를 교환할 수 있을 것이고, 이 운동을 하는 이유를 명확히 표현할 수 있을 것이다.

VII. 단식투쟁 릴레이 지역의 잠정적인 순서는 다음과 같다. 베이징, 저장, 후베이, 허난, 산시, 광둥, 상하이, 장시, 윈난, 광시, 신장, 후난, 허베이, 쓰촨, 산둥, 지린, 랴오닝, 헤이룽장, 장쑤, 안후이.

VIII. 만약 법적 구제가 가능한 상황이라고 판단되면, 우리는 단호히 합법적인 수단을 사용하여 인권을 수호할 것이다. 합법적인 통로를 통해 바로잡을 수 없는 경우, 예를 들면 공산당 정권, 모든 단계의 행정단위, 지역 공무원에서 고위급 간부에 이르기까지 모든 관리, 사법권의 명백한 남용까지 포함하여 개인들에게 끔찍한 범죄를 저지르는 경우에 우리는 항의의 한 형태로 결연히 단식투쟁을 시행할 것이다. 만일 누군가 이 운동에 참여했다는 이유로 박해 받는다면, 합동 단식투쟁이 전 세계에서 즉시 시작될 것이다. 광시성 친저우(欽州)시의 후쟈, 치즈용, 치친홍(戚欽宏)이 단식투쟁에 참여했다는 이유로 박해받은 사건에 대해서는, 적절한 때가 오면 합동 단식투쟁을 시작할 것이다.

IX. 인권을 수호하기 위한 릴레이 단식투쟁 운동은 중국이 국민의 권리보호를 보장할 수 있는 독립적인 사법체계를 갖출 때가지 지속될 것이다. 그렇지만 특별한 경우, 우리는 운동을 잠시 중단할 수도 있다. 이는 많은 단체들과 상의하여 결정할 것이다.

X. 아직도 중국에 무고하게 불법 감금된 사람들이 정말로 많다. 현재 수많은 자유 민주의 지지자들이 근거 없이 단속과 탄압을 받고 있다. 민주 운동가와 인권 운동가들 중, 정이춘(鄭貽春), 양톈수이(楊天水), 쉬완핑(許萬平), 양쯔리(楊子立), 예귀주(葉國柱) 등이 여전히 불법 수감돼 있다. 그들 중 일부는 감금상태에서 끊임없이 비인간적 학대를 받았던 사람들이다. 때가 되면 우리는 단식투쟁 운동을 통해 이러한 상황을 밝힐 것이며 그렇게 함으로써 박해 받은 모든 사람들을 위한 지지를 알릴 수 있을 것이다.

2006년 2월 13일 미행당하고 있는 베이징에서

무엇이 우리의 승리인가

오늘은 어우양샤오룽(歐陽小戎)이 납치된 지 15일째 되는 날이다. 청원하러 베이징에 온 동포 두 명이 사망했다. 이 소식을 접한 것은 식사 중이었다. 나는 그릇을 조용히 내려놓고 계속 이야기를 들었다.

그들이 살아있는 동안 공산 체제는 그들의 삶을 비참하게 만들었다. 그들이 정당한 권리를 되찾으려 하자 공산체제가 그들에게 더욱 비참한 처사 즉 그들의 생명을 앗아감으로써 그들의 현세의 고통을 끝내주었다.

매년 전국인민대표대회와 전국정치협상회의 양회(兩會) 기간과 그 직전에 수많은 중국인, 특히 당국에 청원하기 위해 베이징에 오는 사람들이 불행을 겪는다. 해마다 이맘때면 인민의 대표들에게 불만을 토로하러 베이징에 온 수많은 무고한 청원자들은 불법 체포와 구금, 심지어 고문까지 당한다. 그리고 어제도 두 명이 또 사망했다. 이들 두 명은 헤이룽장에서 온 청원자들이었다. 그들은 그들을 쫓아오는 경찰들로부터 도망치기 위해 기차 길을 가로질러 건너려다가 빠르게 달려오는 기차에 치어 사망했다. 다른 두 사람도 다쳤다.

인민 대표들이 환한 미소를 지으며 회의장을 향해 걸어갈 때, 그들이 밟는 카펫은 무고한 시민들이 흘린 피와 눈물로 더욱 진하게 물들어간다. 올해는 유난히 그렇다. 이틀 전에 정의가 실현되기를 바랐던 많은 청원자들이 체포되었다. 무고한 청원자 두 명의 죽음과 그들 가족의 눈물 또한 이 체제가 비윤리적이고 야만적이며 잔인하다는 또 하나의 증거가 되었다.

나는 아직 그들의 이름을 모르지만 여기에서 나의 가족을 대표하여 그 두 명 청원자들의 죽음을 애도하며 그들의 가족에게 조의를 표하고 싶다.

양회에 참석한 인민대표들은 최소한의 예의를 보여야 한다. 당신들은 당신들에게 도움을 청하러 왔다가 당신들 때문에 죽은 그 동포들을 위해서 단 몇 초 동안이라도 묵념을 해야 한다.

2월 15일부터 당국은 내 눈을 가려버렸지만, 나의 두 귀는 분명히 들을 수 있다.

나는 최근 인권을 수호하고 폭력과 박해에 저항하기 위해 시작한 단식투쟁 릴레이에 대해서 사람들이 매우 열정적으로 이야기하고 있음을 들었다. 그러나 나는 많은 경우 사람들의 논의가 조금 과열되어 있으며, 사람들 중 일부는 늘 흥분하고 있다고 들었다. 어떤 사람은 이런 현상에 대해 사람들이 릴레이 단식투쟁이 마음에 들었기 때문이라고 해석한다. 나는 그 논의들에 직접 참여하지 않았기 때문에 정확한 사정은 모른다. 그렇지만 나는 그러한 대화에서 제기된 논평들과 반론들에 대하여 몇 개의 의견을 제시하고 싶다.

우선 딩쯔린(丁子霖) 여사에 대한 인신공격에 대해 누가 그러한 공격을 만들어냈는지 또는 동기가 무엇인지에 상관없이 나는 이것을 인정할 수 없다. 우리는 모두가 발언할 수 있도록 격려해야 한다. 사람을 설득하기 위해서는 논리의 힘에 의지해야 하고, 신중하고 건설적이며 열린 마음 자세를 유지해야 한다. 사람의 어두운 면을 성급히 폭로하려는 자세는 좋지 않다. 누구도 자신의 발언 때문에 비난받아서는 안 된다. 말과 생각들은 그 자체로는 누구에게도 위협이 되지 않는다. 반대로 말과 생각을 하나의 위협으로 간주하여 막으려는 사람들이 실제로 우리에게 위협적인 사람이다.

비틀어진 중국의 이 시대에 이루어진 딩쯔린 여사의 모든 노력과 공헌 그리고 희생에 대해 누구도 부정할 수 없으며 부정해서도 안 된다. 그녀는 인민의 기본적 인권, 인간의 존엄성, 그리고 우리의 문명을 보호하기 위해 많은 노력을 했다. 우리는 중국에서 기본적 인권을 보호하고 자유의 가치, 민주주의, 법치주의를 탐구하는 데 있어 딩 여사와 식견을 같이한다. 누구도 자신의 방법 또는 이론이 절대적으로 옳다고 주장할 수 없다. 토론에 참가하는 사람들은 자신의 입장을 고수할 수는 있지만 뜻이 다른 사람들에게 자신의 생각을 강요해서는 안 된다. 더욱이 사람들을 모아서 다른 사람들이 하는 것을 지지하거나 반대하는 것은 더욱 안 된다. 당신은 토론의 결과에 대해 실망하거나 논쟁에 너무 많은 에너지를 소모하게 될 것이다. 그리고 그것은 우리 운동의 핵심 목적을 달성하지 못하게 할 수도 있다.

토론 중 단식투쟁 릴레이의 요구사항이 불분명해서 당국이 이러한 요구에 대해 응답할 수 없다는 주장이 제기됐다. 또 다른 하나의 우려는 만약 당국이 우리를 무시해 버리면 우리 단식투쟁가들은 단식투쟁을 종결할 수가 없다는 것이다.

이러한 의견을 제시한 사람들은 단식투쟁의 가치 혹은 단식투쟁의 승리를 너무 협소하게 정의한 것처럼 보인다. 다시 말하면 그들은 당국의 응답과 같은 가시적인 성과로 우리 운동의 성공 여부를 평가하고 있다. 이것은 우리의 초기 목적과 완전히 모순된다.

무엇을 우리의 승리로 정의하는가? 도덕규범과 조정능력을 갖추지 못한 정권에 우리의 기대를 건다면 우리는 아무 것도 얻지 못하고 끝날 것이고, 심지어 곤경에 빠지게 될 것이 틀림없다. 그러한 접근법으로는 우리는 결코 승리할 수 없다.

사실 우리의 단식투쟁 릴레이는 이미 승리를 쟁취했다. 다음을 자세히 보라.

첫째, 수많은 중국인들이 일어섰고, 그것이 우리의 승리이다.

둘째, 많은 중국인들이 전례 없는 규모로 용기 있게 외쳤고, 그것이 우리의 승리이다.

셋째, 지극히 짧은 기간에 중국 내 20여 개 성의 사람들이 우리의 운동에 동참했고, 그것이 우리의 승리이다.

넷째, 야만적인 압제에 대한 우리의 폭로, 독재정부에 대한 사람들의 경각심 환기 그리고 참여의식 고취, 그것이 우리의 승리이다.

다섯째, 우리의 운동은 바깥 세계, 즉 문명화된 세계에 대해 중국 내 정치체제와 인권에 대하여 관찰하고 생각할 수 있는 기회를 제공했다. 그것이 우리의 승리이다.

여섯째, 우리의 단식투쟁 운동은 자신의 가정을 떠나지 않고도 인권 운동에 참여할 수 있는 방법을 제공했다. 그것이 우리의 승리이다.

일곱째, 단식투쟁을 벌임에 있어 우리는 이성적이며, 절제했고, 온화했다. 그것이 우리의 승리이다.

여덟째, 그렇게 짧은 시간에 민주화운동가, 인권운동가, 청원자, 해고 근로자, 토지를 빼앗긴 농부, 그리고 각계각층의 사람들이 이 하나의 운동에 동참했다. 그것이 우리의 승리이다.

그리고 아홉째, 독재자의 이중성, 무지, 잔인함을 폭로함으로써 우리는 우리의 노력으로 겨우 하룻밤 사이에 그들이 신경을 곤두세우며 밤을 지새우게 만들었다. 그 증거로 그들은 비겁하고 불법적인 행위로 보복을 해왔다. 그것이 우리의 승리다.

어떤 사람들은 당국의 심기를 거슬러서 그들이 나쁜 짓을 저지르도록 자극한다는 이유로 단식투쟁은 순진한 발상이라고 비난한다. 그러나 이 정권의 본성은 바로 쉬지 않고 극악한 일을 행하는 것이다. 어떻게 비폭력 시위자들에게 그러한 비난을 뒤집어씌울 수가 있는가? 그 논리는 늑대가 사람을 공격한 것은 사람의 살코기가 늑대를 유혹했기 때문이라는 논리와 같다. 어찌 희생자에게 책임을 씌울 수 있는가?

오늘 한 무리 비밀경찰과 수상한 폭력배들이 여전히 나의 사무실 밖에서 진을 치고 있다. 나를 만나기 위해 중국 전역에서 온 청원자들과 방문객들은 예외 없이 납치당하고, 체포되고, 심문을 받는다. 오늘 하루에도 방문객 몇 명이 체포됐고 심문당했다. 오늘 오후 내가 타임스지 기자와 만날 때 상당수 경찰들이 나를 미행했다.

2006년 3월 2일

쑤자툰, 리공서, 천광청, 팡린을 위한 단식 성원

오늘은 매주 7인 릴레이 단식 다섯 번째로, 내가 정기적으로 단식하는 날이다. 전국 29개 성 554명의 동포 특히 산둥 쑤저우(朔州)의 추이첸진(崔前進) 등 427명의 퇴직 노동자들이 동시에 단식을 진행하여 나와 마찬가지로 배고픈 24시간을 보낸다. 어우양샤오룽(歐陽小戎)이 납치된 지 32일째이다. 오늘은 또한 중공 정권이 마피아 같은 방법으로 내 집을 포위하기 시작한 지 118일째다.

선양(瀋陽)의 쑤자툰(蘇家屯)은 최근 유명해졌다. 쑤자툰 이 세 글자가 갑자기 유명하게 된 것이다. 그 이유는 '쑤자툰' 세 글자와 '강제수용소'라는 글자가 함께 결합되어 '쑤자툰 강제수용소'가 되었기 때문이다.

쑤자툰 강제수용소라는 명칭은 사람이 살고 있는 이 지구촌에서 여러가지 형식으로 빠르게 전해지고 널리 알려지게 되어 수많은 선량한 사람들의 마음을 아프게 하고 있다. 그래도 아픔이 가장 큰 사람은 역시 중국인들이다. 사람의 마음을 매우 아프게 하는 이 소식을 들었을 때 나는 흐르는 눈물을 참을 수 없었다.

이것은 사람들의 영혼을 무섭고 두렵게 하는 소식이겠지만 오히려 나는 눈물이 흐르는 가운데 친구가 전화로 설명하는 내용을 조용히 듣고 있었다. 오늘날 중국 대륙에서 중국 인민에 대한 인류의 상상을 뛰어넘는 추악한 중공의 죄악을 들춰내는 것은 더 이상 대다수 중국인들을 놀라게 하지 않을 것이다. 즉 중공은 아직 생각해 내지 못한 악이 있을 뿐 그들이 감히 저지를 수 없는 악은 없다.

쑤자툰 사건 경험자는 피로 얼룩진 처참함을 조용히 진술했다. 그러나 조용한 목소리 속에서는 격앙된 감정이 흐르고 있었고, 중국 동포의 고통스런 비명이 이어지고 있었으며, 금세기 중국인들의 참담함이 배어 있었다.

이번 사건 경험자의 공개적인 진술에도 불구하고 세계에서 가장 방대한 여론 수단을 장악하고 있는 중공은 이상하리만치 침묵을 지키고 있다. 이는 중공이 쑤자툰 강제수용소 사건에 대해서 사실상 말문이 막혀 있음을 의미한다.

강제수용소, 파시스트의 피비린내 나는 살육의 대명사인 강제수용소는 인류를 가슴 아프게 하는 단어다. 내가 모 국가의 정부관료 친구와 쑤자툰 강제수용소 사건에 관해 이야기를 나누었을 때 일 분이 채 못 되어 그 역시 두 눈에 눈물이 그득해지는 것을 보았다.

강제수용소의 역사는 적나라하게 인류 문명을 말살하는 죄악이기에 온 인류가 지속적으로 경계하고 민감해하는 것이다. 만약 쑤자툰 강제수용소 사건이 사실이라면 이러한 일은 더 이상 중국의 내부적인 일에 속하는 것이 아니며, 더 이상 중공으로 하여금 '이것은 중국의 내정이다'라고 주장하게 할 수 없다.

강제수용소 사건의 죄악은 국제법 영역에서 공인하고 있는 반인륜범죄이자 집단살해죄에 해당하는 것이다. 이러한 범죄 행위의 결정자와 시행자는 그가 누구이든지, 국내 법률이 어떻게 처리하든지에 상관없이 국제법의 원칙에 따라 처벌되어야 한다.

중공 정권은 끊임없이 중국은 책임을 지는 대국이며 무수한 유엔 관련 조약의 체결자라고 주장한다. 당사국으로서든 회원국으로서든 중공은 국제사회와 협력하여 이 문제를 해명해야 할 의무가 있다.

국제사회도 이 문제에 대해 자신의 책임과 능력을 발휘해야 하며, 전 인류의 존엄성과 관련된 이 중대한 사건의 진상 조사를 무기한 지연하고 있어서는 안 된다. 국제 사회는 반드시 그리고 분명히 인식해야 한다. 중공은 인류 유사 이래 범죄 증거를 없애는 면에서는 가장 큰 능력을 가진 범죄 집단이다. 따라서 조사를 지연하는 것은 분명코 범죄의 증거 인멸에 대한 간접적 용인이다.

오늘 단식의 의지를 밝히는 가운데, 나는 먼저 중공 정권의 이러한 경천동지할 사건에 대해 국제사회가 죽은 듯이 아무 말도 하지 않고 있는 것에 대해 항의한다. 국제사회가 신속하게 이 사건에 대해 조사할 것을 강력히 호소한다.

3월 13일 오후 6시 허난성(河南省) 원현(溫縣) 경찰이 가정교회를 무력 진압하고 수많은 기독교 신자들을 폭행했다. 그 가운데 기독교인 리공스(李公社)는 현장에서 늑골이 부러졌고, 현장 집회에 참석했던 기독교인들 모두가 불법적으로 체포됐다. 오늘까지 아직도

24명의 기독교인들이 불법 수감돼 있으며 그들의 가택은 불법으로 강제 수색당해 많은 신도들의 재산이 강탈됐다. 그 피해액은 추산하기 힘들다. 신앙인의 헌법적 권리를 짓밟는 허난 경찰의 공공연한 야만적인 폭력에 대해 우리는 항의한다. 구타당한 리공스와, 여전히 불법 수감돼 있는 기독교인들에 대해 결연한 성원을 보낸다.

폭력과 박해에 반대하는 인권 단식운동 참가자들도 야만적인 박해의 대상이 됐다. 오늘은 치즈융(齊志勇) 실종 32일째이며 후자(胡佳), 어우양샤오룽 실종 31일째이다.

이러한 실종자들의 명단은 여전히 길다. 장메이리(蔣美麗), 니위란(倪玉蘭), 리구이펑(李貴鳳), 장수펑(張淑風) ……. 그리고 원하이보(溫海波), 마원두(馬文都) 등 수십 명이 불법 연금돼 있다. 더욱이 상하이 시정부는 단식 운동에 참가한 류신쥐안(劉新娟) 등 4명을 정신병원에 불법 수감하고 비인도적으로 학대하여 사람들을 몸서리치게 한다.

현재 고난을 겪고 있는 용감한 사람들에게 경의를 표한다. 아울러 중공 정권이 책임감과 양심 있는 동포들을 야만적으로 감금하는 행위에 대해 우리는 강력히 비난한다.

오늘 우리는 24시간 29개 성에서 단식을 행하여 현재 고통을 겪고 있는 사람들에게 성원을 보낸다.

최근 정의와 열정, 그리고 용기가 있는 사람들이 걸어 나오고 있는데 그들이야말로 도덕지사라고 부를 만하다. 그들은 인권 단식

운동에 대해 열정적으로 지지하는 과정에서 고난을 겪고 있다.

경망스러운 자들은 이러한 용감한 사람들을 다음과 같이 비난한다.

"그들의 마음속에는 인민이 없다."

이와 같은 비난은 그들 자신의 '마음속에 인민이 있다'는 주관적 기준 이외에는 전혀 합리적이지 않다.

맹인 천광청(陳光誠)이 산둥성 린진(臨沂)에서 자행된 무자비한 불임시술의 희생자들을 위하여 발언했다는 이유로, 중공 당국은 한 맹인이자 정직한 공민인 그를 난폭하게 외부 세계와 단절시켰다. 산둥성 위원회, 성 인민 정부는 문명사회에서는 찾아 보기 힘든 악랄한 수단을 동원해 그의 가족을 1년 동안 감시하며 박해했다. 비밀경찰과 불량배들은 24시간 쉬지 않고 비열하게 그의 가족을 괴롭혔으며, 마침내 며칠 전 그를 불법 체포했다.

그 1년 동안 산둥성 위원회, 성 인민 정부를 위해 불량배들이 천광청이 살고 있는 마을에서 벌였던 악행은 정말이지 말과 글로 다 표현하기 힘들다. 천광청을 동정하고 보살폈던 촌민들 가운데 구타 당하고 체포당한 사람들이 부지기수다. 산둥의 악독한 세력들이 오만방자하게 날뛰며 반문명적인 행태를 보이고 있는 것이다.

오늘 우리는 용감하고 정직한 우리의 친구 천광청에 대해 경의와 성원을 보낸다. 동시에 산둥 지방에서 벌어진 악행, 법치 문명을 유린하고 인성을 짓밟은 악행에 대해 강력한 항의를 표한다.

3월 6일 허난 카이펑(開封)에 사는 60여 세의 팡린(方林)은 청원하다가 허난 주재 베이징 사무소에서 무참하게 맞아 사망했다. 현지 경찰은 팡린의 가족이 신고조차 하지 못하게 통제했다. 현재 거의 모든 권리를 박탈당한 우리들도 팡린의 가족에게 성원을 보내며, 팡린을 죽인 경찰 그리고 팡린이 사망한 후에도 계속 그의 가족들에게 악행을 저지르고 있는 경찰에게 강력한 항의를 표한다.

우리는 우리가 처한 시대와 우리가 직면하고 있는 사회가 얼마나 잔인하고 냉혹한지 알고 있다. 단식의 과정은 매우 고통스럽다. 단식을 하는 이유는 이 잔혹한 통치 체제가 조그만 온정을 베풀 것이라고 기대해서가 아니다. 우리는 고통을 감내하는 용기와 인내심으로 우리 스스로를 각성시키고 우리 민족 가운데 대다수의 선량한 동포들이 각성하기를 기대하고 있다. 우리는 우리의 사회에서 일상적으로 존재해 온 불공정과 우리 사회의 고통을 직시하여 전 민족이 손에 손을 잡고 화합의 내일로 나아가고자 한다.

오늘은 가택연금 3일째이다. 밖으로 나가지 못하니 오랫동안 함께 동행하던 비밀경찰들을 못 보게 되었다.

비록 3일 동안 사무실로 가지 못했지만 베이징 공안국 수십 명의 경찰 및 사복경찰 그리고 깡패집단 하수인들이 여전히 삼엄한 경비로 내 사무실 주위를 굳게 지키고 있다.

최근 이틀 동안 그들에 의해 납치됐다가 석방된 사람의 소식에 따르면 이틀간의 포위는 조금도 완화되지 않았고, 오히려 우리 사

무실 건물의 북문에 새롭게 초소를 세우며 장기전을 준비하느라
매우 떠들썩하다고 한다.

2006년 3월 18일 연금된 베이징 집에서

왕원이 사건 배심단에게 보내는 공개 서신

어제 허베이의 궈치전(郭起真) 선생 등 전국 각지의 6명이 매주 토요일 열리는 단식 인권운동에 참가하겠다는 뜻을 밝혔고, 오늘은 4명이 더 참가해 토요일 단식운동에 총 10명이 새로 들어왔다.

최근 며칠간 중공은 인민의 평화적인 권리 청원에 대해 흉악한 본색을 드러냈다. 최근 베이징에서만 불법 수감된 무고한 동포들이 5만 명을 넘는다. 자기 동포에 대한 경찰의 무자비하고 잔혹한 폭력은 참으로 끔찍한 일이다. 오늘 우리의 단식은 우선, 야만적인 폭정 아래 생존 기반을 상실하고 인신의 자유를 잃은 만여 명의 우리 동포들을 성원하기 위해서다. 우리는 그들의 안위를 걱정하며 그들을 성원한다. 둘째, 우리는 중공 반문명 세력의 만행을 강력히 항의하고 규탄한다. 국가와 민족은 물론 폭력 행사자 자신의 미래도 아랑곳하지 않는 야만적인 만행의 즉각적인 중단을 요구한다. 그리고 시도 때도 없이 불법 체포, 수감되는 중국 동포들의 기본적인 생존권과 인간으로서의 존엄성을 보장할 것을 요구한다.

5월 3일 왕원이(王文怡) 여사는 미국 워싱턴 지역법원에서 재판을 받는다. 왕원이 사건의 배후에는 잔혹한 폭력으로 학대받고 있는 수천만 신앙인들의 슬픔과 무력함 그리고 드높고 커다란 인류애가 집약되어 있다. 오늘 단식에서 우리는 왕원이 여사를 주목하고 그녀를 성원하며, 그녀의 용기와 고귀한 인간성을 찬미한다. 그런 의미에서 오늘의 단식 일지는 이 사건을 위해 쓰려고 한다.

《왕원이 사건 배심단에게 보내는 공개 서신》

존경하는 왕원이 사건 배심단 신사 숙녀 여러분!

가오즈성이 여러분께 인사드리며 경의를 표합니다.

중국 베이징에서 이 서신을 쓰고 있는 지금, 나는 변호사 자격을 박탈당한지 거의 6개월이 됐습니다. 이 6개월 동안 중공 정권은 경찰, 비밀경찰 및 암흑가 조직원들로 구성된 무리들을 매일 백 명 이상 투입시켜 행패를 부리고 있습니다. 이 정권은 인간의 이성, 도덕, 인류 문명의 기본적 가치는 물론이고, 정권 스스로 공표한 헌법과 법률마저도 무시하고 있습니다. 24시간 내내 나와 아내, 12살 된 딸을 비롯한 전 가족에 대해 포위, 밀착 미행, 소동, 협박을 자행하고 있습니다. 내 변호사 사무소는 불법적으로 폐업됐고, 경찰은 우리 전 가족의 모든 대외 통신 연락을 차단했을 뿐만 아니라 나를 방문하러 온 수백 명의 중국인들을 불법 납치하여 일부 사람들은 아직까지 행방불명입니다. 그러나 고소당한 왕원이 여사와 파룬궁 수련생들의 극히 비참한 처지에 비한다면 나와 내 가정은 아직은 괜찮은 편입니다.

존경하는 배심단 신사, 숙녀 여러분! 미국의 독립적인 사법제도는 인간의 지혜로 불공정함을 가장 잘 바로 잡을 수 있는 제도입니

다. 왕원이 여사가 이러한 제도 하에서 재판을 받는 것은 당이 사법

기관을 통제하여 함부로 죄를 뒤집어씌우는 중공의 사법제도와 비

교해 볼 때 행운인 셈입니다. 그러나 왕원이 여사로서는 이러한 재

판 자체가 그녀에 대한 불공정함을 의미합니다.

　미국 사법기관의 공정성에 대해서는 의심의 여지가 없으나, 모

든 사건의 발생과 그 심층적인 배경은 각기 다른 각도에서 볼 필요

가 있습니다. 특히 이 사건에서 왕원이 여사가 행동장소로 백악관

을 선택한 심리적 배경, 행동을 유발한 외부 조건은 무엇이겠습니

까? 미국 대통령이 중공의 파룬궁 탄압 중단을 촉구할 것을 희망

한 배경은 무엇이겠습니까? 중공의 야만적인 공산 독재하에서 어

떤 일이 발생했습니까? 이와 같은 장소에서 왕원이가 왜 절박하게

중공에게 탄압 중단을 요구했을까요? 여전히 중국에서 공개적으로

진행되고 있는 폭압과 인류 문명과의 관계 및 이러한 폭압을 제지

함으로써 얻을 수 있는 가치와 당시 회의장의 질서를 지켜서 얻는

가치와의 상관관계는 무엇입니까? 상술한 가치비교, 왕원이가 행

동을 선택한 배경 요인 및 수많은 관련 조건을 이해하지 못한다면,

이 사건에 대한 재판 결과는 정의롭지 못할 수도 있습니다. 결과에

따라서는 당신들 국가의 사법제도의 존귀함과 명성 그리고 여러분

의 명예까지도 훼손될 수 있습니다.

　중국에서 이미 자격을 박탈당한 변호사인 내가 직접 보고 파악

한 일부 관계를 설명하고 여러분들이 신중하게 들어줌으로써 이러

한 피해를 막을 수 있으면 좋겠습니다.

왕원이의 기자 신분은 그녀가 당시 그 장소에서 지켜야 할 행동 규범을 잘 알고 있다는 것을 증명합니다. 이것이 바로 우리 모두가 상식적이고 통상적인 범위를 넘어서서 이 사건을 살펴보아야 하는 이유입니다. 이러한 규범을 잘 알고 있고 독실한 신앙인인 그녀가 왜 자신에게 많은 곤란함과 위험을 초래할 수 있는 행동을 선택한 것일까요?

존경하는 배심단 여러분! 왕원이가 당시 부시 대통령과 후진타오 주석에게 제기한 것은 파룬궁 탄압 중단이었습니다. 우리는 간단한 이 한마디 말의 배경을 이해해야 합니다. 여기에는 파룬궁 수련생들이 지난 6년 동안 중국에서 전대미문의 참상을 겪고 있는 상황이 놓여 있습니다.

중국에서 6년 동안 파룬궁 수련생들을 대상으로 벌어지고 있는 인류의 상상력을 뛰어넘는 피비린내 나는 중공의 탄압 진상을 전면적으로 이해하려고 할 때, 우리는 두 가지 한계에 직면할 수밖에 없습니다. 첫째, 문자와 언어의 한계로 인하여 중공의 파룬궁 수련생들에 대한 피비린내 나는 살육과 잔혹한 폭력을 다 묘사할 수 없다는 것입니다. 둘째, 우리 중국인들이 깊이 명심해야 할 것으로, 중국인들은 물론 미국인들을 포함한 외부 문명 세계가 이에 대해 보여준 절망적인 무관심과 무감각입니다. 이러한 무관심과 무감각이 중공의 피비린내 나는 살육을 방조하고 있었던 것입니다. 바로 이와 같은 상황하에서 왕원이는 규범에서 벗어난 행동을 하게 된 것입니다.

이 사건의 공정한 결론을 내리기 위해서는 이와 같이 중공이 자행하고 있는 학살을 이해하는 것이 반드시 필요합니다. 중국 대륙에서 벌어지고 있는 파룬궁 박해 진상의 이해를 돕기 위해, 현지에서 박해당한 당사자와 가족 등 관련자들을 조사한 후에 후진타오 주석을 포함한 중공 지도자에게 보낸 3통의 공개 서한을 정중하게 제공하는 바입니다. 이 3통의 공개 서한에서 기술된 공포스럽고 피비린내 나는 악행은 중공이 6년 동안 자행한 악행 중 극히 일부분일 뿐입니다. 그러나 여러분이 왕원이 사건을 객관적으로 판단하는 데 도움이 될 것입니다.

비록 나는 여러분에게 파룬궁이 박해당하는 진상에 대해 중공 지도자에게 보내는 공개 서신을 추천하고 제공했지만 여기에서 여러분에게 나의 세 번째 공개 서신 안의 두 단락을 언급하고 싶습니다. 여러분! 이 글 배후에 흐르는 처참함과 인류 문명에 대한 위협에 대해 주목해 주십시오.

『우리는 '610'이라는 암호화된 권력이 인간의 육체와 정신을 지속적으로 살육하고, 쪽쇄와 수갑, 쇠사슬, 전기 고문, 호랑이의자 등의 방식으로 우리 인민들을 '다스리고' 있음을 목격했습니다. 이미 마피아화 된 권력은 현재 지속적으로 우리들의 어머니, 자매, 아이들 및 전체 민족을 학대하고 있습니다. 후진타오, 원자바오 두 분께서는 이 시기 민족의 지도자로서, 그리고 마음속에 아직 양심을 간직하고 있는 민족의 일원으로서, 함께 이 모든 진실을 직시할 때가 되었습니다!

이 시각 나는 떨리는 마음으로 6년 이상 박해당한 사람들의 비참한 처지를 기술하고 있습니다. 믿기 힘든 야만적인 박해 진상들 가운데, 정부가 자신의 인민들에 대해 인정이라고는 조금도 찾아볼 수 없는 잔혹한 폭력에 대한 기록 가운데, 가장 오랫동안 저의 영혼을 뒤흔들었던 부도덕한 박해는 바로 '610 사무실' 요원 및 경찰들이 우리 여성 동포들의 생식기관을 대상으로 비열한 행위를 저지른 것입니다! 예외없이 여성 동포들의 생식기관, 유방 및 남성들의 생식기가 극도로 비열한 고문의 대상이 되었습니다. 남녀를 막론하고 박해를 당했던 거의 모든 사람들이 형벌을 받기 전에 겪는 첫 번째 과정은 바로 벌거벗겨지는 것이었습니다. 어떠한 말이나 글로도 우리 정부의 비열함과 부도덕을 표현할 수 없을 것입니다! 심장이 뛰고 있는 사람이라면 누가 그런 진상을 대면했을 때 침묵할 수 있겠습니까?』

존경받는 여러분들이 편견을 갖지 않고 6년 동안 파룬궁 수련생들에 대해 자행된 피비린내 나는 박해 진상을 이해하신다면, 여러분들이 내릴 결론은 다음과 같을 것이라고 생각합니다.

"왕원이 여사는 오늘날 인류의 영웅이며 그녀의 용기와 도덕은 고귀한 인성의 빛을 발했고 인류 문명의 희망과 방향 및 이러한 문명의 생명감을 대표하고 있다. 문명에 해를 끼치는 범죄가 아니다."

이외에 특별히 여러분에게 언급해야 할 것은 세 번째 공개 서신에서 다루지 않은 배경 상황, 즉 중공 정권이 6년 동안 언론매체를 완전히 장악하여 파룬궁 수련생들에 대해 저지른 박해 사실이 언론에 한 글자도 보도되지 않았다는 점입니다.

최근 중공이 쑤자툰 강제수용소에서 대규모로 파룬궁 수련생들의 생체 장기를 적출한 후 그 시체를 집단 소각한 사건은 이미 이러한 만행을 직접 당하거나 목격한 증인의 증언 및 그 밖에 여러 가지 형식의 증거에 의해 입증되고 있습니다. 동시에 이는 중공이 저지른 반인륜범죄 및 집단학살죄를 입증해 주는 것입니다. 이와 같은 중공의 죄악은 이미 폭로되어 오늘 모든 인류가 주시하고 있습니다. 그런데 지금 미국 정부, 미국 사회를 포함한 전체 인류 사회가 중공의 극악무도한 범죄에 대해 보여주고 있는 무관심은 심히 공포스럽습니다. 눈앞의 이익에 사로잡힌 인류는 인성이나 도덕성과 같은 중요한 가치들에 대하여 더 이상 관심을 기울이지 않을 정도로 타락했습니다.

왕원이와 파룬궁 수련생들이 직면한 현실은 중공의 압제가 이미 인류의 상상을 뛰어넘는 사악한 지경에 도달했다는 것입니다. 그리고 이 사람들이 과거 6년 동안 중공의 죄악을 폭로하고 진상을 알리려는 노력은 국제 사회의 무관심에 부딪쳤습니다. 쑤자툰 사건

폭로 이후, 중공은 36곳 이상의 쑤자툰과 유사한 강제노동교양소에서 증거 인멸을 위한 학살을 가속화하고 있습니다.

미국 국가 원수와 중공 당서기가 만나는 장소는 당연히 평화가 유지되어야 하며 경건해야 할 것입니다. 그러나 현재 발생하고 있는 인류 전대미문의 참상을 제지하는 것과 비교해 볼 때 어느 것이 중요한지는 분명합니다. 왕원이의 행위는 범죄로 단죄할 만한 해로운 결과를 야기하지 않았습니다. 설사 이러한 결과가 발생했을지라도 중공의 반인륜적이고 반도덕적인 만행에 대해 미국 정부가 계속해서 못 본 척하는 것은, 중공이 반인륜범죄를 지속적으로 저지르도록 방조하는 것입니다. 이에 왕원이는 어쩔 수 없이 백악관이라는 민감한 장소를 선택해 중공의 반인륜범죄, 집단학살죄를 고발하려고 한 것입니다. 인류는 더 이상 무감각해서는 안 됩니다. 이는 원래 부시 대통령과 미국 정부가 내야 할 목소리입니다.

오늘 전 세계 언론과 중국 곳곳에서 왕원이의 인간성과 고귀함을 찬미하고 있습니다. 미국의 사법권은 모든 권력과 세력, 여론 등으로부터 독립되어 있습니다. 그러나 인류 문명의 보편적 가치로부터 독립할 수는 없습니다. 왕원이가 유죄로 판결된다면 인류 문명의 보편적 가치에 반하는 판결이 될 것입니다.

끝으로 당신들께 감사드립니다.

2006년 4월 29일 연금 중인 베이징의 자택에서

하늘은 무엇을 원하는가

오늘은 중국 정권으로부터 불법적으로 감시당한지 167일째 되는 날이다. 신장(新疆)에 사는 청년 멍칭깡(孟慶剛)이 베이징 공안국에 의해 납치된 지 47일째지만 아직 그의 생사조차도 모르고 있다. 인권을 보호하고 법질서를 수호하며 공민의 인신 안전을 보장해야 하는 경찰이 정반대의 일을 하고 있다. 경찰 집단은 인류 문명을 보호하기는커녕 반대로 전제 정권의 살육 도구가 되었다. 베이징 공안국은 백주대낮에 멍칭깡을 납치한 것이다. 더욱 참혹한 것은 우리 평범한 중국 동포들이 전제 정권의 살육 도구인 경찰의 구성원이 되어 야만적인 박해에 가담하고 있다는 사실이다!

우리는 릴레이 단식투쟁을 통해서 정권으로부터 박해받는 사람들을 성원하고자 한다.

5월 1일 월요일, 나는 한 농민으로부터 전화를 받았다. 광시(廣西) 친저우(欽州) 농민 100여 명의 대표였다. 그는 울먹이면서 자신들의 생활 기반인 토지를 빼앗겼다고 했다.

"가오 변호사님, 정부는 우리더러 죽으라고 합니다. 우리는 이미 너무 지쳐서 거의 죽을 지경입니다. 달아날 길도 살아갈 방도도 없습니다. 어떻게 해야 하나요? 우리도 단식투쟁을 같이 해야겠지요?"

5월 2일에는 헤이룽장성(黑龍江省) 하얼빈(哈爾濱)의 기독교인이 나에게 전화를 걸어 그의 교회가 하얼빈 공안당국으로부터 공격을 받았다고 알려왔다. 그는 경찰이 지난 한 해에만 수백 명의 신자들을 체포하고 감금했다고 했다. 보아하니 경찰은 전문 인력을 동원해 무방비의 기독교인들을 감금하고 무자비하게 구타해 왔음이 틀림없다. 또한 그들은 감금된 사람들로부터 돈을 약탈했으며, 그들의 가족들로부터 몸값을 갈취했다. 많은 사람들이 불법 상거래와 사회질서교란 같은 모호한 죄목으로 장기 징역형을 선고받았다.

5월 3일에는 류(劉)씨 성을 가진 선양(瀋陽)시의 한 기독교인이 나에게 전화를 걸어왔다. 하얼빈 공안당국 국가안전부가 그들 가정교회신자 일행의 재산을 강탈했다는 내용이었다. 그와 그의 아들은 전도사였다. 가정교회 모임을 하고 있던 지난해 어느날, 경찰이 갑자기 그들을 급습하여 몸수색을 하고 귀중품을 강탈했다. 그리고 경찰은 그들에게 한 사람당 1600위안을 지불하지 않으면 무기징역을 살아야 한다고 말했다. 그들은 자신들이 선양에서 왔고 돈이 없다고 대답했다. 그러자 경찰들은 돈을 받기 위해 그들을 선양까지 호송했다. 심지어 그 다음해 경찰은 뻔뻔스럽게도 다시 선양으로 와서 더 많은 돈을 갈취했다.

5월 5일 아침에 산둥성 린수(臨沭)현의 기독교인인 류위화(劉玉華) 가족이 전화로 도움을 요청했다. 류위화는 기독교 관련 서적을 팔았다는 이유로 4월 26일 아침 체포당했다. 린수현 경찰서는 불법 상거래 행위를 이유로 류위화에게 벌금을 부과하고 유치장에 가두었다. 같은 기독교인인 류위화의 아내는 말했다.

"경찰이 류위화 형제의 은행계좌를 조사했을 뿐만 아니라 내 것도 조사했고, 사무실도 샅샅이 뒤졌다."

5월 6일 나는 비슷하게 박해받은 기독교인에 대한 소식을 접했다. 이 사건은 산시성 안캉(安康)시에 살고 있는 두 기독교인인 류창핑(劉昌平)과 친(秦) 씨가 가정교회 모임을 하던 중에 경찰의 급습으로 체포된 것이었다. 그들은 7개월째 감금되어 있다고 한다. 체포당할 당시 둘 다 거의 실신할 정도로 심하게 구타당했다고 한다.

그날 오후 나는 후베이성 징먼(荊門)시의 기독교인 판(潘) 씨가 후난성 창더(常德)시의 가정교회 모임에 참석했다가 체포됐다는 전갈을 받았다. 10명 이상의 기독교신자들이 그와 함께 체포됐으며, 이후 6개월째 법적 근거 없이 창더시 감옥에 갇혀 있다. 소식을 알려 온 사람은 말했다.

"그들 대부분이 심하게 고문당했습니다. 가오즈성 변호사님, 박해받는 파룬궁은 일어서서 진실을 밝히는데 왜 기독교인들은 그렇게 하지 않나요? 너무나 잔혹하고 너무나 참담합니다! 이렇게 계속될 수는 없습니다!"

뱅자맹 콩스탕은 이렇게 말했다.

"종교와 신앙은 정의, 애정, 자유, 자애 등에 있어서 공통의 핵심 가치다. 그것은 아침에 태어나서 저녁에 죽는 우리들의 세계에서 인류의 존엄을 지켜준다. 그것은 아름답고 위대하며 선량한 것들이 시대의 타락과 불의에 빠지지 않게 지켜주는 영원한 조건이다. 그것은 자신의 언어로 미덕의 불멸을 알려주고, 현재에서 미래로 나아가게 해주며, 티끌 같은 세상에서 천국으로 이끌어준다. 그것은 억압받은 자들의 신성한 보루이며 무고하게 박해받는 자와 짓밟히는 약자들의 최후의 희망이다."

공산당은 이와 같이 소중한 종교를 파괴 대상으로 삼는다. 그들은 미친 듯이 종교를 찾아다닌다. 공산당은 원래 사악한 권위주의에 뿌리를 두고 있어서 사람들의 신앙의 자유를 빼앗지 않으면 존립할 수 없다.

중국 내 기독교 상황은 공산당에 의해서 통제되는 소위 여덟 개 중국 민주정당들의 상황과 비슷하다. 중국 기독교삼자애국교회(基督敎三自愛國敎會), 천주교애국회(天主敎愛國會) 그리고 국가가 인가한 기타 종교단체들은 정권의 졸개일 뿐이다. 삼자교회의 설립자인 우야오쫑(吳耀宗)은 말한다.

"신은 인류 구원의 열쇠를 교회로부터 빼앗아서 공산당에게 주었다."

이들 교회조직들은 중국공산당을 그들의 신으로 받아들이고는, 종교 단체들에 대한 공산당의 박해가 없다고 가장하는 데 일조하고 있다.

중국 천주교애국회도 기독교삼자교회와 별반 다르지 않다. 최근 중공은 천주교 교회법과 바티칸 교황청의 반대를 무시하고 윈난(雲南)성의 마잉린(馬英林)을 주교로 임명했다. 마잉린은 지하교회를 탄압한 장본인이다. 그러므로 예수님을 믿는 우리의 모든 형제자매들은 공산당에 희망을 두지 말아야 할 뿐만 아니라 '종교 자유를 인정하는 공산당'이라는 가면을 적극적으로 벗겨내야 한다. 이렇게 함으로써 국제 사회는 예수님의 진실한 추종자는 우리이며, 십자가를 짊어진 우리가 무자비한 탄압을 받고 있음을 이해할 수 있을 것이다.

예수님은 최후의 심판에서 '마귀와 그 졸개들을 위해 준비해 둔 영원한 불 속으로 들어'갈 사람들에 대하여 다음과 같이 말씀하셨다.

"너희는 내가 배고플 때 먹을 것을 주지 않았고, 내가 목마를 때 마실 것을 주지 않았다. 내가 나그네 되었을 때 나를 따뜻하게 맞아들이지 않았고, 내가 헐벗었을 때 내게 입을 것을 주지 않았다. 내가 병들었을 때나 감옥에 갇혔을 때도 나를 찾아와 주지 않았다. 그러면 그들도 내게 대답할 것이다. 주님, 주님이 언제 배고프고 목마르셨으며, 주님이 언제 나그네 되고 헐벗으셨으며, 주님이 언제 병들고 감옥에 갇히셨습니까? 언제 주님께 그런 일이 있었기에, 그런 주님을 보고도 저희가 주님을 돌보아드리지 않았다고 말씀하시는 것입니까? 그러면, 왕은 이렇게 말할 것이다. 내가 진정으로 너희에게 말한다. 여기 있는 내 형제들 가운데 가장 보잘것없는 사람 하

나에게 해주지 않은 것이 곧 내게 해주지 않은 것이다."(마태복음 25:42—45)

우리는 예수님의 가르침에 귀를 기울여야 한다. 예수님을 믿는 다는 이유로 공산당에 의해 투옥당한 사람은 누구든지 우리의 관심과 돌봄의 대상이 되어야만 한다. 중국 밖에는 천주교, 개신교, 동방정교 등 예수님을 믿는 사람들이 거의 20억에 달한다. 우리는 중국 가정교회가 '진심으로 모든 마음을 다하여' 예수님을 사랑하고, 중공을 사랑하지 않기 때문에 박해받고 있다는 사실을 알려야만 한다. 나는 이 문제는 정치문제가 아니라고 생각한다. 예수님의 권한은 지상의 모든 지역과 정권의 제한을 벗어나는 것이기에 우리는 예수님의 이름으로 함께 일어나 우리에게 가해지는 박해를 종식시켜야 한다. 특히 기독교 신교가 세운 국가인 미국과 유럽 그리고 동방정교 국가들은 우리들을 원조해야 할 것이다.

그와 같은 박해를 끝내는 것은 박해를 가하는 자들을 위해서도 가장 커다란 자비가 될 것이다. 일부 기독교인은 그와 같은 박해도 주님이 허락하신 것이라 생각하고 그저 받아들이고 인내하고 있다. 그러나 주님은 우리 개개인에게 선택할 수 있는 자유를 주셨다. 전지전능한 여호와가 하와를 유혹하는 뱀을 막지 않으셨다고 해서, 또 아담과 하와가 선악과를 먹는 것을 막지 않으셨다고 해서 여호와가 이를 허락한 것이라고 볼 수는 없을 것이다.

역사로부터 우리는 로마제국이 기독교에 대한 박해로 인해 결국 큰 대가를 치렀다는 것을 안다. 로마제국은 세 차례 전염병이 크게 도는 재앙을 겪어야만 했다. 콘스탄티누스 대제가 기독교를 공인한 후에도 로마제국은 여전히 그 죗값을 치러야 했다.

사실 기독교에 대한 박해를 끝내는 것은 우리 자신들의 문제를 해결하는 것과 동시에 가해자들을 위하는 것이고 그들을 지옥의 불구덩이로부터 구해내는 것이다.

예수님은 다음과 같이 말씀하셨다.

"만일 너희가 나보다 너희 아버지나 어머니를 더 사랑한다면, 너희는 내 제자가 될 자격이 없다. 만일 너희가 나보다 너희 아들이나 딸을 더 사랑한다면, 마찬가지로 너희는 내 제자가 될 자격이 없다. 또 누구든지 자기가 져야 할 십자가를 회피하고 나를 따르려 한다면, 마찬가지로 너희는 내 제자가 될 자격이 없다."(마태복음 10:37—39)

예수님을 믿는 사람들에 대한 중공의 박해에 직면하여 모든 기독교인들은 형제자매의 고통에 대해 모른 척해서는 안 되며, '십자가를 짊어지는' 용기가 있어야만 한다.

오늘 지난 몇 달 동안 인권을 수호하기 위해 단식투쟁 릴레이에 참여했던 29개 성 출신의 우리 동료 중국인들은 또 하나의 24시간 단식투쟁을 계속하자. 박해받고 있는 기독교인들, 파룬궁 신앙인들, 그리고 모든 박해받고 있는 시민들에 대하여 우리의 성원을 보내주자! 우리는 타락한 폭정과 무고한 시민들에 대한 야만적 박해를 규탄하고 항의한다! 그 시작은 우리로부터 비롯될 것이다!

시안(西安)의 장지엔캉(張鑒康) 변호사는 지난번 단식 도중 중공 당국이 '민감해하는 날(敏感日)'이 너무 많은데, 사실 그 '민감해하는 날'은 바로 선량한 사람들이 피눈물을 흘리는 날이라고 말했다. 사람들이 고통받는 날들이 늘어남과 동시에 중공이 '민감해하는 날'도 늘어나는데, 이미 위험한 수준에 이르렀다.

2006년 5월 6일 중공 비밀경찰에 포위된 베이징 집에서

7월 1일 인터뷰

중국 공산당 창당 85주년을 맞는 7월 1일, 희망지성 방송국은 가오즈성을 인터뷰했다. 아래는 인터뷰 내용을 요약한 것이다.

붕괴직전

현재 전 세계에서 공산국가는 5, 6개 존재한다. 이 숫자 자체가 공산 독재는 시대착오적임을 보여준다.

당이 7월 1일 창당 축하 행사를 치르는 방식을 보면 당 스스로 자신들의 취약함에 대하여 깊이 우려하고 있다는 것을 알 수 있다. 중국에서 당이 뭔가를 말할 때마다 실제로 그것을 믿는 사람은 거의 없는데, 이것은 당원도 마찬가지다. 그러나 많은 사람들은 타협적인 태도로 당의 축하행사에 동참한다.

중국중앙텔레비전(CCTV)은 당의 생일을 축하하기 위해 7월 1일 85대의 붉은 기차가 전국을 누빌 것이라는 황당한 뉴스를 방송했다. 나는 시장을 지나가면서 이 뉴스를 들었다. 사람들은 이 뉴스를 보자마자 하하 웃음을 터뜨렸다. 중국인들은 당이 처한 가망 없는 상황을 명백하게 알고 있었다. CCTV는 누구도 주의 깊게 듣지 않는 것들에 대해 계속 횡설수설 보도하고 있었다.

나는 지난 2월 후진타오가 중앙정치국확대회의에서 한 말을 기억한다.

"우리 당은 극도의 위기에 직면해 있고, 이 위기는 올해에도 완화되지 않고 있다. 위기는 더 심화되고 있다."

당 지도부는 항상 그들의 성과와 힘을 부풀려서 말하는데 적어도 그 순간에는 일말의 진실을 말한 것이다. 즉, 당은 죽기 직전이라는 것이다.

당은 여전히 국가 전체를 인질로 잡고 있고 누구도 그 사실을 의심하지 않는다. 국가를 통치하고 생존을 보장하기 위해서는 인민의 지지를 필요로 한다. 그러나 지금 당이 동원할 수 있는 유일한 지지는 인간의 마음과 영혼을 갖고 있지 않은 사람들로부터 나온다. 최근 나는 내가 쓴 글에서 다음과 같이 말한적이 있다.

"누군가 1년 반 전에 내게 당이 수년 안에 중국인들에 의해 버려질 것이라고 했다면 나는 믿지 않았을 것이다. 그러나 오늘 누군가 내게 당이 내일 몰락할 것이라고 말한다면 나는 조금도 놀라지 않을 것이다."

중국 사회의 갈등과 당이 곧 종말을 맞이할 이유

중국 사회에서 극심한 갈등의 근원은 바로 당이다. 당의 존재는 중국 사회 모든 갈등의 뿌리이고 이 갈등을 배후에서 이끄는 힘이다. 현존하는 모든 갈등은 당의 소멸을 통해서만 해결될 수 있다.

당의 잔인성과 폭력성은 당을 종말에 이르게 하는 가장 강력한 기폭제다. 나는 내 글에서 중국인들이 그들의 통치자에게 거의 기대를 하지 않고 있다고 말한 적이 있다. 어느 정도로 기대하지 않을까? 이런 말이 있다.

"전쟁 중인 사람보다 평화로운 개가 되는 것이 낫다."

당이 나를 평화롭게 내버려두기만 한다면 나는 차라리 개가 되겠다는 것이다. 그러나 오늘날 당은 사람들이 평화로운 개가 되는 것을 꿈꾸는 것조차 허용하지 않는다. 예를 들어 천광청 사건의 경우를 보자. 세계가 지켜보는데도 경찰은 공개적으로 마피아 같이 폭력을 휘둘렀다. 나는 이와 관련하여 당에 동조하는 일부 사람들 즉 당을 맹목적으로 믿는 사람들과 이야기를 나눈 적이 있다. 그들은 말했다.

"당은 잘하고 있다. 일부 잘못된 당원이 있을지라도 그것은 지엽적이고 개인적인 사건들이다."

그러나 그들도 이번에 경찰이 마피아처럼 공개적으로 폭력을 사용하여 수많은 사람들에게 충격을 주었다는 것을 알고 있다. 그들은 할 말을 찾지 못했다. 마피아 같은 폭력 수단을 사용하는 것이 온당하다고 주장할 수는 없지 않은가?

중공이 중국사회에 초래한 가장 중요한 문제

오랜 통치 기간 동안 중공이 중국사회에 초래한 가장 중요한 문제는 도덕의 타락과 인성의 상실이다. 폭정을 종식시키는 것은 단지 시작일 뿐이다. 폭정이 종식된다고 해서 중국이 일순간에 도약하여 문명국가가 되는 것은 아니다. 그런 일이 아니다. 중공이 중국인의 도덕, 인성, 정신문명에 끼친 악영향이 향후 몇 세대 동안 우리를 괴롭힐 것이기 때문이다. 이것이 가장 심각하고 위협적이며 걱정스러운 문제이다.

국내 인권운동 현황

국내 인권운동은 기본적으로 중공이 저지른 죄악에 대한 대응이다. 중공이 저지른 죄악 중에서 현재 가장 중요한 사건은 바로 파룬궁에 대한 박해다. 중국인들은 이미 파룬궁이 대규모로 박해받고 있다는 것을 다 알고 있으면서도 이를 공개적으로 승인하려 하지 않는다. 중국 내외에서 파룬궁은 다른 사람들에게 의지하지 않고 그들이 직면한 박해에 대해 담대하고 꾸준하게 사람들에게 말하고 있다. 이는 국제사회가 중국의 민주주의, 법치 그리고 인권 상황에 주의를 기울이게 하는 가장 중요한 이유가 되었다. 또 다른 중요한 사건은 1989년 6.4톈안먼 학살인데, 17년이라는 세월이 흐르면서 톈안먼 학살로 인해 사람들에게 심어진 공포는 점점 희미해져 가고 있다. 사람들은 그 공포의 기억으로부터 조금씩 벗어나면서 우리 민족의 운명에 대해 있는 그대로 살펴보려 하고 있다. 또 다른 중요한 상황은 중공의 폭정이 제어할 수 없는 지경에 이르렀다는 것이다.

지난 10월부터 나는 중공의 파룬궁 박해에 대해 깊이 조사해 왔다. 직설적으로 말하자면 중공이 나쁘다는 것을 사람들은 다 알고 있지만, 중공이 인간의 존엄과 기본 윤리로부터 어느 정도로 멀어져 있는지는 잘 모른다. 중공은 저지르지 않는 악이 없고, 일말의 양심조차 남아 있지 않다. 나는 지난 6개월간 정상적인 법률 업무를 완전히 중단한 채 몸과 마음을 다해 사회 문제들과 중공의 행위를 면밀하게 관찰했다.

이와 같은 결론은 여러 관점에서 면밀하게 관찰하고 직접 조사한 경험에 바탕을 둔 것이다. 최근 산동의 천광청 사건에 관해서 말하자면 다른 많은 사람들이 본 것과 내가 본 것은 모두 똑같다. 다만 우리들은 그 사건에 대하여 좀 더 깊게 생각해 본 것뿐이다. 천광청의 변호사가 산동에 도착해서 직면한 것은 폭력적인 구타였다. 천광청의 변호사는 매일 구타당했다.

천광청의 마을 입구로 가서 그의 부인을 만나려고 했을 때 신원을 알 수 없는 불량배들이 나타나 폭력을 행사했다. 10번이나 신고한 후에야 경찰이 어슬렁어슬렁 나타났다. 경찰은 도착하고 나서도 말 한마디 않고 구타가 계속되는 것을 지켜만 보았다. 그 불량배들은 심지어 변호사의 차까지 전복시키려고 했다. 그런데 그 장소에 나타난 경찰은 경찰 휘장이나 명찰조차 패용하지 않았다. 경찰 스스로 경찰 역할을 포기하겠다는 것을 공언한 것이나 마찬가지 아니겠는가.

이 정권에 남아 있는 것은 마피아 같은 폭력자원뿐이다. 이 정권은 조직폭력배와 진배없이 되었고 이미 자포자기 상태이다. 그러나 자신들이 이와 같이 조직폭력배와 같은 수단을 사용하고 있다는 것을 공개할 수는 없을 것이다. 오늘날 그들은 양복을 입고 국가공무원을 지휘하고 있지만 사실은 조직폭력배를 동원해 중국 인민들을 다루고 있는 것이다. 중공은 이 최후의 단계까지 간 것이다.

천광청사건의 위력

천광청은 한 사람의 맹인에 불과하다. 그러나 현재 천광청 사건은 전국적인 사건으로 확대되고 있다.

천광청 사건은 그 자체로는 하나의 사건에 불과하다. 그러나 왜 이 사건이 전국적인 사건이 되었는가? 내가 강조하고 싶은 것은 천광청은 앞을 볼 수 없는 맹인이지만 도리어 그는 현재 중국에서 벌어지고 있는 죄악의 깊은 심연을 본 것이다.

천광청은 중공의 죄악을 분명히 본 후, 그와 마찬가지로 박해받은 다른 보통 사람들에게 도움을 주려고 했다. 주위의 박해받은 사람들은 박해받은 사실을 감히 말하지도 못하고 있었는데, 천광청은 용감하게 나서서 이를 말한 것이다. 중공이 두려워하는 것은 천광청이라는 자연인 한 사람이 아니다. 중공이 두려워하는 것은 정의를 향한 불굴의 정신이다. 정의를 향한 불굴의 정신이 전국적으로 확산되는 것을 두려워하는 것이다.

중공은 스스로 변할 수 있는가

중공도 스스로 변하고 싶어 하지만 변화할 수 있는 역량이 없다. 장쩌민이 중공이 변화할 수 있는 역량을 완전히 없애버렸기 때문이다. 오늘날 중국에서 후진타오와 원자바오에게는 오직 두 갈래 길이 있다. 즉 공산당을 포기하거나 아니면 일당독재를 유지하다가 사망하거나 둘 중 하나인 것이다.

중공을 포기할 용기가 없다면 중공이라는 퇴물과 함께 소멸할 수밖에 없을 것이다. 후진타오와 원자바오는 가장 참을성 있고 책임이 무거운 사람이다. 그들은 중국 각지에서 벌어지고 있는 탐관오리들의 폭정을 지켜보면서 날마다 양심의 최저선은 어디인지 고통스럽게 자문해야 할 것이다. 천광청 사건 또는 지난해 산베이 유전사건도 마찬가지다. 그러나 후진타오와 원자바오는 그러한 폭정을 지켜보는 수밖에 없을 것이다. 탐관오리들은 자신들을 지지하지 않으면 당이 망하고 국가가 망한다고 협박할 것이기 때문이다. ✳

가오즈성 소개·연보·참고자료

가오즈성高智晟 소개

가오즈성은 지방의 동굴주거지에서 태어나 절대적인 가난을 극복하고, 중국의 대표적 인권변호사가 되었다. 길거리에서 야채를 팔던 그는 독학으로 법률을 공부하기 시작하여, 4년 후인 1995년 변호사자격시험에 합격했다.

가오즈성은 그 당시 전국에서 배상액이 가장 큰 의료과실사건에서 승소함으로써 널리 알려지기 시작했다. 중국 법무부는 그를 국가 10대 변호사에 선정하기도 했다.

가오즈성은 광부들, 집을 철거당한 빈민들, 장애 아동들, 파룬궁 수련생들, 민주운동가들 그리고 가정교회 기독교인들의 실상을 알리고 변호했다.

가오즈성은 2005년 파룬궁 수련생에 대한 고문 조사결과를 상세히 알리는 공개서한을 발표했다. 그 이후 그와 그의 가족은 중공의 탄압을 받기 시작했고, 그가 운영하던 베이징 법률사무소는 문을 닫게 되었다. 2006년 그는 비폭력 단식투쟁을 시작하여 전국적인 반향을 불러 일으켰다. 가오즈성은 중공 당국에 의해 현재까지 구금 중이다. 가오즈성에 대한 탄압은 미국 의회와 유럽 의회에서 공식적으로 논의되었고, 전 세계인은 그의 신변 안전에 대해 염려하고 있다.

가오즈성高智晟 연보

1964년   산시(陝西)성 샤오스반차오 마을의 동굴주거지에서 태어남.

1975년   부친 사망. 어머니와 여섯 형제들과 생활함. 약초를 캠.

1977년   중학교에 입학. 3년 동안 매일 1시간 반 거리를 걸어서 통학함.

1980년   고등학교 입학시험에 합격했으나, 빈곤으로 다닐 수 없었음. 광부가 됨.

1985년   인민군에 입대. 장래 아내가 될 겅허를 만남.

1988년   군에서 제대함.

1990년   겅허와 결혼.

1991년   길거리에서 야채 장사 . 독학으로 변호사가 되기로 결심.

1993년   딸 겅거 태어남.

1994년   우루무치로 이사. 시멘트공장에서 일함. 법학 준학사학위를 마침.

1995년   변호사자격시험 합격.

1999년   의료사고로 청력을 잃은 빈곤한 아이를 변호하여 승소.

2000년   베이징에서 성즈법률사무소 개설. 인권변호사로 활동함.

2001년   중국법무부 후원 법률 토론 대회에서 중국의 10대 법률가로 선정됨.

2003년   아들 가오텐위 태어남.

2004년   경찰에 감금당한 광둥성 공장노동자들 6명을 위한 소송에서 승소.

　　　　강제노동교양소에 갇힌 파룬궁 수련인 황웨이 사건을 맡음.

　　　　12월 31일 전국인민대표대회에 공개서한 발표.

2005년   성경 무료배포하다 구속된 목사 차이줘화 변호.

　　　　9월 정부의 석유 유정 몰수에 반대하는 개인들 대변.

10월 18일 첫 번째 공개서한 발표.

11월 4일 베이징 사법부가 성즈법률사무소 면허 1년간 정지시킴.

11월 16일 겅허 중국공산당 공개 탈당.

11월 22일 두 번째 공개서한 발표.

11월 24일 세례 받음. 베이징 가정교회의 일원이 됨.

11월 29일부터 15일간 북동부지역에서 비밀리에 파룬궁 박해 조사.

12월 12일 세 번째 공개서한 발표.

12월 13일 중국공산당 공개 탈당.

12월 21일 기독교 박해조사 발표.

2006년 1월 11일 산웨이 대학살 조사를 위한 시민 진상조사 위원회 설립.

1월 17일 살해 시도로부터 간신히 살아남.

2월 4일 단식투쟁 시작.

7월 30일 사복경찰들에게 베이징 집 밖에서 구타당함.

8월 15일 사복경찰들에 의해 여동생 집에서 납치당함.

8월부터 12월까지 경찰서에 감금돼 24일간 고문당함.

9월 21일 '국가정권 전복선동'이라는 죄목으로 기소됨.

10월 6일 겅허 베이징의 제2구치소로 가오즈성 방문.

11월 24일 겅허 장을 보고 있을 때 경찰로부터 구타당함.

12월 6일 아태인권재단이 선정한 '2006인권투사'로 선정.

12월 16일 그의 딸이 길에서 6명의 경찰에게 구타 당함.

12월 22일 '국가정권 전복선동죄'로 징역 3년 집행유예 5년 선고받음.

2007년 6월 30일 미국변호사협회가 주는 '용감한 변호사'상 수상.

2008년 노벨평화상 후보에 오름.

2009년 　1월 9일 납치됨.

　　　　　3월 11일 겅허와 자녀 태국으로 출국한 후 유엔난민기구에 난민 신청.

　　　　　겅허와 자녀 미국으로 망명.

2010년 　4월 공안과 함께 잠시 자택에 돌아왔다가 다시 납치되어 행방불명 됨.

2011년 　감형규정을 위반했다는 이유로 신장 사야(沙雅)감옥에 재수감.

2013년 　찬위(參與, Canyu.org)에 '2012년 중국 유력 인물 100명' 중 1위.

참고자료

1. 미하원 112차 청문회: 저명 인권변호사 가오즈성 사건
   The Case and Treatment of Prominent Human Right Lawyer GAO Zhisheng: Hearing before the Congressional-executive Commission on China, One Hundred Twelfth Congress Second Session, February 14, 2012.
   * 아래 사이트에서 청문회 자료를 다운받을 수 있다. 크리스 스미스 의원의 발언, 경허의 증언 등을 볼 수 있다.
   http://www.gpo.gov/fdsys/pkg/CHRG-112hhrg74543/pdf/CHRG-112hhrg74543.pdf

2. 다큐멘터리 『Transcending Fear(두려움을 넘어)』
   * 아래 사이트에서 가오즈성의 생애를 다룬 다큐멘터리를 볼 수 있다.
   http://www.transcendingfearfilm.com/

3. 미국 국무부 중국 인권보고서
   Country Reports on Human Rights Practices for 2013
   China (includes Tibet, Hong Kong, and Macau)
   * 아래 사이트에서 중국에 관한 인권보고서를 볼 수 있다.
   http://www.state.gov/j/drl/rls/hrrpt/humanrightsreport/index.htm?year=2013&dlid=220186

찾아보기

역자 |

조연호 전 춘천지방법원 원주지원장. 변호사.
채승우 국민대학교 법과대학 교수. 변호사.

신과 함께한 작전

정의를 희망하며 고난의 길을 가다

저자 | 가오즈성
그림 | 김인영
편집 | 이지성
윤문 | 홍성혁
교정 | 정희순
홍보 | 남기영

초판 1쇄 | 2014년 9월 22일
초판 3쇄 | 2014년 11월 25일

발행 | 글그림늘다섯
등록 | 제2013-5호(2013. 2. 18.)
주소 | 서울 도봉구 도봉산3길 12-18 302호
전화 | 02 6180 3226

ISBN 979-11-953346-1-2 93300
CIP제어번호 CIP2014024415

《神與我們並肩作戰》, 高智晟, 臺灣 博大國際文化有限公司, 2006
이 책의 한국어판 저작권은 글그림늘다섯에 있습니다.

글그림늘다섯 | 글과 그림에 仁義禮智信 다섯이 늘 있는